"十四五"职业教育国家规划教材

"十三五"职业教育国家规划教材

汽车电工电子技术

主　编　侯立芬
副主编　侯丽芳　张　娟　贾厚林
参　编　贾燕红　刘会卿　胡海青　杨立霞

机械工业出版社

本书为"十四五"职业教育国家规划教材。

本书遵循"以学生为主体，以能力为本位"的编写思路，打破传统学科体系教材的模式，突出知识和能力的综合培养。

本书共分五个项目，主要内容包括汽车直流电路的分析与测量、汽车电源交流电路的分析与测量、汽车常用电磁器件的原理分析与检测、汽车执行器与控制电路的分析、数字电路及其在汽车上的应用。

本书图文并茂、通俗易懂，把相关视频做成二维码插入书中，可以帮助读者自主学习，有效地提高学习效果。

本书可作为高职高专院校汽车类专业电工电子基础课程的教材，也可作为相关企业技术人员的培训及参考用书。

本书配有电子课件、单元教学设计、习题答案、2 套复习题、4 套试卷、任务工单和二维码视频资源，凡使用本书作为教材的老师均可登录机械工业出版社教育服务网（www.cmpedu.com）注册后免费下载。咨询电话：010-88379375。

本书已在超星学习通 APP 建课，可搜索课程学习使用。

图书在版编目（CIP）数据

汽车电工电子技术/侯立芬主编. —北京：机械工业出版社，2019.7（2025.6 重印）

高职高专"十三五"系列教材

ISBN 978-7-111-63001-2

Ⅰ.①汽… Ⅱ.①侯… Ⅲ.①汽车-电工技术-高等职业教育-教材②汽车-电子技术-高等职业教育-教材
Ⅳ.①U463.6

中国版本图书馆 CIP 数据核字（2019）第 120928 号

机械工业出版社（北京市百万庄大街 22 号 邮政编码 100037）
策划编辑：葛晓慧 责任编辑：葛晓慧
责任校对：刘丽华 李锦莉 封面设计：严娅萍
责任印制：李 昂
天津市光明印务有限公司印刷
2025 年 6 月第 1 版·第 24 次印刷
184mm×260mm·11 印张·267 千字
标准书号：ISBN 978-7-111-63001-2
定价：36.00 元

电话服务 网络服务
客服电话：010-88361066 机 工 官 网：www.cmpbook.com
010-88379833 机 工 官 博：weibo.com/cmp1952
010-68326294 金 书 网：www.golden-book.com
封底无防伪标均为盗版 机工教育服务网：www.cmpedu.com

关于"十四五"职业教育
国家规划教材的出版说明

为贯彻落实《中共中央关于认真学习宣传贯彻党的二十大精神的决定》《习近平新时代中国特色社会主义思想进课程教材指南》《职业院校教材管理办法》等文件精神，机械工业出版社与教材编写团队一道，认真执行思政内容进教材、进课堂、进头脑要求，尊重教育规律，遵循学科特点，对教材内容进行了更新，着力落实以下要求：

1. 提升教材铸魂育人功能，培育、践行社会主义核心价值观，教育引导学生树立共产主义远大理想和中国特色社会主义共同理想，坚定"四个自信"，厚植爱国主义情怀，把爱国情、强国志、报国行自觉融入建设社会主义现代化强国、实现中华民族伟大复兴的奋斗之中。同时，弘扬中华优秀传统文化，深入开展宪法法治教育。

2. 注重科学思维方法训练和科学伦理教育，培养学生探索未知、追求真理、勇攀科学高峰的责任感和使命感；强化学生工程伦理教育，培养学生精益求精的大国工匠精神，激发学生科技报国的家国情怀和使命担当。加快构建中国特色哲学社会科学学科体系、学术体系、话语体系。帮助学生了解相关专业和行业领域的国家战略、法律法规和相关政策，引导学生深入社会实践、关注现实问题，培育学生经世济民、诚信服务、德法兼修的职业素养。

3. 教育引导学生深刻理解并自觉实践各行业的职业精神、职业规范，增强职业责任感，培养遵纪守法、爱岗敬业、无私奉献、诚实守信、公道办事、开拓创新的职业品格和行为习惯。

在此基础上，及时更新教材知识内容，体现产业发展的新技术、新工艺、新规范、新标准。加强教材数字化建设，丰富配套资源，形成可听、可视、可练、可互动的融媒体教材。

教材建设需要各方的共同努力，也欢迎相关教材使用院校的师生及时反馈意见和建议，我们将认真组织力量进行研究，在后续重印及再版时吸纳改进，不断推动高质量教材出版。

机械工业出版社

前　言

本书根据高职学生学习特点，围绕高职高专人才培养的岗位职业核心能力，参考汽车相关行业的职业技能鉴定规范及汽车运用与维修职业技能等级标准，以及职业岗位群对汽车电工电子技术的基础知识和基本技能的要求进行编写。本书以移动互联网技术优化学习模式，以"就业为导向，能力为本位"精简整合课程知识，强化应用和技能训练。

本书具有以下特色与创新：

1）教材编写贯穿职业特色：教材编写对接企业生产实际，精炼项目与任务，从对接岗位的职业核心能力入手，注重实际应用，以"必需、够用"为度精选内容，将职业技能训练贯穿教学的始终。将电工电子基础知识融入汽车电子电路实例，采用企业典型案例开展教学，以培养学生分析专业问题和解决实际问题的能力，具有较强的职业特色。

2）教材应用坚持时代特色：教材在应用上坚持全面推进习近平新时代中国特色社会主义思想"三进"的基本原则，摒弃陈旧过时的内容，紧密联结"互联网＋"时代媒体技术的应用，探索新形态一体化教材模式，除配套课件、任务工单、教学设计、试卷等，还将数字化资源用二维码的形式融入教材中，开发教材配套动画、虚拟仿真、教学微课等数字化、立体化资源，结合手机以形象逼真、直观立体的形式展示，引导学生提升信息化学习、创新的能力，体现时代特色。

3）教材内容体现行业特色：教材内容与时俱进，紧密对接最新国家标准以及行业、企业标准，汽车运用与维修职业技能等级标准；教材在编写开发上与企业深度合作，为对接企业需求和岗位标准，教材中的案例均选自企业工作实际，教材内容由课程专任教师与企业兼职教师共同设计，将实际工作的技术要求、素质要求融入教材，便于在教学过程中进行引导和渗透。

本书由侯立芬任主编，侯丽芳、张娟任副主编。本书的编写分工为：侯立芬编写了项目一和项目三，侯丽芳、张娟编写了项目二，贾燕红、刘会卿写了项目五，胡海青、杨立霞编写了项目四。全书由宋宜斌主审。山东捷众汽车零部件有限公司韩佳良、烟台倍达能电子科技有限公司吴进元均参与案例提供、教学资源制作等。同时上海通用东岳汽车有限公司部门经理唐梁、上汽大众有限公司潘明等提出了很多修改意见。

本书在编写过程中得到了上海通用东岳汽车有限公司、山东捷众汽车零部件有限公司等企业的专家的帮助，并参考了很多资料，在此向各位专家及资料的作者们表示衷心的感谢。

由于作者水平有限，书中难免有疏漏之处，敬请广大读者批评指正。

编　者

目　　录

项目一　汽车直流电路的分析与测量

项目描述

　　汽车上普遍采用低压（12V）直流电源为整车供电。本项目通过对汽车直流电路的分析，介绍直流电路的基本工作原理、电路的基本物理量及测量方法。通过本项目的学习，应掌握电路的基本定律及串、并联电路的特点，能熟练使用万用表等测量仪表，为汽车电路故障的检测打好基础。

任务一　汽车电路组成及特性参数的分析与测量

任务目标

知识目标
1. 了解电路的基本结构及各部分的作用。
2. 掌握汽车电路的特点。
3. 掌握电流、电压、电位和电功率等基本物理量的计算。

技能目标
1. 会使用仪表测量电流、电压、电阻等基本电量。
2. 能按规范正确地进行电路连接、故障分析和排除。

素质目标
1. 培养规范操作意识和严谨认真的科学态度。
2. 培养环保节约意识。

任务导入

　　任何复杂的单电源电路都是由简单电路组成的，掌握电路的组成、基本原理以及电路特性参数的测量方法，是汽车电路故障检测的前提和基础。一辆现代悦动轿车的刮水器在行车时不工作了，维修中发现是电路出现了故障，那么电路是怎样的呢？如何判断故障产生的原因？

相关知识

一、电路概述

1. 电路的组成

　　电路指电流流过的路径。一个完整的电路是由电源、负载、中间环节（包括控制和保护装置、导线等）组成的。电路的基本功能是实现电能的传输和分配或者实现电信号的产生、传输、处理加工及利用。汽车照明电路如图 1-1a 所示，它由蓄电池、车灯、开关、连接导线等组成，当开关闭合时，电流由蓄电池正极出发流经车灯回到负极形成闭合回路。

1）电源是供应电能的装置，它把化学能、机械能等其他形式的能转化成电能，为电路提供电能，如干电池、蓄电池、发电机和各种整流电源等。汽车电路采用的电源是蓄电池和发电机。

2）负载指将电能转化为其他形式能的设备或器件，如照明灯、扬声器等。汽车上各种信号灯、照明灯、显示器、电喇叭等都属于负载。

3）中间环节指介于电源和负载之间的传输、控制设备及保护装置，如开关、导线、熔断器等。

电路的组成及
各部分功能

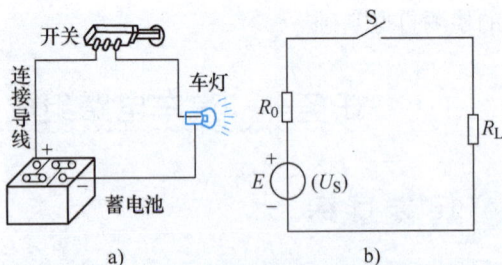

2. 电路的作用

电路的作用有两个：一是可以实现能量的传输与转换，如电力系统中的发电机将其他形式的能量转换为电能，再通过变压器和输电线路将电能输送给工厂、农村和千家万户的用电设备，这些用电设备再将电能转化为机械能、热能、光能或其他形式的能量；二是可以实现信号的传递与转换，如无线电通信电路和检测电路。

图 1-1 汽车照明电路及其模型
a）汽车照明电路 b）电路模型

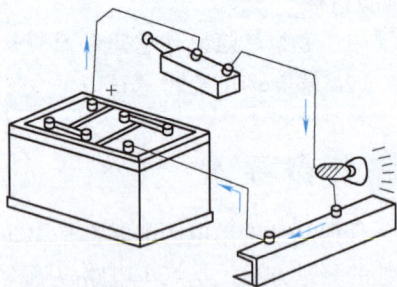

3. 汽车电路的特点

根据电源性质，电路分为直流电路和交流电路两类。日常生活和工业生产大多采用交流电路，汽车上采用直流电路。汽车电路的特点如下：

1）低压直流供电（12V、24V）。汽车电气系统的额定电压主要有 12V 和 24V 两种。汽油发动机普遍采用 12V 电源，柴油发动机多采用 24V 电源。汽车发动机是靠起动机起动的，起动机由蓄电池供电，而要向蓄电池充电，就必须采用直流电源，所以汽车电气系统为直流系统。

2）单线制。电源和用电器之间通常用两根导线构成回路，称为双线制。在汽车上，为了节省导线和便于安装、维修，通常只用一根导线连接电源正极和用电器，电源负极端则由车体的金属部分代替而构成回路。这种连接方式称为单线制电路。车辆上的单线制电路如图 1-2 所示，单线连接是汽车电路的特点。

3）负极搭铁。采用单线制时，蓄电池的负极接车架或车身，称为负极搭铁。

图 1-2 车辆上的单线制电路

4）用电设备并联。汽车各用电设备均采用并联方式连接。

4. 理想电路元件和电路模型

任何实际电路都是由多种电路元件组成的，电路中各种元件所表征的电磁现象和能量转换的特征一般都比较复杂，但在电磁现象方面，一些元器件具有相同之处。为了便于探讨电路的一般规律，简化电路分析，在工程上通常用理想电路元件及其组合来近似替代实际电路元件来组成

汽车电路特点

电路，这给分析和计算带来很多方便。这种由理想元件组成、与实际电路元件相对应并用统一规定的符号表示的电路，就是实际电路的模型，或称电路模型。

　　理想电路元件指在一定的条件下，突出元件主要的电磁性质，忽略其次要因素，抽象为只含一个参数的元件。基本的理想电路元件有电阻元件、电感元件、电容元件以及理想电压源和理想电流源 5 种。基本的理想电路元件符号如图 1-3 所示。

汽车照明电路模型

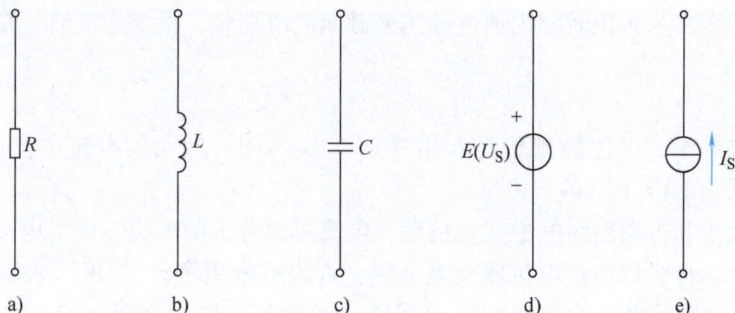

图 1-3　基本的理想电路元件符号

a）电阻　b）电感　c）电容　d）理想电压源　e）理想电流源

　　电阻 R 表示电阻元件具有消耗电能的性质，即电阻性；电感 L 表示电感元件具有储存磁场能的性质，即电感性；电容 C 表示电容元件具有储存电场能的性质，即电容性；U_S 表示理想电压源有输出电压不变的性质，即恒压性；I_S 表示理想电流源有输出电流不变的性质，即恒流性。因为每种理想元件只有一个参数，因此又称为单一参数元件。

　　电路模型就是将实际元件用理想元件及其组合表示之后得到的图形，例如图 1-1a 所示汽车照明电路，将蓄电池用理想电压源 U_S 和电阻 R_0 的串联电路表示，车灯用电阻 R_L 表示，开关和连接导线用 S 和理想导线表示，所得到的图形就是汽车照明电路的电路模型，如图 1-1b 所示。电路模型中部分常用图形符号见表 1-1。

表 1-1　电路模型中部分常用图形符号

名　称	图形符号	名　称	图形符号	名　称	图形符号
电阻	▭	电感	∿	电容	⊣⊢
电位器	▱	开关	／	电池	⊣⊢
电灯	⊗	电流表	Ⓐ	电压表	Ⓥ
熔断器	▭	接地	⏚	接机壳	⊥
二极管	▷	直流发电机	Ⓖ	直流电动机	Ⓜ
晶体管	⊦	交流发电机	Ⓖ	交流电动机	Ⓜ

二、电路的特性参数

1. 电流

（1）电流的大小及方向　电荷的定向移动形成电流。在金属导体中，电流是自由电子在电场力作用下做定向移动形成的；在电解液（如蓄电池）或者被电离的气体中，电流则是正、负离子在电场力作用下做有规则运动形成的。习惯上规定正电荷移动的方向或负电荷移动的反方向为电流的方向。

电流的参考方向

电流的大小定义为单位时间内通过导体横截面的电荷量，根据定义有

$$i = \frac{\mathrm{d}q}{\mathrm{d}t}$$

在国际单位制中，电流的单位是安培（A）。实际中，常用的电流单位还有 mA 和 μA 等。其换算关系为 $1A = 10^3 mA = 10^6 \mu A$。

根据电流大小和方向随时间的变化情况，电流可以分为两大类。一类电流的大小和方向都不随时间变化，称为稳恒定电流或直流电流。直流电常用字母"DC"表示，图形符号用"－"表示。另一类是电流的大小和方向都随时间变化，称为交流电流，交流电流用字母"AC"表示，图形符号用"～"表示。电流波形图如图1-4所示。

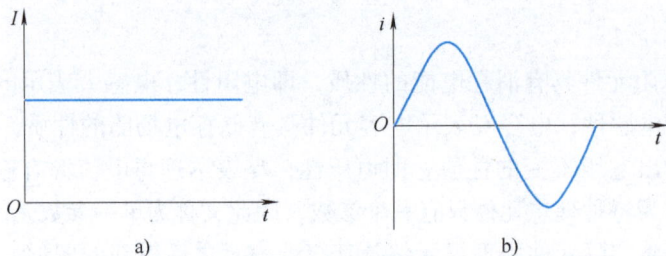

图1-4　电流波形图
a）直流电流　b）正弦交流电流

（2）电流的参考方向　电流的方向是客观存在的。在简单直流电路中，电流的实际方向很容易确定，但在复杂电路中，电流的实际方向难以确定。为此，在分析计算电路时，常常事先假设一个电流方向，称为参考方向。电流的参考方向可以任意选定，在电路中一般用箭头表示。如果电流的实际方向与参考方向一致，电流为正值；反之，电流为负值。电流的参考方向与实际方向如图1-5所示。

除了用箭头表示电流的参考方向外，还可以用双下标表示，如 I_{AB} 表示电流参考方向由 A 指向 B。

综上所述，电流参考方向是电路分析计算过程中很重要的概念。在学习中需要注意：

1）电流参考方向可随意选择，而实际电流方向是客观存在的。若同一个电流的参考方向不同，则电流的大小相等，而符号

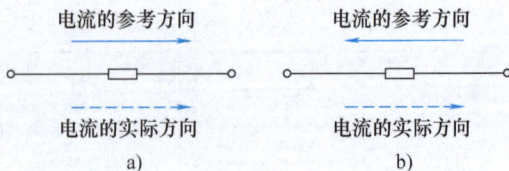

图1-5　电流的参考方向与实际方向
a）$I > 0$　b）$I < 0$

相反。

2）分析电路时，首先要假定电流的参考方向，然后在假定的电流参考方向下，根据电流的正、负确定电流的实际方向。若不规定电流的参考方向，电流的正、负号是无意义的。

2. 电压和电位

（1）电压的定义 电荷在电场中受到电场力的作用，电压是衡量电场力做功大小的物理量。

在电路中，电场力把单位正电荷从 A 点移到 B 点所做的功，定义为 A、B 两点间的电压，用符号 u_{AB} 表示。

电压的表示和参考方向

$$u_{AB} = \frac{dW}{dq}$$

在直流电路中，电压用大写字母 U 表示，上式可写成

$$U = \frac{W}{Q}$$

在国际单位制中，电压的单位是伏特（V）。若电场力把1C（库仑）的电荷从一点移动到另一点做1J（焦耳）功，则两点间的电压为1V。其他常用单位还有 kV、mV、μV 等。

电压、电位和电动势

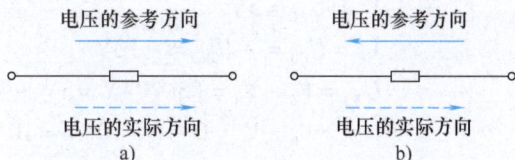

（2）电压的参考方向 就像水从高的位置往低的位置流动一样，电流从高电位向低电位流动。习惯上规定从高电位端指向低电位端为电压方向。

为分析电路方便，也应引入电压的参考方向。电压的参考方向与实际方向如图1-6所示。当电压的实际方向与它的参考方向一致时，电压值为正，即 $U>0$；当电压的实际方向与它的参考方向相反时，电压值为负，即 $U<0$。

对电压参考方向的标注除了用箭头外，还可用双下标 U_{AB} 和极性（＋、－）表示，＋表示高电位，－表示低电位。

电路中电流和电压参考方向的选择是独立的，如图1-7所示，若电路中电流和电压

图1-6 电压的参考方向与实际方向
a）$U>0$ b）$U<0$

的参考方向一致，称为关联参考方向，即电流从标电压正极的一端流入，并从标电压负极的另一端流出，电压和电流的关系为 $U=IR$；若电流和电压的参考方向不一致，则电压和电流的关系为 $U=-IR$，为非关联参考方向。可见，电压与电流的关系式中的正、负号由它们的参考方向是否一致来确定。

（3）电位 在电气设备的调试和检修中，经常要测量某个点的电位，通常选定一点作为参考点，电位在数值上等于电场力将单位正电荷从该点移动到参考点所做的功。

由此可以看出：电路中任意一点的电位，就是该点与参考点之间的电压，而电路中任意两点之间的电压，则等于这两点的电位之差。因此，电位的测量实际上就是电压的测量，即测量该点与参考点之间的电压。电压与电位的关系为

$$U_{AB} = V_A - V_B$$

电位通常用 V 来表示，电位与电压的单位相同，也是 V。电位与电位差的关系如图1-8所示。

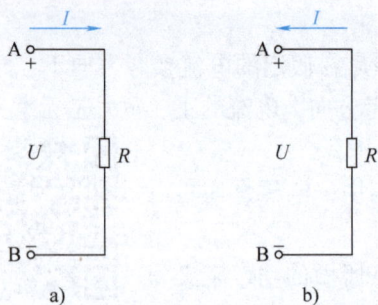

图 1-7　关联参考方向和非关联参考方向

a) 关联参考方向　b) 非关联参考方向

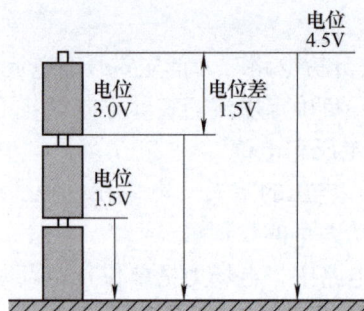

图 1-8　电位与电位差的关系

在汽车电路中，搭铁点就是电路的参考点，电路中任一点的电位就是相对于搭铁点的电压。电力系统中，通常以大地作为参考点；电子电路中，一般选择电子设备的金属机壳或某公共点作为参考点，在电路中用符号"⊥"表示。

例 1-1　电路如图 1-9 所示，以 O 点为参考点，$V_A = 10V$，$V_B = 5V$，$V_C = -5V$。（1）求 U_{AB}、U_{BC}、U_{AC}；（2）若以 B 点为参考点，求各点电位和电压 U_{AB}、U_{BC}、U_{AC}。

解　（1）$U_{AB} = V_A - V_B = (10 - 5)V = 5V$

$U_{BC} = V_B - V_C = 5V - (-5)V = 10V$

$U_{AC} = V_A - V_C = 10V - (-5)V = 15V$

（2）若以 B 点为参考点，则 $V_B = 0$

$V_A = U_{AB} = 5V$

$V_C = U_{CB} = -U_{BC} = -10V$

$U_{AB} = V_A - V_B = (5 - 0)V = 5V$

$U_{BC} = V_B - V_C = 0 - (-10)V = 10V$

$U_{AC} = V_A - V_C = 5V - (-10)V = 15V$

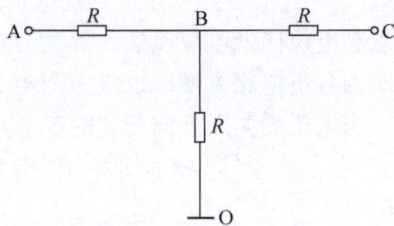

图 1-9　例 1-1 图

电压和电位的单位都是伏特，但电压和电位是两个不同的概念。电压是电场中两点间的电位差，$U_{AB} = V_A - V_B$，它是不变值，与参考点的选择无关；电位是电场中某点对参考点的电压，即 $V_A = U_{AO}$（O 为参考点），它是相对值，与参考点的选择有关。

3. 电动势

在电路中，正电荷在电场力的作用下，通过连接导线不断由正极流向负极，为了使电流持续不断并保持稳定，在电源内部必须有一种力，把正电荷从负极经电源内部推到正极。由于这种力存在于电源内部，因而称为电源力。

衡量电源力对电荷做功能力的物理量称为电动势。电动势在数值上等于电源力将单位正电荷从电源负极经过电源内部移到电源正极所做的功，用符号 E 表示，单位为 V。

电动势的方向规定为在电源内部由负极指向正极，即从低电位端指向高电位端，与电源两端的电压方向相反。

电动势与电压的比较：

1）电动势在数值上等于电源力将单位正电荷由低电位移动到高电位所做的功；电压在数值上等于电场力将单位正电荷由高电位移到低电位所做的功。

2）电动势的方向是从低电位指向高电位，即电位是逐点上升的；电压的方向是从高电位指向低电位，即电位是逐点降低的。

3）电动势仅存在于电源内部；电压不仅存在于电源两端，而且存在于电源外部。

4. 电能和电功率

若电路中，A、B 两点间的电压为 U，电路中的电流为 I，在时间 t 内电荷 Q 受电场力作用从 A 点经负载移动到 B 点。电场力所做的功，即元件消耗（或吸收）的电能为

$$W = UQ = UIt$$

单位时间内消耗的电能称为电功率（简称为电功），直流电路中用字母 P 表示，即

$$P = \frac{W}{t} = UI$$

在国际单位制中，功的单位是焦耳（J），功率的单位是瓦特（W）。在实际应用中，电能的单位有时用 $kW \cdot h$ 表示。$1kW \cdot h$ 指功率为 $1kW$ 的用电设备工作 $1h$ 所消耗的电能。$1kW \cdot h$ 俗称为 1 度电。

在电路分析中，一个电路电源产生的功率与负载、导线及电源内阻上消耗的功率总是平衡的，遵循能量守恒和转换定律。同时，电路中不仅要计算功率的大小，有时还要判断功率的性质，即该元件是产生功率还是消耗功率。根据电压和电流的实际方向可以确定电路元件的功率性质。

当 U 和 I 的实际方向相同，即电流从"＋"极流入，从"－"极流出，则该元件是消耗功率，属于负载性质；当 U 和 I 的实际方向相反，即电流从"＋"极流出，从"－"极流入，则该元件是输出功率，属于电源性质。

由此可见，在电路元件上，U 和 I 在关联参考方向的条件下，当 P 为正值时，表明 U、I 的实际方向相同，该元件是负载性质，消耗功率；当 P 为负值时，表明 U、I 的实际方向相反，该元件是电源性质，输出功率。如果 U 和 I 取非关联参考方向，则情况相反。

任务实施

1. 实训设备与器材

电工电子试验台、万用表、稳压电源、小灯泡、连接导线、开关、熔断器等。

2. 项目内容和步骤

（1）简单汽车照明电路的搭建　利用给出的实验器材，在电工电子实验台上搭建简单的汽车照明电路，如图 1-10 所示，注意电路连接的正确性。

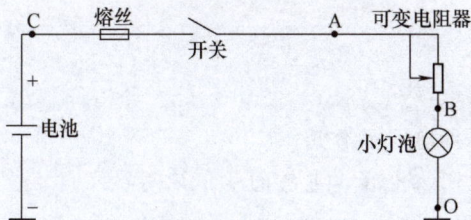

图 1-10　汽车照明电路

1）识读电路原理图并说明元器件的作用。

电池：_____；熔丝：_____；

开关：_____；小灯泡：_____。

2）用导线按照示意图连接电路，注意连接前先断开电源开关。检查无误后闭合电源开关，仔细观察实训现象，并做好相关记录。

当开关断开时，小灯泡_____。当开关闭合时，小灯泡_____。接通电路后，小灯泡发光，说明此时电池提供的电能通过电流的形式转变成_____。手触摸小灯泡会觉得热，说明此时电能还转变成了_____。

（2）电压值、电流值的测量　用万用表分别测量电路中小灯泡两端的电压和流经小灯泡的电流。调节可变电阻器的阻值，记录可变电阻器在不同位置时，万用表测得的电压值和电流值，比较其大小。

将小灯泡一端从电路中断开，重复上面操作，分别测量可变电阻器在不同位置时，小灯泡两端的电压值和电流值。将测量结果填入表 1-2 中。

表 1-2   电压值、电流值测量记录表

	通路状态			断路状态		
电压值/V						
电流值/mA						

（3）电位的测量　使用万用表直流电压档测量 A、B、C 各点电位，并将测量结果记录在表 1-3 中。

表 1-3   电位测量记录表

O 为参考点	V_A	V_B	V_C

3. 注意事项

测量电压时，将万用表并联到小灯泡两端；测量电流时，将万用表串联到电路中。测量之前要选择合适的量程，量程的选择应尽量使指针偏转在刻度盘的 50% ~80% 范围内。必须注意表笔的正、负极性，红表笔（"＋"表笔）接被测电路的高电位端，黑表笔（"－"表笔）接低电位端，让电流从"＋"表笔流入，从"－"表笔流出。如果不知道被测点电位高低，可将表笔轻轻地试触一下被测点，若指针反偏，说明表笔极性反了，交换表笔即可。

任务二   汽车电路基本元器件的识别与检测

任务目标

知识目标

1. 学习电阻、电容和电感的特性。

2. 掌握电容、电感在电路中的作用。

3. 掌握汽车电路中电阻、电容、电感的基本应用。

技能目标

1. 能进行电阻、电容、电感的识读和质量检测。

2. 能正确分析 3 种元器件在电路中的作用。

素质目标

强化 7S 管理理念，遵守职业规范和操作规程。

任务导入

电路的负载一般包括电阻、电容、电感3个基本参数。电阻参数起主要作用的元件称为电阻元件，如白炽灯、电炉等；电容参数起主要作用的元件称为电容元件，如电容等；电感参数起主要作用的元件称为电感元件，如互感器等。电阻元件、电容元件及电感元件是电路中的基本元件。它们组合在一起形成特定电路，发挥着重要的作用，在汽车上得到了广泛应用。若一辆轿车转向时，转向灯不闪烁了，那么故障在哪里？

相关知识

一、电阻元件的识别与测量

1. 电阻的基础知识

电荷在电场力的作用下做定向移动时，通常要受到阻碍作用。物体对电子运动呈现的阻碍作用，称为该物体的电阻。电阻用符号 R 表示。

电阻的基本单位是欧姆（Ω），常用的电阻单位还有 kΩ 和 MΩ。它们的换算关系为 $1M\Omega = 10^{3}k\Omega = 10^{6}\Omega$。

当电荷在电场力的作用下，在导体内部做定向运动时，受到的阻碍作用称为电阻作用。由具有电阻作用的材料制成的电阻器、白炽灯、电烙铁、电加热器等实际元件，当其内部有电流流过时，就要消耗电能，并将电能转换为热能、光能等能量而消耗掉。通常将这类对电流具有阻碍作用、消耗电能特征的实际元件，集中化、抽象化为一种理想电路元件——电阻元件。电阻元件是一种对电流有"阻碍"作用的耗能元件。

电阻元件是从实际电阻器中抽象出来的，如灯、电炉等。通常在电子产品中所说的电阻是指电阻器这种电阻元件。电阻是汽车电气电子设备中用得最多的基本元件之一，在电路中用来稳定和调节电流、电压，作为分流器与分压器，或用作消耗能量的负载。

2. 电阻器的分类

电阻器是利用金属材料或非金属材料对电流起阻碍作用的特性制成的，电阻器通常称为电阻。它在电路中起分压、分流和限流等作用，是工程实际中使用最多的元件。随着技术的不断发展，电阻器的品种也日益增多。电阻器按照结构形式分为固定电阻器、可变电阻器和特殊电阻器三大类。

（1）固定电阻器　固定电阻器的阻值是固定不变的。根据材料和工艺的不同，固定电阻器可分为碳膜电阻器、金属膜电阻器、线绕电阻器和水泥电阻器等不同类型。常用固定电阻器的外形如图1-11所示。

（2）可变电阻器　可变电阻器（又称电位器）的阻值可以在一定范围内进行调节，简称变阻器。通过调节变阻器可以控制灯光亮度或控制电动机的转速等。根据用途的不同，变阻器的电阻材料可以是金属丝、金属片、碳膜或导电液。常用的变阻器如图1-12所示。

汽车上最常见的变阻器应用于前照灯，改变变阻器上滑动触点的位置，阻值会增大（灯变暗）或减小（灯变亮），以此控制电流，如图1-13所示。

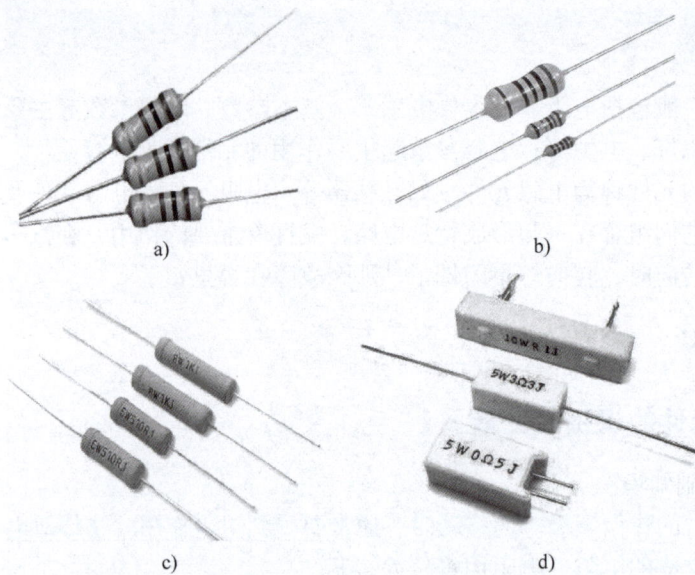

图 1-11　常用固定电阻器的外形

a）碳膜电阻器　b）金属膜电阻器　c）线绕电阻器　d）水泥电阻器

图 1-12　常用的变阻器

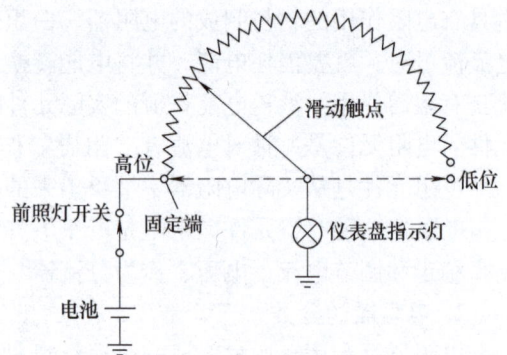

图 1-13　用变阻器控制仪表盘指示灯的亮度

（3）特殊电阻器　特殊电阻器指电阻特性对外界温度、电压、机械力、亮度、湿度、磁通密度、气体浓度等物理量反应敏感的电阻元件，也称敏感电阻器。常用的敏感电阻器包括热敏电阻器、光敏电阻器、压敏电阻器、磁敏电阻器等。常用敏感电阻器的外形如图 1-14 所示。

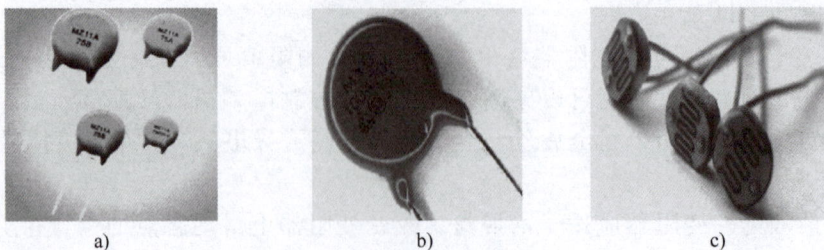

图 1-14　常用敏感电阻器的外形

a）热敏电阻器　b）压敏电阻器　c）光敏电阻器

1）热敏电阻器。热敏电阻器是用对温度敏感的陶瓷半导体材料制成的，它的阻值随温度变化有明显的改变。热敏电阻器可分为阻值随温度升高而减小的负温度系数（NTC）热敏电阻器和阻值随温度升高而增大的正温度系数（PTC）热敏电阻器。热敏电阻器主要应用于汽车发动机、仪器仪表等测温、感温部件中。

在汽车上装有很多热敏电阻式温度传感器，常用于检测冷却液、机油的温度，其中用得最多的是冷却液温度表以及电喷发动机的冷却液温度传感器。热敏电阻式冷却液温度传感器是利用热敏电阻阻值随温度的变化而变化这一特性来检测温度的。当温度较低时，传感器的阻值很大；反之，当温度升高时，其阻值很小。其一般安装在发动机缸体、缸盖的水套或节温器壳内并伸入水套中，与冷却液接触，用来检测发动机的冷却液温度。

另外，利用热敏电阻器可制成湿度传感器。热敏电阻式湿度传感器可用于汽车风窗玻璃的防霜和电控自动空调汽车内相对湿度的检测。

2）压敏电阻器。压敏电阻器指在一定电流电压范围内电阻值随电压变化而变化（或者说电阻值对电压敏感）的电阻器。现在大量使用的压敏电阻器是氧化锌（ZnO）压敏电阻器。

压敏电阻器在低电压时具有较大的电阻；当电压较大时，电流则增大许多倍，即电阻变小。压敏电阻器可用于过电压保护，将它并联在被保护元件两端，当出现过电压时，其电阻急剧减小，将电流分流，可以保护并联在一起的元件。

3）光敏电阻器。光敏电阻器是利用半导体的光电效应制成的一种特殊电阻，对光线十分敏感，它的电阻值能随着外界光照强弱变化而变化。它在无光照射时，呈高阻状态；当有光照射时，其电阻值迅速减小。目前生产的光敏电阻器主要是硫化镉（CdS）光敏电阻器，为提高其光灵敏度，常在硫化镉中掺入铜、银等杂质。

汽车中光电式光量传感器采用的是光敏电阻器，当有光照射到传感器上时，光敏电阻器阻值发生变化，即这种传感器把周围亮度的变化转化为电阻值的变化，并以电信号的形式输入给控制器。光敏电阻器在汽车上可用于各种灯具亮、熄的自动控制。

光电式光量传感器在汽车灯光控制器上的应用如图 1-15 所示。灯光控制器安装在仪表板的上方，可根据光照强度控制尾灯和前照灯的亮灭以及前照灯远、近光变换。

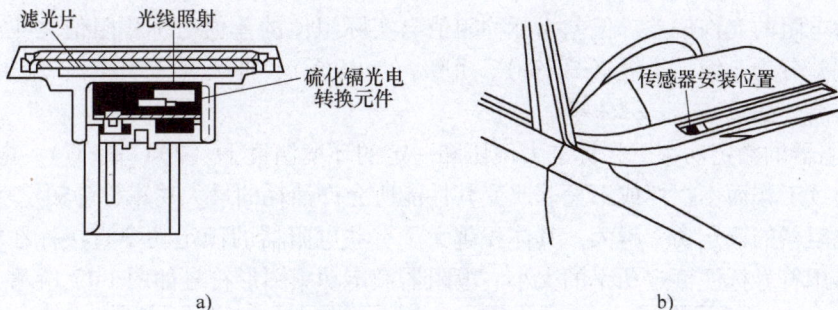

图 1-15　光电式光量传感器在汽车灯光控制器上的应用

a）光电式光量传感器　b）安装位置

3. 电阻器的主要参数

（1）电阻器的型号　电阻器的型号一般由 4 部分组成，各部分含义如图 1-16 所示。

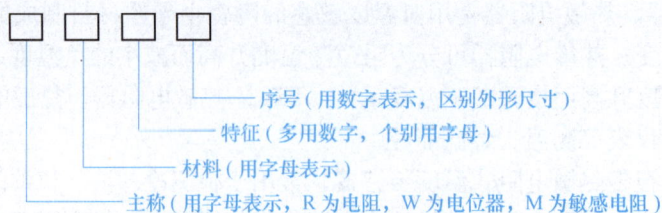

序号（用数字表示，区别外形尺寸）
特征（多用数字，个别用字母）
材料（用字母表示）
主称（用字母表示，R 为电阻，W 为电位器，M 为敏感电阻）

图 1-16　电阻器型号的命名方法

电阻器和电位器的材料、分类代号及其意义见表1-4。

表 1-4　电阻器和电位器的材料、分类代号及其意义

第一部分		第二部分		第三部分		第四部分
用字母表示主称		用字母表示材料		用数字或字母表示特征		序号
符号	意义	符号	意义	符号	意义	
R	电阻器	T	碳膜	1	普通	
W	电位器	H	合成膜	2	普通	
		S	有机实心	3	超高频	
		N	无机实心	4	高阻	
		J	金属膜	5	高温	
		Y	氧化膜	6	精密	
		C	沉积膜	7	精密	
		I	玻璃釉膜	8	高压	
		X	线绕	9	特殊	
				G	高功率	
				T	可调	

（2）电阻器的主要参数　电阻器的结构、材料不同，其性能有一定的差异。在选择和使用电阻器时，必须掌握各种电阻器的特性。

1）电阻器的标称阻值和允许偏差。电阻器的标称阻值指在电阻体上标示的阻值，阻值的范围很广，可从零点几欧到几十兆欧。

电阻器的标称值与实测值不可能完全相同，总是存在一定差别，它们之间允许的最大偏差范围称为电阻的允许偏差。偏差指标称阻值与实际阻值的差值与标称阻值之比的百分数。通常允许偏差分为3级：Ⅰ级（±5%）、Ⅱ级（±10%）、Ⅲ级（±20%）。精密电阻器允许偏差要求高，如±1%、±2%等。

2）电阻器的额定功率。在标准大气压和一定的环境温度下（20℃±5℃），电阻器在电路中长期连续工作而不损坏或不显著改变其性能所允许消耗的最大功率称为额定功率。

一般电阻器的额定功率越大，其体积越大。有些电阻器的额定功率直接标在电阻器上，有些电阻器用符号标注额定功率的大小。电阻器额定功率图形符号如图 1-17 所示。

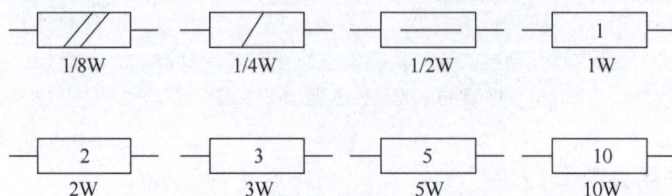

1/8W　　1/4W　　1/2W　　1W

2W　　3W　　5W　　10W

图 1-17　电阻器额定功率图形符号

3）电阻器的温度系数。当电流通过电阻器时，电阻器发热，从而使温度升高，阻值也随之发生变化。温度每变化1℃所引起电阻值的相对变化，称为电阻器的温度系数，用 α 表示。温度系数越小，电阻器的稳定性越好。若阻值随温度的升高而增大，则称该电阻器具有正的温度系数；若温度升高而阻值减小，则称该电阻器具有负的温度系数。

4. 电阻器的识别与检测

（1）电阻器参数的标注方法　一般情况下，可以通过参数标注方法直接读出电阻值，也可以利用万用表来进行测量。电阻器在电路中的参数标注方法有 3 种，即直标法、文字符号法和色标法。

1）直标法。直标法指用阿拉伯数字和单位符号在电阻体表面直接标出标称阻值，用百分数表示允许偏差的方法。如图 1-18a 所示，电阻器的标称阻值为 2.7kΩ，允许偏差为 ±10%；如图 1-18b 所示，电位器的标称阻值为 500kΩ。

2）文字符号法。文字符号法指用阿拉伯数字和字母符号按一定规律的组合来表示标称阻值，允许偏差也用文字符号表示。其优点是识读方便、直观，多用在大功率电阻器上。

电阻器参数的
标志方法

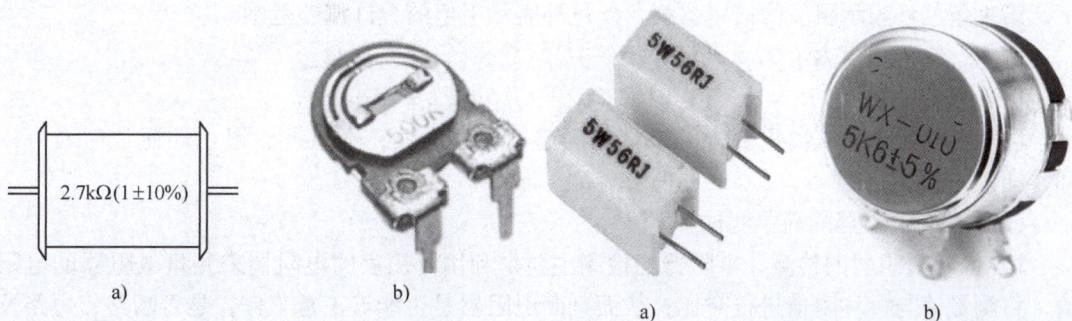

文字符号法表示阻值时，字母符号 Ω（R）、K、M、G、T 之前的数字表示阻值的整数值，之后的数字表示阻值的小数值，字母符号表示阻值的单位，阻值允许偏差的文字符号见表 1-5。

如图 1-19a 所示，电阻器的标称阻值为 56Ω，允许偏差为 ±5%；如图 1-19b 所示，电位器的标称阻值为 5.6kΩ，允许偏差为 ±5%。

图 1-18　直标法

图 1-19　文字符号法

表 1-5　阻值允许偏差的文字符号

文字符号	B	C	D	F	G	J	K	M	N
允许偏差（%）	±0.1	±0.2	±0.5	±1	±2	±5	±10	±20	±30

3）色标法。色标法是用色环、色点或色带在电阻器表面标出标称阻值和允许偏差的方法。色标符号规定见表 1-6。目前，普通电阻器大多采用色环来标注电阻器的电阻值，即通过在电阻器表面印制不同颜色的色标来表示电阻器标称阻值的大小，故称色环电阻。色环电阻器有 4 色环和 5 色环两种。

表1-6　色标符号规定

颜色	有效数字	倍乘数	允许偏差（%）	颜色	有效数字	倍乘数	允许偏差（%）
黑色	0	10^0	—	紫色	7	10^7	±0.1
棕色	1	10^1	±1	灰色	8	10^8	—
红色	2	10^2	±2	白色	9	10^9	+50 ~ -20
橙色	3	10^3	—	金色	—	10^{-1}	±5
黄色	4	10^4	—	银色	—	10^{-2}	±10
绿色	5	10^5	±0.5	无色	—	—	±20
蓝色	6	10^6	±0.25				

色环电阻器的读法如图1-20所示。

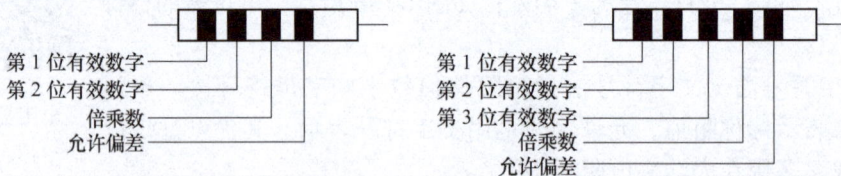

图1-20　色环电阻器的读法

①4色环。普通电阻器大多用4色环色标法标注。其前两条色环表示阻值的有效数字，第3条色环表示阻值的倍率，第4条色环表示阻值的允许偏差范围。

②5色环。精密电阻器大多用5色环色标法来标注。其前3条色环表示阻值的有效数字，第4条色环表示阻值的倍率，第5条色环表示阻值的允许偏差范围。

例如：红紫橙金表示$27 \times 10^3(1 \pm 5\%)\Omega = 27 \times (1 \pm 5\%)\text{k}\Omega$。

棕紫绿金银表示$175 \times 10^{-1}(1 \pm 10\%)\Omega = 17.5 \times (1 \pm 10\%)\Omega$。

注意：实物电阻从离根部近的一端作为起始端开始读；金色环、银色环通常为最后一环，即误差环。

（2）常用电阻器的简单测试

1）固定电阻器的检测。电阻器的检测主要是利用万用表的电阻档来测量电阻器的电阻值，将测量值与标称阻值进行对比，从而判断电阻器是否能够正常工作，是否断路、短路及老化。

①从外观看电阻器本身有无破损、脱皮，引脚有无脱落及松动现象，从外表排除电阻器断路的情况。

②使用万用表测试时，选择电阻档合适量程进行测量。若基本等于标称阻值，则电阻器正常；若阻值接近零，则电阻器短路；若测量值远小于标称阻值，则电阻器损坏；若远大于标称阻值，则电阻器断路。

③注意事项。选择开关置于合适的档位，使指针停留在中心值的附近；两手不能同时接触电阻器的两根引脚，以免人体电阻与被测电阻器并联，影响测试精度；对于几欧的小电阻，应使表笔与电阻器引出线接触良好，必要时可将电阻器两引脚上的氧化物刮掉再进行检测；万用表调零短接时，时间不应过长，特别是$R \times 1$档时，以免过多消耗万用表内电池的电能。

2）压敏电阻器的检测。用万用表 $R \times 1k$ 档测量压敏电阻器两引脚之间的正、反向绝缘电阻。正常情况下均为无穷大；若所测阻值很小，说明压敏电阻器已损坏，不能继续使用。

3）光敏电阻器的检测。用一张黑纸片将光敏电阻器的透光窗口遮住，此时万用表的读数基本保持不变，阻值接近无穷大。此值越大，说明光敏电阻器性能越好；若此值很小或接近零，说明光敏电阻器已烧穿损坏，不能继续使用。

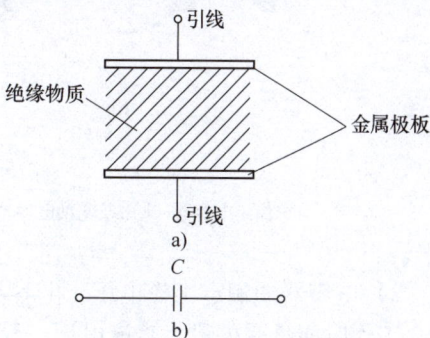

二、电容元件的识别与检测

1. 电容器的初步认识

（1）电容器的结构和特点 电容元件是从实际电容器抽象出来的电路模型。实际电容器是由两个相互靠近、中间隔以绝缘材料的金属导体构成的，电容器的结构和符号如图 1-21 所示。

图 1-21 电容器的结构和符号
a）最简单的电容器结构 b）电容器符号

> 随着社会经济的发展，人们对于绿色能源和生态环境越来越关注，超级电容器作为一种新型的储能器件越来越受到人们的重视。超级电容器是靠极化电解液来存储电能的新型电化学装置。它是近十几年随着材料科学的突破而出现的新型功率型储能元件。与传统的电容器和二次电池相比，超级电容器储存电荷的能力比普通电容器高，具有充放电速度快、效率高、对环境无污染、循环寿命长、使用温度范围宽、安全性高等特点。

当电容器极板间加上电压后，两块极板上将出现等量异种电荷，并在两极板间形成电场，储存电场能。不同的电容器存储电荷的本领是不一样的，对于给定的电容器，它存储电荷的电量 Q 与电容器两端电压 U 的比值是一个常数，这个常数反映了电容器存储电荷能力的大小，这个常数定义为电容器的电容量，简称电容，用符号 C 表示，即

$$C = \frac{Q}{U}$$

式中，Q 为极板上的电荷量（C）；U 为两极板间的电压（V）；C 为电容器的电容量（F）。

由定义式可得 $1F = 1C/1V$。即 $1F$ 的电容量在数值上等于电容器在 $1V$ 电压的作用下，极板上储存 $1C$ 的电荷量。电容常用单位有 μF 和 pF。它们之间的换算关系为 $1F = 10^6 \mu F$，$1 \mu F = 10^6 pF$。

（2）电容器的种类 电容器的种类很多，按照电容量是否可调，可分为固定电容器、可变电容器和微调电容器等；按照介质材料的不同，可分为空气介质电容器、纸介电容器、瓷介电容器、云母电容器、玻璃釉电容器、电解电容器等。其中，电解电容器有正、负极之分，使用时应将正极接高电位，负极接低电位。常见电容器的外形如图 1-22 所示。

（3）电容器的主要性能指标 电容器的主要性能指标包括标称容量、额定工作电压等。

1）电容器的标称容量和允许偏差。在电容器上标注的电容量的大小，称为标称容量。不同类别的电容器一般采用不同系列的标称值。电容器的标称容量与其实际容量之差，再除以标称值所得的百分比，就是允许偏差。

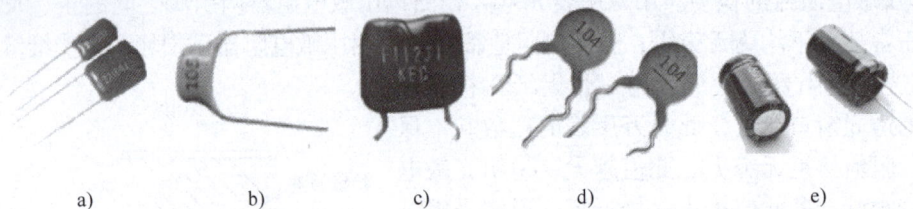

图 1-22　常见电容器的外形

a）涤纶电容器　b）玻璃釉电容器　c）云母电容器　d）陶瓷电容器　e）电解电容器

2）电容器的额定工作电压。电容器的额定工作电压指在规定温度范围内，电容器长期安全工作时能承受的最大直流电压，简称电容器的耐压。使用中，实际加在电容器两端的电压应小于其额定工作电压。在交流电路中，要求交流电压的最大值不得超过额定工作电压值。否则，电容器会被击穿。

3）绝缘电阻。电容器的绝缘电阻指电容器两极之间的电阻，也称漏电电阻，表示电容器漏电的大小。电容器的绝缘电阻是表示电容器绝缘性能好坏的一个重要参数，绝缘电阻越大，其绝缘性能越好。电容器绝缘电阻的大小取决于介质绝缘质量以及电容器的结构和制造工艺。

在实际使用电容器时，往往会遇到现有电容器的电容量不合适，或额定工作电压不符合要求的情况，这时，可将若干个电容器适当地连接起来，以满足实际电路的需要。

当电容器额定工作电压能满足电路的要求，但电容量不足时，可将几个电容量不同的电容器并联起来，以获得较大电容量。并联后的总电容量等于并联电容器的电容量之和，即

$$C = C_1 + C_2 + C_3 + \cdots + C_n$$

当现有电容器的电容量大于所需要的电容量时，可以把几个电容器串联起来使用。电容器串联时，总电容量的倒数等于各串联电容器的电容量倒数之和，即

$$\frac{1}{C} = \frac{1}{C_1} + \frac{1}{C_2} + \cdots + \frac{1}{C_n}$$

（4）电容器参数的标注方法　电容器主要参数的标注方法有以下 4 种：

1）直标法。直标法是将电容器的各种参数直接用数字标注在电容器上的表示方法。图 1-23a 所示电容器的标称容量为 $1000\mu F$，额定工作电压为 16V，图 1-23b 所示电容器的标称容量为 $1.8\mu F$，额定工作电压为 300V，允许误差为 ±5%。有的电容器由于体积小，为了便于标注，习惯上省略其单位，但遵循以下原则：凡不带小数点的整数，若无标志单位，则表示皮法；凡带小数点的整数，若无标志单位，则表示微法。

电容器的标志方法

2）数码法。体积较小的电容器标注常用数码法，一般用 3 位整数表示，前两位为有效数字，第 3 位表示 10 的倍率，单位为 pF，但是当第 3 位数是 9 时，表示 "10^{-1}"。如图 1-24a 所示，104 表示电容器的电容量为 $10 \times 10^4 pF = 10^5 pF = 0.1\mu F$；图 1-24b 中，155 表示电容器的电容量为 $15 \times 10^5 pF = 1500000 pF = 1.5\mu F$，K 表示允许偏差为 ±1%，额定工作电压为 250V。

图 1-23　电容器直标法

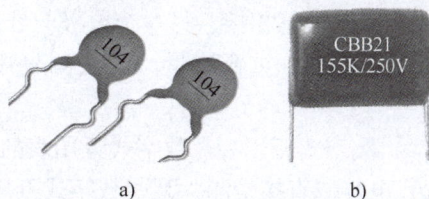

图 1-24　电容器数码法

3）文字符号法。文字符号法是由数字和字母相结合表示电容器电容量的方法，字母符号前面的数字表示整数值，字母符号后面的数字表示小数点后面的小数值。如图 1-25 所示，4n7 表示电容器的电容量为 4.7nF。

4）色标法。色标法是用不同颜色的色环或点在电容器表面标出标称容量。电容器的色环一般只有 3 环，前两色环表示有效数字，第 3 色环表示倍率，单位为 pF。电容器色标法如图 1-26 所示，色环按顺序排列分别为黄色、紫色、棕色，则该电容器的电容量为 $47 \times 10^1 \text{pF} = 470\text{pF}$。

图 1-25　电容器文字符号法

图 1-26　电容器色标法

2. 电容器的检测

在通常情况下，电容器用于滤波或隔直，电路中对电容量的精确度要求不高，故无须测量实际电容量。通常可用万用表的电阻档测量较大电容量电容器两电极之间的漏电阻，并根据万用表指针摆动幅度，对电容器的好坏进行判别。

（1）指针式万用表　电容值为 0.1μF 以下的电容器用万用表 $R \times 1k$ 或 $R \times 10k$ 档测量，1μF 以上的电容器用万用表 $R \times 100$ 或 $R \times 10$ 档测量（测量电容器两引线之间的电阻值）。

电容器质量的判断
与检测方法

将万用表置于电阻档并调零，将待测电容器短路放电。将万用表表笔接电容器两极，表针应向阻值小的方向摆动，然后慢慢回摆至∞附近。接着交换表笔再试一次，看表针的摆动情况，摆幅越大，表明电容器的电容量越大。若表笔一直碰触电容器引线，表针应指在∞附近，否则，表明该电容器有漏电现象，其电阻值越小，说明漏电量越大，则电容器质量越差；如在测量时表针根本不动，表明此电容器已失效或断路。

电容量越大，指针摆动的角度越大，1000pF 以下的电容器几乎看不到指针的摆动。

对于不知道极性的电解电容器，可用万用表的 $R \times 100$ 或 $R \times 1k$ 电阻档测量其极性。电解电容器极性的判别如图 1-27 所示。测量时，先假定某极为正极，让其

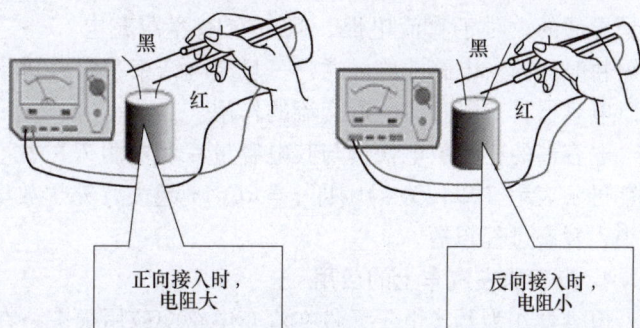

图 1-27　电解电容器极性的判别

与万用表的黑表笔相接,另一个电极与红表笔相接,记下表针停止的刻度;然后将电容器放电,两表笔对调,重新测量。两次测量中,阻值大的那次,黑表笔接的是电解电容器的正极。

(2) 数字式万用表 数字式万用表的检测分为电容档直接检测和电阻档检测。

1) 电容档直接检测。某些数字式万用表具有检测电容的功能,测量时可将已放电的电容器两引脚直接插入电容测试插孔中,将显示屏读出的值与电容器标称值进行比较。若相差太大,说明该电容器容量不足或性能不良,不能继续使用。

2) 电阻档检测。将数字万用表拨至适宜的电阻档,红表笔和黑表笔分别接触被测电容器的两极,这时显示值将从"000"开始逐渐增加,直至显示溢出符号"1",表明电容器正常。若不断显示"000",表明电容器内部短路;若不断显示溢出"1",表明电容器内部极间断路。检验电解电容器时需要注意,红表笔应接电容器正极,黑表笔应接电容器负极。此方法适用于测量 $0.1\mu F$ 至几千微法的大容量电容器。

3. 电容器的充、放电特性

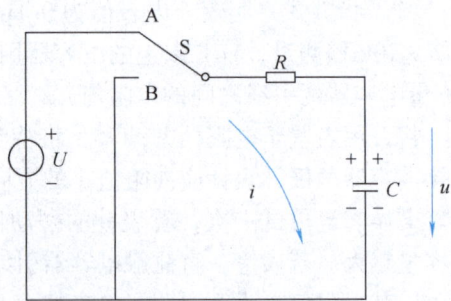

电容器在电工电子技术中得到广泛应用,是由于电容器具有储存能量的特性,而这一特性是通过充、放电过程体现出来的。

(1) 电容器的充电 电容器的充、放电电路如图 1-28 所示。当开关 S 拨到 A 端,在电场力作用下电荷向电容器移动,电容器处于充电状态。开关接通瞬间,电容器上未积累电荷,$u_c = 0$,充电电流 i 最大。随着充电的继续,u_c 逐渐增大,输入电压与电容电压 u_c 之差逐渐减小,因而充电电流 i 随着电容电压 u_c 的增大而逐渐减小。当 $u_c = U$ 时,$i = 0$,充电结束。

电容器的充
放电特性

(2) 电容器的放电 充电结束后,开关 S 拨到 B 端,输入电压为零,电容器通过电阻放电,方向与充电时相反。随着放电的继续,两极板电荷不断减少,u_c 逐渐减小,i 逐渐减小,当电荷全部释放完毕时,$u_c = 0$,放电结束。

可见,电容器的充电、放电过程,就是储存和释放电荷的过程。当电容器接通交流电源时,由于交流电的大小和方向不断交替变化,致使电容器反复进行充、放电,这样,电路中就会出现连续不断的交流电流。对于交流电路,电容器始终是导通的;对于直流电路,只有在电容器充电

图 1-28 电容器的充、放电电路

的短暂时间内,电路才能导通,一旦充电结束,电路进入稳定状态,则电路处于断路状态。所以电容器具有隔直流、通交流的作用。

电容器的充、放电快慢与其电容量 C 和电阻 R 的大小有关。两者的乘积称为时间常数,用字母 τ 表示(单位为 s),即 $\tau = RC$。τ 越大,充、放电越慢,即暂态过程越长;反之,τ 越小,暂态过程越短。

4. 电容器在汽车上的应用

电容器作为基本电子元件在汽车电路中应用很广。在汽车电路的传统点火系统中,电容器的充、放电起着加速点火线圈一次电流的消失、提高点火电压的作用。同时,还可以减小

断电器触点的火花，起保护触点不被烧蚀的作用。

汽车点火电路原理图如图 1-29 所示。在点火过程中，与分电器触点并联的电容器具有重要作用。在点火过程中，凸轮转动，触点被接通或断开，使通过一次绕组的电流急剧变化，绕组将产生一个很高的自感电动势，其方向与蓄电池的电动势方向相同。两个电压叠加作用到触点上，在触点间产生火花，触点将被烧坏。为了保护触点，通常在触点两端并联一个电容器 C，当触点打开时，一次绕组产生的自感电动势向电容器迅速放电，触点间不再形成强烈的火花，延长了触点的使用寿命；同时，触点打开

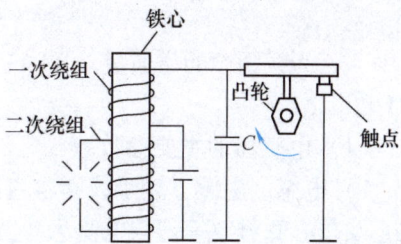

图 1-29 汽车点火电路原理图

后，一次绕组和电容器形成振荡回路，充了电的电容器通过一次绕组进行振荡放电。可见电容器能用来吸收存储在线圈中的磁场能，起到保护触点的作用。

三、电感元件的识别与检测

1. 电感的基础知识

电感器与电容器一样也是储能元件，在电路中具有通直流、隔交流的作用。它是依据电磁感应原理，由导线绕制而成的，又称为电感线圈，在电路中用字母 L 表示。常见电感器的外形和图形符号如图 1-30 所示。电感元件是从实际电感线圈抽象出来的电路模型。当电感线圈通以电流时，将产生磁通，在其内部及周围建立磁场，储存磁场能量。当忽略导线电阻及线圈匝与匝之间的电容时，可将其抽象为只具有储存磁场能量性质的电感元件。电感器的

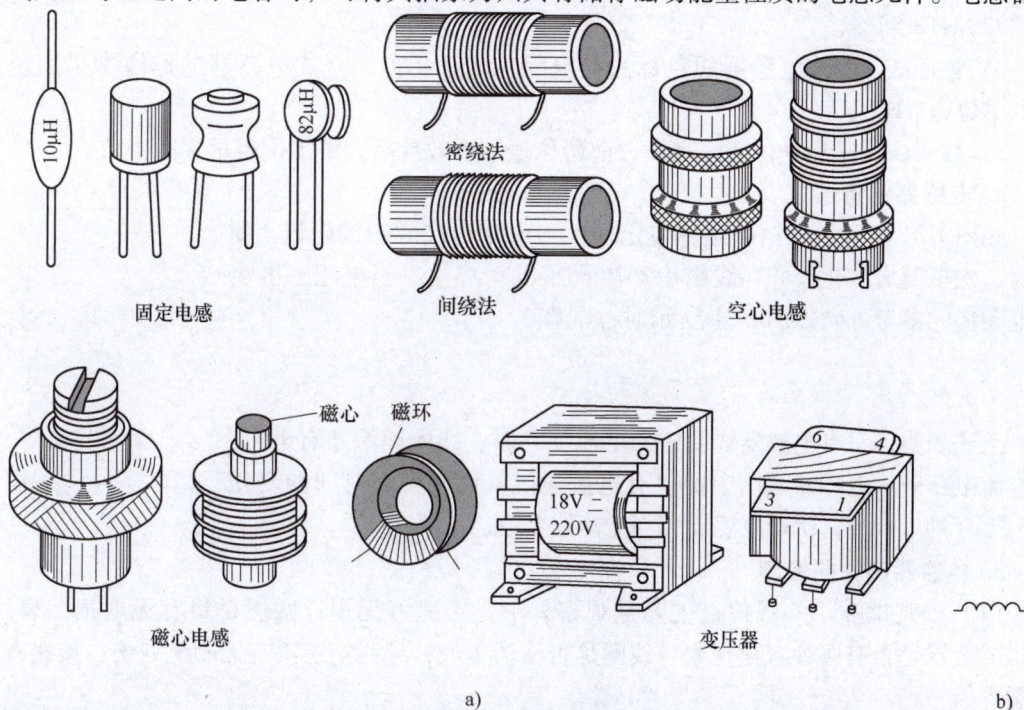

a) b)

图 1-30 常见电感器的外形和图形符号

a) 外形 b) 图形符号

磁通量与电流成正比，即

$$L = \frac{\varPhi}{I}$$

式中，$\varPhi$ 为线圈中的磁通量（Wb）；L 为电感，单位为亨［利］（H）。电感常用的单位还有 mH 和 μH。

（1）电感器的主要参数

1）电感。电感 L 表示线圈本身的固有特性，主要取决于线圈的匝数、绕制方式、有无磁心及磁心的材料等，与电流大小无关。除专门的电感线圈（色码电感）外，电感一般不专门标注在线圈上，而以特定的名称标注。

2）品质因数 Q。品质因数 Q 是表示线圈质量的一个物理量，是感抗 X_L 与其等效的电阻的比值，即 $Q = X_L/R$。线圈的 Q 值越高，回路的损耗越小，它与导线的直流电阻、骨架的介质损耗、屏蔽罩或铁心引起的损耗、高频趋肤效应的影响等因素有关。线圈的 Q 值通常为几十到几百。

3）分布电容。线圈的匝与匝间、线圈与屏蔽罩间、线圈与底板间存在的电容称为分布电容。分布电容的存在使线圈的 Q 值减小，稳定性变差，因而线圈的分布电容越小越好。

4）额定电流。额定电流即电感线圈中正常工作时允许通过的最大电流，额定电流的大小与绕制线圈的线径粗细有关。

5）直流电阻。直流电阻指电感线圈本身的电阻，可用万用表直接测得。

（2）电感器的标注方法

1）直标法。电感量用阿拉伯数字和单位符号直接标注在外壳上，单位为 μH 或 mH，如 "220μH ±5%"。

2）色标法。卧式电感器的色标法与电阻色环法相似，立式电感器的标注常采用色点法，单位为 μH。

3）数码法。采用 3 位数码表示，前两位表示有效数字，第 3 位表示零的个数。

2. 电感器的特性

如图 1-31 所示，根据电磁感应定律，当电感器线圈中的电流 i 变化时，磁场随之变化，并在线圈中产生自感电动势 e_L。当电压、电流和电动势的参考方向如图 1-31 所示时，则有

$$u = -e_L = L\frac{\mathrm{d}i}{\mathrm{d}t}$$

上式表明，只有电感器线圈中的电流变化时，线圈两端才有电压。在直流电路中，电感器线圈中即使有电流通过，但因其对时间的变化率为零（即 $u = 0$），所以电感器相当于短路状态。

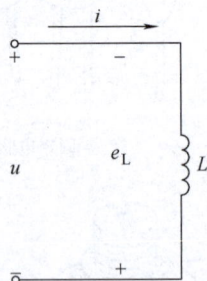

图 1-31　电感元件

3. 电感器的性能检测

（1）外观检查　外观检查主要是观察外形是否完好无损；磁性材料有无缺损、裂纹；金属屏蔽罩是否有腐蚀氧化现象；线圈是否清洁干燥；导线绝缘漆有无刻痕划伤；接线有无断裂等。

（2）万用表测量　电感器的检测主要是检测线圈的好坏，有时需要检测它的绝缘。线圈的通断用万用表的 $R \times 100$ 档进行判断，将万用表的两表笔接在线圈的两端，指针偏转，

说明线圈是通的，一般线圈是正常的；若指针指向"∞"，说明线圈断开已损坏。测量线圈的绝缘电阻，若绝缘电阻的值低于几兆欧，则说明绝缘受潮或击穿。

任务实施

1. 实训设备与器材

万用表、各种类型的固定电阻器和可调电阻器、电容器、电感器若干。

2. 项目内容和步骤

（1）分类　观察所用电阻器、电容器和电感器，对元件进行分类（各类元件选取 5 个）并读出标称值，把标称值填入表1-7。

表1-7　元件按功能进行分类统计

电阻器	标称值	实际值	是否良好	电容器	标称值	漏电阻	是否良好	电感器	标称值	直流电阻	是否良好

（2）元器件质量的检测

1）外观检查。看电阻器本身有无破损、脱皮、引脚脱落及松动现象，从外表排除电阻器的断路情况。

2）用万用表测量电阻器的阻值，根据标称值分析实际偏差是否在允许范围内，测量结果分别填入表1-7。测量可变电阻器两固定端及固定端与可调端间的阻值，检测其质量是否良好。

3）采用万用表进行电解电容正、负极性的判断及漏电阻值的测量，并将测量结果填写在表1-7中，判断其质量是否良好。

4）将万用表置于 $R \times 1$ 档，红、黑表笔各接电感器的任一引出端，测出直流电阻值的大小，判断其质量是否良好。

任务三　汽车电路的分析

任务目标

知识目标

1. 理解电路通路、断路和短路的 3 种状态。

2. 掌握串、并联电路的特点。

3. 掌握利用欧姆定律、基尔霍夫定律、支路电流分析法求解电路的方法。

技能目标

1. 会应用电路基本定律分析求解电路的基本物理量。

2. 会根据电路特点进行简单故障的排除。

素质目标

培养规则意识，养成实事求是、严谨认真的科学态度。

✂ 任务导入

一辆现代悦动轿车起动电路不工作，经检验，点火开关、起动机等器件都是正常的，如何根据测得的电流值、电压值判断出故障原因？

📖 相关知识

一、电路的 3 种状态

电路在使用中，通常有通路、断路、短路 3 种状态。

1. 通路

通路指正常工作状态下的闭合电路。电路的通路状态如图 1-32 所示，此时，开关闭合，电路中有电流及能量的传输和转换，负载能正常工作。与电路通路状态对应的电源，此时处于有载状态。

电路有下列特征：

1）电路中的电流为 $I = \dfrac{U_S}{R_0 + R}$

当电源电压 U_S 和内阻 R_0 一定时，电路中电流的大小取决于负载的大小。

2）电源端电压为 $U_1 = U_S - IR_0$

可见，电源端电压总是小于理想电压源电压，两者之差为电流在内阻上产生的压降。电流越大，内阻压降越多，则电源端电压下降得越多。若忽略线路上的压降，则负载的端电压 U_2 等于电源端电压 U_1。

3）电源输出功率为 $P_1 = U_1 I = (U_S - IR_0)I = P_S - I^2 R_0$

上式称为功率平衡式，它表明，电源输出功率等于理想电压源发出的功率 $U_S I$ 与电源内阻上损耗的功率之差，整个电路的功率是平衡的。

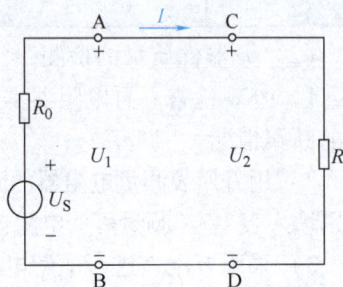

图 1-32 电路的通路状态

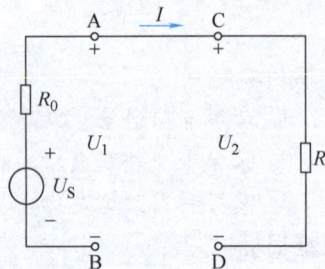

2. 断路（开路）

断路是电源和负载未构成闭合回路的状态，又称为空载状态。电路的断路状态如图 1-33 所示，此时，外电路呈现的电阻可视为无穷大，故电路具有下列特征：

1）电路中的电流为零，即 $I = 0$。

2）电源的端电压等于理想电压源电压，$U_1 = U_S$。此电压称为空载电压，用 U_0 表示，利用此特点可以测出电源电压。

3）因为电源对外不输出电流，所以电源的输出功率和负载消耗功率均为零。

图 1-33 电路的断路状态

断路可以分为控制性断路和故障性断路。控制性断路是根据需要利用开关将处于通路状态的电路断开；故障性断路是一种突发性的、意外的断路状态。例如，在汽车电路中，电源与负载之间的连接导线松脱、负载与导体的金属部分接触不良都会引起断路故障。

汽车电路发生断路故障时，常用试灯或万用表寻找电路的断路点，如图 1-34 所示。将试灯一端接在电源负极，另一端依次触及电路接线点 a、b、c、d。如果试灯亮，说明此接线点至电源正极间无断路；如果试灯不亮，说明此接线点与前一接线点间有断路。用这种方法逐步缩小故障范围，直至找到断路点。

图 1-34　用试灯寻找断路点

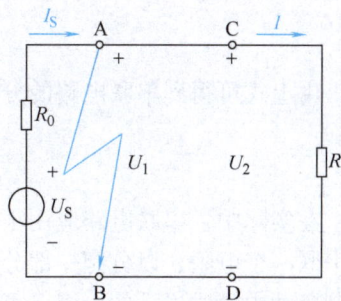

3. 短路

短路指由于电源线绝缘损坏或操作不当等引起电源的两输出端相接触，电流未经过负载，而是在中途相搭接的地方通过形成电路。电路的短路状态如图 1-35 所示，外电路的电阻可近似为零，电路具有如下特征：

1）电源中的电流最大，即 $I_S = \dfrac{U_S}{R_0}$

在一般供电系统中，电源的内阻 R_0 很小，故短路电流 I_S 很大，但对外电路输出电流为零。

2）电源和负载的端电压均为零。因为此时对外电路无电流输出，电源的电压全部降落在内阻上，电源发出的功率全部消耗在电源内阻上。

$$P_S = \frac{U_S^2}{R_0} = I_S^2 R_0$$

图 1-35　电路的短路状态

发生短路事故时，应及时切断电路，否则将会引起剧烈发热，不仅损坏导线、电源和其他用电设备，严重时还会引起火灾。在实际电路中，一般都在电路上加装熔断器，起短路保护作用。

短路在一般使用场合下是不允许的，但在检查、诊断汽车电路是否短路或断路，用于特定位置的测量时，常用跨接线（也称 SST，是一段多股导线，它的两端分别接有不同形式的插头，起旁通电路的作用）来进行检测。例如，某一电气部件不工作时，首先将跨接线连接在被测部件接线"－"端子与车身搭铁之间。若此时部件工作，说明其搭铁电路断路。若搭铁电路良好，将跨接线连接在蓄电池"＋"极与被测部件"＋"端子之间，如果此时部件工作，说明部件电源电路有故障（短路或断路）；如果部件仍不工作，说明部件本身有故障，应予以更换。使用跨接线检测时，必须注意不可将跨接线错误地连接在被测部件"＋"端子与搭铁之间。

二、电路的连接

1. 串联电路

两个或两个以上的电阻首尾相连，中间没有分支，各电阻流过同一电流，组成串联电路。如图 1-36 所示，串联电路有如下特点：

1）串联电路中电流处处相等，即

$$I = I_1 = I_2 = I_3 = \cdots = I_n$$

2）串联电路的等效电阻（即总电阻）等于各串联电阻之和，即

$$R = R_1 + R_2 + R_3 + \cdots + R_n$$

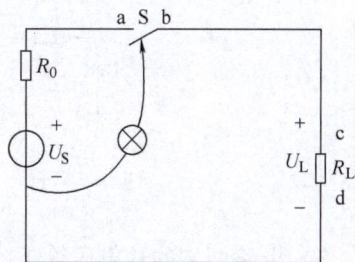

串联电路的特点

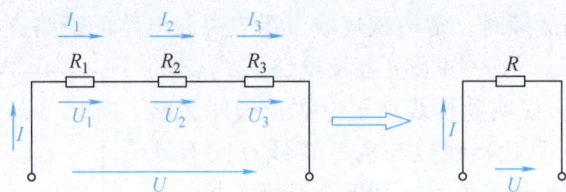

图 1-36　串联电路

3）电路两端的总电压等于各部分电路两端的电压之和，即

$$U = U_1 + U_2 + U_3 + \cdots + U_n$$

4）每个电阻上分配到的电压与电阻值成正比，即

$$\frac{U_1}{R_1} = \frac{U_2}{R_2} = \cdots = \frac{U_n}{R_n} = \frac{U}{R} = I$$

由上式可得到串联电路的分压公式为

$$U_i = \frac{R_i}{R}U$$

在实际中，串联电路应用很多，在负载的额定电压低于电源电压的情况下，常需要给负载串联一个电阻，以分担一部分电压；电压表可利用串联不同的电阻来扩大量程；有时为了限制负载中通过过大的电流，可以将负载串联一个限流电阻。

2. 并联电路

两个或两个以上的电阻首尾两端分别连接在相同两点之间，组成并联电路。如图 1-37 所示，常用符号"∥"表示电阻并联。并联电路有如下特点：

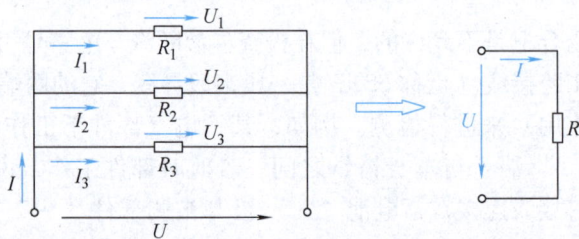

并联电路的特点

图 1-37　并联电路

1）并联电路中各支路两端的电压相等，即

$$U = U_1 = U_2 = U_3 = \cdots = U_n$$

2）电路中的总电流等于各支路的电流之和，即

$$I = I_1 + I_2 + I_3 + \cdots + I_n$$

3）电路的总电阻（等效电阻）的倒数等于各分电阻倒数之和，即

$$\frac{1}{R} = \frac{1}{R_1} + \frac{1}{R_2} + \cdots \frac{1}{R_n}$$

4）每条支路分配到的电流与支路电阻成反比，即

$$I_1 R_1 = I_2 R_2 = \cdots = I_n R_n = IR = U$$

对两个电阻并联的电路，各支路的电流计算公式为

$$I_1 = \frac{R_2}{R_1 + R_2}I$$

$$I_2 = \frac{R_1}{R_1 + R_2}I$$

在实际中，并联电路的应用很广泛，如汽车上的起动机、刮水器、照明灯等工作电压相同的设备都采用并联接法。并联之后电气设备之间的工作互不影响。另外，如果某一电阻值偏大，可以通过并联电阻的方式，使总电阻减小，以满足电路的需要。在电工测量中，经常在电流表的表头两端并联分流电阻，以扩大电流表的量程。

3. 混联电路

在实际电路中，既有电阻串联又有电阻并联的电路，称为混联电路。混联电路如图 1-38 所示。

分析混联电路时，必须先清楚混联电路中各电阻之间的连接关系，然后应用串、并联电路的特点，求出单纯的串联和并联部分的各等效电阻，最后求出电路的总电阻。

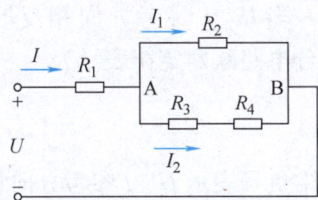

图 1-38　混联电路

例 1-2　如图 1-38 所示电路，电阻 $R_1 = 10\Omega$，$R_2 = 5\Omega$，$R_3 = 2\Omega$，$R_4 = 3\Omega$，电源电压 $U = 125\text{V}$，求电流 I、I_1、I_2。

解　如图 1-39 所示，R_3 和 R_4 可等效成一个电阻 R_{34}，即 $R_{34} = R_3 + R_4 = (2+3)\Omega = 5\Omega$。

R_2 和 R_{34} 可等效成一个电阻 R_{AB}，即 $R_{AB} = \frac{R_2 R_{34}}{R_2 + R_{34}} = \left(\frac{5 \times 5}{5 + 5}\right)\Omega = 2.5\Omega$。

R_1 和 R_{AB} 可等效成一个电阻，即 $R = R_1 + R_{AB} = (10 + 2.5)\Omega = 12.5\Omega$。

此时
$$I = \frac{U}{R} = \frac{125}{12.5}\text{A} = 10\text{A}$$

根据分流公式得
$$I_1 = \frac{R_{34}}{R_2 + R_{34}}I = \frac{5}{5 + 5} \times 10\text{A} = 5\text{A}$$

$$I_2 = \frac{R_2}{R_2 + R_{34}}I = \frac{5}{5 + 5} \times 10\text{A} = 5\text{A}$$

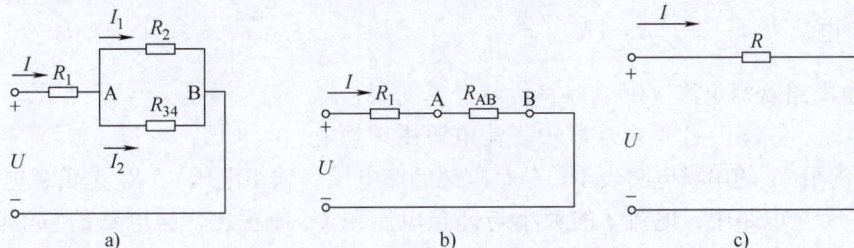

图 1-39　例 1-2 图

三、电路的基本定律

1. 欧姆定律

在一段电路或全电路中，各基本物理量之间存在着一定的制约关系，这种制约关系称为欧姆定律。欧姆定律是电路的基本定律之一，有部分电路和全电路两种形式。

（1）部分电路欧姆定律　不含电源的一段电路称为部分电路。实验证明，在一段电路中，通过电路的电流与电路两端的电压成正比，而与电阻成反比，这一关系称为部分电路欧姆定律。部分电路欧姆定律如图 1-40 所示。

当 U、I 参考方向一致时，如图 1-40a 所示，部分电路欧姆定律表示为

$$I = \frac{U}{R}$$

当 U、I 参考方向相反时，如图 1-40b 所示，部分电路欧姆定律表示为

$$I = -\frac{U}{R}$$

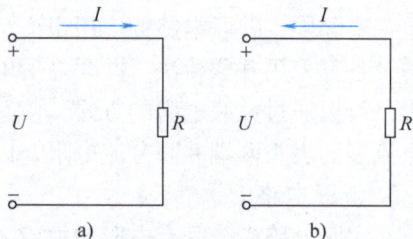

图 1-40　部分电路欧姆定律
a）U、I 参考方向一致　b）U、I 参考方向相反

式中负号表示 U、I 参考方向相反。

例 1-3　电路如图 1-40 所示，已知 $R = 10\Omega$，$U = 10V$，分别求图 1-40a、b 中的电流 I。

解　对图 1-40a 而言　$I = \frac{U}{R} = \frac{10}{10}A = 1A$

对图 1-40b 而言　$I = -\frac{U}{R} = -\frac{10}{10}A = -1A$

电流为正值，说明电流的实际方向与参考方向相同；电流为负值，说明电流的实际方向与参考方向相反，因此只要知道参考方向和计算结果就可确定实际方向。

例 1-4　某导体两端电压为 3V，通过导体的电流为 0.5A，导体的电阻值多大？当电压改变为 6V 时，电阻值多大？此时通过导体的电流多大？

解　由部分电路欧姆定律可得

$$R = \frac{U}{I} = \frac{3}{0.5}\Omega = 6\Omega$$

当电压改变为 6V 时，电阻不变，$R = 6\Omega$。

此时，电流 $I' = \frac{U'}{R} = \frac{6}{6}A = 1A$。

（2）全电路欧姆定律　由电源和负载组成的闭合电路称为全电路，如图 1-41 所示。其中直流电源用理想电

图 1-41　全电路欧姆定律

压源 U_S 和内阻 R_0 的串联电路表示，U 是电源的端电压（输出电压），R_L 是负载电阻。实验证明：在一个全电路中，电流 I 的大小与理想电压源 U_S 成正比，与电路的总电阻（$R_L + R_0$）成反比，这就是全电路欧姆定律。

在 U_S 和 I 参考方向一致时，欧姆定律用公式表示为

$$I = \frac{U_S}{R_L + R_0}$$

由上式可见，电路中的电流不仅与电源电动势、外电路电阻的大小有关，还与内阻有关。一般情况下，要求电源内阻越小越好，这样就可

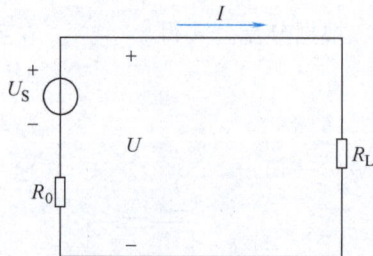

全电路欧姆定律

以更多地向外电路提供电流。

例 1-5　图 1-41 中，已知 $U_S = 3V$，$R_0 = 0.4\Omega$，$R_L = 9.6\Omega$，求电流 I、内阻压降 U_0 及电源端电压 U_L。

解　由全电路欧姆定律可得

$$I = \frac{U_S}{R_L + R_0} = \frac{3}{9.6 + 0.4}A = 0.3A$$

内阻压降 $U_0 = IR_0 = 0.3 \times 0.4V = 0.12V$。

电源端电压 $U_L = IR_L = 0.3 \times 9.6V = 2.88V$。

例 1-6　图 1-42 所示电路中，已知 $U_S = 6V$，$R_0 = 0.5\Omega$，$R = 200\Omega$。求开关 S 分别处于 1、2、3 位置时电压表和电流表的读数。

解　S 处于 1 时，电路呈短路状态。

$$I = \frac{U_S}{R_0} = \frac{6}{0.5}A = 12A$$

$$U = 0$$

当 S 处于 2 位置时，电路呈断路状态。

$$I = 0$$

$$U = U_S = 6V$$

当 S 处于 3 位置时，电路呈通路状态。

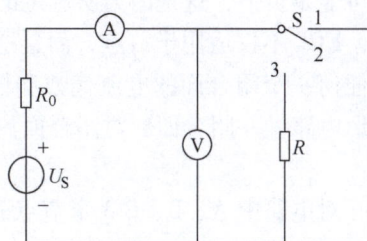

图 1-42　例 1-6 图

$$I = \frac{U_S}{R_0 + R} = \frac{6}{200 + 0.5}A \approx 0.03A$$

$$U = IR = 200 \times 0.03V = 6V$$

2. 基尔霍夫定律

欧姆定律是分析和计算电路的基本定律。但在复杂电路的分析和计算中，只应用欧姆定律是不够的，还需要应用基尔霍夫电流定律和基尔霍夫电压定律。基尔霍夫电流定律反映了节点上各电流之间的关系，基尔霍夫电压定律反映了回路中各段电压之间的关系。

基尔霍夫定律

（1）电路有关术语

1）支路。由一个或几个元件首尾相接构成的无分支电路称为支路。在同一支路内，流过所有元件的电流相等。在图 1-43 中，U_{S1} 和 R_1 构成支路 ACB，U_{S2} 和 R_2 构成支路 ADB，R_3 构成第 3 条支路 AB。前两条支路含有电源称为有源支路，后一条支路不含电源称为无源支路。

2）节点。电路中 3 条或 3 条以上支路的连接点称为节点。在图 1-43 所示电路中共有两个节点，即 A 和 B。

3）回路。电路中任一闭合路径称为回路，内部不含其他支路的回路称为网孔。在图 1-43 中共有 CABC、ADBA、CADBC 3 个回路，CABC、ADBA 为两个网孔。

（2）基尔霍夫电流定律（KCL）　由于电流的连续

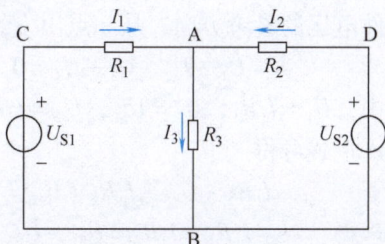

图 1-43　电路举例

性，电路中任何一点（包括节点在内）均不能堆积电荷。理论分析和实验证明：在任一时刻，电路中流入任一节点的电流之和等于流出该节点的电流之和，用公式表示为

$$\sum I_i = \sum I_o$$

式中，$\sum I_i$ 为流入节点的电流之和；$\sum I_o$ 为流出节点的电流之和。

如果以流入节点电流为正，流出节点电流为负，则 KCL 可表示为

$$\sum I = 0$$

KCL 还可叙述为：在任何时刻，对于电路中任一节点，流经节点的电流的代数和恒等于零。

如图 1-43 电路中的节点 A，由 KCL 可得 $I_1 + I_2 - I_3 = 0$

需要注意的是，KCL 中所指的"流入"与"流出"均以参考方向为依据。因此在列方程之前，必须将所有的电流参考方向选定，并标在电路图上。根据计算结果，有些支路的电流可能是负值，这是因为所选定的电流参考方向与实际方向相反。

KCL 不仅适用于节点，而且适用于任意假定的闭合面（广义节点）。即在任意时刻，通过任何一个闭合面的电流代数和恒为零。KCL 的应用电路如图 1-44 所示，用一虚线圆对三角形电路做一闭合面。对闭合面内应用电流定律列出 KCL 方程，则有

$$I_A + I_B + I_C = 0$$

对电路中 A、B、C 3 个节点列出 KCL 方程，得

$$I_A + I_{CA} = I_{AB}$$

$$I_B + I_{AB} = I_{BC}$$

$$I_C + I_{BC} = I_{CA}$$

将上述 3 式相加得 $I_A + I_B + I_C = 0$

KCL 是对汇集于一个节点的各支路电流的一种约束。

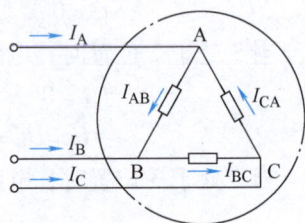

图 1-44 KCL 的应用电路

（3）基尔霍夫电压定律（KVL） 基尔霍夫电压定律反映电路的任一回路中各支路电压之间的关系。KVL 可叙述为：在任一时刻，在电路中沿任一回路绕行一周，回路中所有压降的代数和等于零，即

$$\sum U = 0$$

在回路中应用该定律时，必须先进行两个设定：一是任意设定回路的绕行方向（顺时针或逆时针）；二是设定回路中各元件上的电压参考方向。

这里的闭合回路指从电路中的某一点出发，按照一个绕行方向回到出发点时所经过的闭合环路。在绕行过程中，所经过的各个电压方向与绕行方向相同时电压前取正号，相反时电压前取负号，这是代数和的含义。这里的电压方向是事先假设的参考方向。

KVL 的应用电路如图 1-45 所示，图中给出了某电路的一个回路，按图选定的绕行方向和各元件电压的参考方向，从 a 点出发绕行一周，有

$$U_1 - U_2 - U_3 + U_4 = 0$$

其中，$U_1 = I_1 R_1$，$U_2 = U_{S1}$，$U_3 = I_2 R_2$，$U_4 = U_{S2}$，代入上式可得

$$I_1 R_1 - U_{S1} - I_2 R_2 + U_{S2} = 0$$

整理得 $\quad I_1 R_1 - I_2 R_2 = U_{S1} - U_{S2}$

或 $\quad\quad\quad \sum IR = \sum U_S$

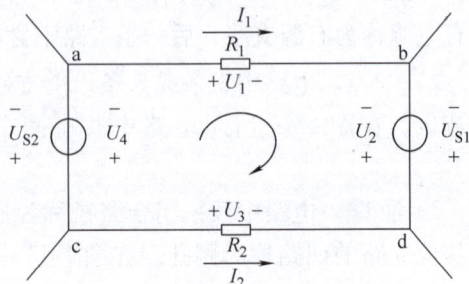

图 1-45 KVL 的应用电路

上两式可以描述为：任一回路内电阻上电压的代数和等于电压源电压的代数和。

需要指出的是，KVL 不仅适用于实际元件构成的闭合电路，也可以推广应用到回路的部分电路（广义回路），用于求回路的断路电压。图 1-46 所示电路中，在 a、b 处没有闭合，沿绕行方向一周，根据 KVL 有

$$I_1 R_1 + U_{S1} - U_{S2} + I_2 R_2 - U_{ab} = 0$$

由此可得到任何一段有源支路的电压和电流表达式。一个不闭合电路开口处从 a 到 b 的压降 U_{ab} 应等于由 a 到 b 路径上全部压降的代数和。

例 1-7　一段有源支路 ab 如图 1-47 所示，已知 $U_{ab} = 5\text{V}$，$R_1 = 2\Omega$，$U_{S2} = 14\text{V}$，$U_{S1} = 6\text{V}$，$R_2 = 3\Omega$。设电流参考方向如图所示，求电流 I。

解　这一段有源支路可看成是一个不闭合回路，开口 a、b 处可看成一个电压大小为 U_{ab} 的电压源，那么根据 KVL，选择顺时针绕行方向，可得

$$IR_1 + U_{S1} + IR_2 - U_{S2} - U_{ab} = 0$$

或由 U_{ab} 应等于由 a 到 b 路径上全部压降的代数和，得

$$U_{ab} = IR_1 + U_{S1} + IR_2 - U_{S2}$$

$$I = \frac{U_{ab} + U_{S2} - U_{S1}}{R_1 + R_2} = \frac{5 + 14 - 6}{2 + 3}\text{A} = 2.6\text{A}$$

> 应用 KVL 定律时，需要注意回路的闭合和非闭合概念是相对于电压而言的，并不是指电路形式上的闭合与否。

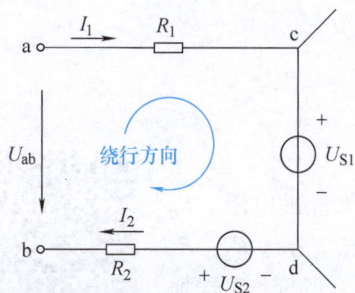

图 1-46　KVL 应用在不闭合电路

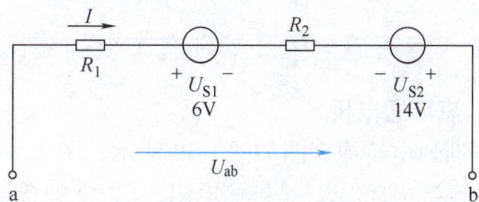

图 1-47　例 1-7 图

3. 支路电流法

在复杂电路分析计算中，支路电流法是最基本的方法。它是以支路电流为未知量，直接应用基尔霍夫两条定律列出电路方程式，从而解出支路电流的一种方法。支路电流法分析步骤如下：

1）假定各支路电流、元件电压的参考方向及回路绕行方向。

2）对节点列 KCL 方程。如图 1-48 所示，对两个节点 a、b 列 KCL 方程得

节点 a：$I_1 + I_2 - I_3 = 0$；

节点 b：$-I_1 - I_2 + I_3 = 0$。

支路电流法

这两个方程实际上是相同的，只有一个是独立方程。因此对于 n 个节点，根据 KCL 可以列 $(n-1)$ 个独立的节点电流方程。

3）列回路 KVL 方程。若有 m 条支路，根据 KVL 列（$m-n+1$）个独立回路的电压方程。一般情况下选取网孔列 KVL 方程。图 1-48 所示电路中，回路 1、2 为网孔。

回路 1：$I_1R_1 - I_2R_2 - U_{S1} + U_{S2} = 0$；

回路 2：$I_3R_3 + I_2R_2 - U_{S2} = 0$。

4）代入数据，求解联立方程，得出各支路电流或电阻上的压降。

例 1-8 如图 1-48 所示，已知 $U_{S1} = 20V$，$U_{S2} = 40V$，$R_1 = R_3 = 10\Omega$，$R_2 = 5\Omega$，求支路电流 I_1、I_2、I_3。

解 1）选定回路方向、各支路电流方向，如图 1-48 所示。

2）列 KCL 方程。电流有两个节点，只能列 1 个 KCL 方程。对于节点 a 有

$$I_1 + I_2 - I_3 = 0$$

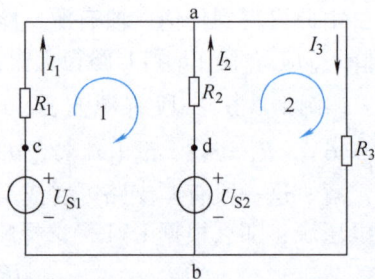

图 1-48　支路电流法

3）列回路 KVL 方程。选网孔 1、2 列方程：

$$I_1R_1 - I_2R_2 - U_{S1} + U_{S2} = 0$$
$$I_3R_3 + I_2R_2 - U_{S2} = 0$$

4）代入已知数，求解方程组。

$$I_1 + I_2 = I_3$$
$$10\Omega \cdot I_1 - 5\Omega \cdot I_2 - 20V + 40V = 0$$
$$10\Omega \cdot I_3 + 5\Omega \cdot I_2 - 40V = 0$$

解得：$I_1 = -0.5A$，$I_2 = 3A$，$I_3 = 2.5A$。

四、惠斯通电桥及其在汽车上的应用

1. 惠斯通电桥

惠斯通电桥原理图如图 1-49 所示，图中 R_1、R_2 是已知标准电阻，R_0 是可变标准电阻，R_x 是被测电阻，C、D 间接检流计 G。R_x、R_1、R_2、R_0 构成电桥的 4 个"臂"，检流计 G 连通的 CD 称为"桥"。当 A、B 端加上直流电源时，桥上的检流计用来检测其间有无电流并比较"桥"两端（即 C、D 端）电位的大小。

惠斯通电桥

调节 R_1、R_2 和 R_0，可使 C、D 两点的电位相等，检流计 G 指针指零（即 $I_g = 0$），此时，电桥达到平衡，$U_{AC} = U_{AD}$，$U_{BC} = U_{BD}$，即

$$I_1R_1 = I_2R_2, \quad I_xR_x = I_0R_0$$

因为 G 中无电流，所以，$I_1 = I_x$，$I_2 = I_0$。上列两式相除，得

$$\frac{R_1}{R_x} = \frac{R_2}{R_0}$$

则

$$R_x = \frac{R_1}{R_2}R_0 = CR_0$$

即为电桥平衡条件。

显然，惠斯通电桥测电阻就是采用电压比较法。当电桥平衡时，已知 3 个桥臂电阻，就可以求得另一桥臂的待

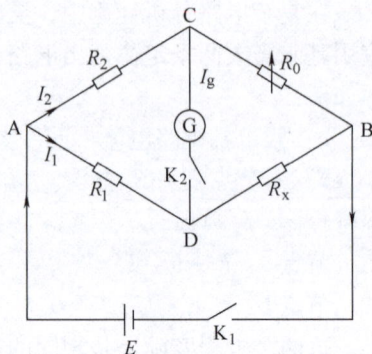

图 1-49　惠斯通电桥原理图

测电阻值。通常称 R_0 为比较臂，R_1/R_2（即 C）为倍率，R_x 为电桥未知臂。

2. 热线式空气流量传感器

现代汽车电子控制燃油喷射系统中，空气流量传感器用于测量发动机吸入的空气量，它是决定电控系统控制精度的主要部件之一。空气流量传感器又称为空气流量计，它获得的进气量信号是控制单元 ECU 计算喷油时间和点火时间的主要依据。

热线式空气流量传感器如图 1-50 所示。图中 R_H、R_K、R_A、R_B 组成惠斯通电桥的 4 个臂，热线式空气流量传感器的基本构成是感知空气流量的铂金热线，将热线电阻 R_H（通常以铂丝制成）与温度补偿电阻 R_K（冷线）同置于所测量的通道中，使 R_H 与气流的温差维持在一个水平。当气流加大时，由于散热加快，R_H 降温。阻值变化，电桥失去平衡，这时集成电路会提高桥压使电桥恢复平衡，通常取 R_A 上的压降为测量信号。

3. 进气压力传感器

进气压力传感器简称 MAP，它可以根据发动机的负荷状态和转速变化测出进气歧管内的绝对压力，并通过电路的连接转换成电信号与转速信号一起输送给 ECU，作为决定喷油器喷油量的基本依据。进气压力传感器种类较多，有压敏电阻式、电容式等。

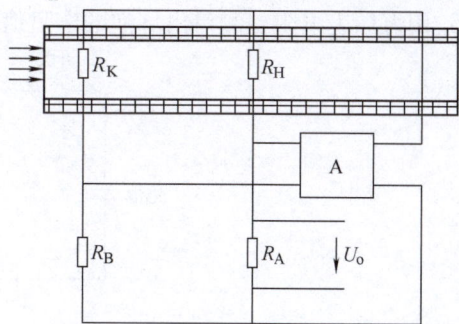

图 1-50　热线式空气流量传感器

A—混合集成电路　R_H—热线电阻

R_K—温度补偿电阻　R_A—精密电阻　R_B—电桥电阻

压敏电阻式进气压力传感器如图 1-51 所示，图 1-51a 中的 R 是图 1-51b 中的应变电阻 R_1、R_2、R_3、R_4，它们构成惠斯通电桥并与硅膜片黏结在一起。硅膜片在歧管内的绝对压力作用下可以变形，从而引起应变电阻阻值的变化。歧管内的绝对压力越高，硅膜片的变形越大，从而电阻 R 的阻值变化越大，即把硅膜片机械式的变化转变成了电信号，再由集成电路放大后输出至 ECU。

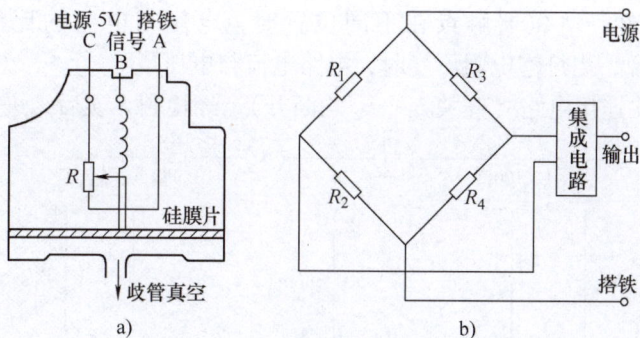

图 1-51　压敏电阻式进气压力传感器

a）压敏电阻式进气压力传感器结构图　b）惠斯通电桥

任务实施

1. 实训设备与器材

电工电子试验台，万用表，电压表，电流表，可调直流稳压电源，小灯泡，连接导线，开关，熔断器，20Ω、50Ω、100Ω 电阻各 1 只。

2. 项目内容和步骤

1）认识和检查相关实训器材。识读电路原理图，如图 1-52 所示，说明每个元器件的作用。

电流表：_____；电压表：_____；

电位器：_____；电池：_____。

用万用表电阻档测量出灯泡的电阻值为_____。

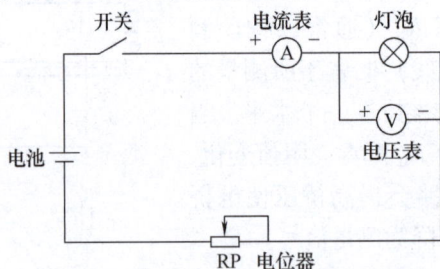

图 1-52　欧姆定律验证电路原理图

2）用导线按照示意图连接成完整电路，注意连接前先断开电源开关。检查无误后，闭合电源开关，仔细观察实训现象，并做好相关记录。

调节电位器，观察电位器触点在不同位置时各表的变化情况，选取测量数值并记录到表 1-8 中。

表 1-8　电压、电流测量记录表

灯泡电阻 R =			
电压/V			
电流/A			

从测量数据可知：电位器触点在不同位置时，电压与电流的比值_____，均为_____Ω。或者说，当灯泡电阻不变时，电路电流与电压成_____（正比或反比）。

3）按照图 1-53 连接电路（开关 S_1、S_2 均断开），经检查无误后，进行下一步。

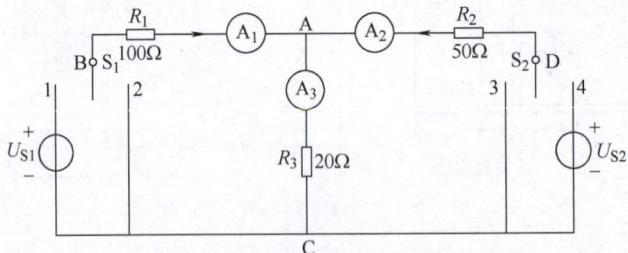

图 1-53　基尔霍夫定律的验证

调节稳压电源，使输出电压 U_{S1} = 15V，U_{S2} = 3V，开关 S_1、S_2 分别合向点 1、4。读取电流表的数值，填入表 1-9 中，将电流的理论计算值与测量值进行比较。

用电压表分别测量各元件电压 U_{AB}、U_{BC}、U_{CD}，填入表 1-9 中，将电压的理论计算值与测量值进行比较。

表 1-9　电压、电流数据记录表

	数值栏						验算栏	
	I_1/mA	I_2/mA	I_3/mA	U_{AB}/V	U_{BC}/V	U_{CD}/V	$\sum I$ 是否为零	$\sum U$ 是否为零
理论计算值								
测量值								

用表 1-9 中的数据，验证基尔霍夫定律的正确性。

3. 注意事项

在电路中串联电流表时，电流表的极性应严格按照图中所标电流参考方向进行连接。如果表针反偏，则应将电流表"＋""－"接线柱上的导线对换，但其读数应记为负值。这就是参考方向的实际意义，测量电压时也会有同样的情况。

<h2 style="text-align:center">小　结</h2>

1. 电路一般由电源、负载、中间环节等部分组成。电路能实现能量的转换、传输和分配，还能实现电信号的处理和传递。在工程中，常用理想电路元件及其组合代替实际电路元件，即用电路模型进行电路的分析计算。

2. 电压和电流是电路的基本物理量。在电路分析时，引入了参考方向的概念。电流和电压的参考方向可任意选定，当参考方向与实际方向一致时，其值为正，反之为负。在未选定参考方向的情况下，电流与电压的正、负无任何意义。当电流与电压选定一致的参考方向时，称为关联参考方向，反之为非关联参考方向。

电路中某点的电位是该点到参考点的电压。电位数值与参考点的选择有关，是相对值。电路中任意两点间的电压是这两点的电位差，数值与参考点无关，是固定值。

3. 组成电路的元件通常有电阻元件、电感元件和电容元件等。电阻元件为耗能元件，电感元件和电容元件为储能元件，分别储存磁场能量和电场能量。

4. 电路通常有通路、断路和短路 3 种状态。通路状态下，电源输出电压、电流和功率都由负载决定。断路状态下电路中的电流为零。短路状态下，电路中的电流很大，很容易损坏电路设备，因此应尽量避免。

5. 基尔霍夫定律包括节点电流定律和回路电压定律。电流定律反映节点上各电流之间的关系，电压定律反映回路中各段电压之间的关系。支路电流法是求解复杂电路最基本的方法。它是以支路电流为未知量，直接应用基尔霍夫两条定律列出电路方程式，从而解出支路电流的一种方法。

6. 电容器是一个储能元件，这一特性是通过充放电过程体现出来的，具有隔直、通交的作用。电容器充、放电的快慢与时间常数（$\tau = RC$）有关。

<h2 style="text-align:center">习　题</h2>

一、填空题

1. 一个完整的电路至少由 ＿＿＿＿＿＿、＿＿＿＿＿＿ 和中间环节（包括开关和导线等）组成。

_____将非电能转变为电能，并向电路提供能量。负载是将_____能转变为_____能的用电设备。

2. 电荷的_____形成电流。_____为电流的正方向，在金属导体中电流方向与电子的移动方向_____。

3. 电压的方向由_____端指向_____端，即电位降低的方向。电压是_____值，与参考点的选择_____；电位是_____值，与参考点的选择_____。

4. 有一只标有"1kΩ、10W"的电阻，允许通过的最大电流为_____，允许加在它两端的最大电压为_____。

5. 额定值为"220V 60W"的白炽灯，灯丝的热态电阻为_____。如果把它接在110V的电源上，它实际消耗的功率为_____。

6. 电阻器型号命名中，第一部分表示_____，字母 R 代表的是_____，字母 W 代表的是_____。

7. 一只电阻器表面标注有"6.5W5ΩJ"字样，则该电阻器的电阻值为_____，允许偏差为_____，额定功率为_____。

8. 两电阻 R_1 和 R_2，已知 $R_1:R_2 = 1:4$，若它们串联在电路中，则电阻两端的电压比 $U_1:U_2 =$ _____，流过电阻的电流比 $I_1:I_2 =$ _____，它们消耗的功率比 $P_1:P_2 =$ _____。若它们并联在电路中，则电阻两端的电压比 $U_1:U_2 =$ _____，流过电阻的电流比 $I_1:I_2 =$ _____，它们消耗的功率比 $P_1:P_2 =$ _____。

9. 电路有_____、_____和_____3 种工作状态。_____状态下，电路中的电流很大，很容易损坏电路设备，因此应尽量避免。

10. 基尔霍夫电流定律指出：在任一时刻，通过电路任一节点的_____为零，其数学表达式为_____；基尔霍夫电压定律指出：对电路的任一闭合回路，从任意一点沿选定的方向绕行一周，所有支路电压的代数和恒等于_____，其数学表达式为_____。

11. 图 1-54 所示的电桥电路中，已知电流 I_1、I_2 和 I_3 分别是 25mA、15mA 和 10mA，电流方向如图所示，那么电阻 R_4、R_5 和 R_6 中的电流分别是_____、_____和_____，请在图上标出电流方向。

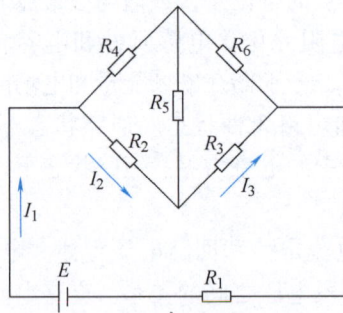

图 1-54 填空题 11 图

二、判断题

1. 蓄电池在电路中必是电源，总是把化学能转换成电能。（　　）

2. 电路中某一点的电位具有相对性，只有参考点确定后，该点的电位值才能确定。（　　）

3. 电路中两点间的电压具有相对性，当参考点变化时，两点间的电压将随之发生变化。（　　）

4. 电流的参考方向，可能是电流的实际方向，也可能与实际方向相反。（　　）

5. 在全电路中，端电压的高低是随着负载电流的增大而增大的。（　　）

6. 电阻串联时，阻值大的电阻分得的电压大，阻值小的电阻分得的电压小，但通过的电流是一样的。（　　）

7. 利用基尔霍夫电压定律列写回路电压方程时，所设的回路绕行方向不同会影响计算结果的大小。（　　）

8. 电容器是耗能元件。（　　）

9. 串联电容器的总电容比每个电容器的电容都要大。（　　）

三、选择题

1. 下列设备中，一定是电源的是（　　）。

A. 发电机　　　　B. 电冰箱　　　　C. 蓄电池　　　　D. 电灯

2. 在汽车供电系统中作为汽车电源的是（　　）。

A. 蓄电池　　　　　　　　　B. 发电机

C. 有蓄电池和发电机　　　　D. 干电池

3. 电路中两点间电压高，则（　　）。

A. 这两点间电位都高　　　　B. 这两点的电位差大

C. 这两点的电位一定大于零　　　　D. 不一定

4. 一电阻两端加 15V 电压时，通过 3A 的电流；若在电阻两端加 18V 电压，通过它的电流为（　　）。

A. 1A　　　　B. 3A　　　　C. 3.6A　　　　D. 5A

5. 图 1-55 所示电路中，当开关 S 打开时，B 点的电位是（　　）。

A. 0　　　　B. 4V　　　　C. 6V　　　　D. 10V

6. 1 度电可供 "220V 40W" 的灯泡正常发光（　　）。

A. 20h　　　　B. 40h　　　　C. 45h　　　　D. 25h

7. 在生产和生活中，应用电流热效应的是（　　）。

A. 发光二极管　　　　B. 继电器线圈　　　　C. 熔断器　　　　D. 照明电路

8. 从商店买来的小灯泡接在电源上，发现灯丝只是被烧红，不能正常发光，原因是（　　）。

A. 电路不通　　　　　　　　　B. 小电珠是坏的

C. 小电珠的额定功率本来就小　　　　D. 电源电压低于小灯泡的额定电压

9. 灯泡 A 为 "6V 12W"，灯泡 B 为 "9V 12W"，灯泡 C 为 "12V 12W"，它们都在各自的额定电压下工作，以下说法正确的是（　　）。

A. 3 个灯泡一样亮　　　　B. 3 个灯泡的电阻相同

C. 3 个灯泡的电流相同　　　　D. 灯泡 C 最亮

10. 图 1-56 所示电路中，当开关 S 接通后，灯 A 将（　　）。

A. 较原来暗　　　　B. 与原来一样亮　　　　C. 较原来亮　　　　D. 无法判断

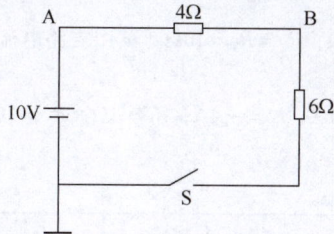

图 1-55　选择题 5 图

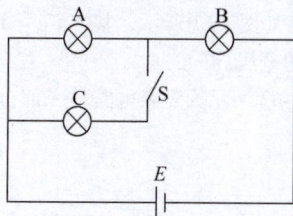

图 1-56　选择题 10 图

11. 汽车倒车灯及警报器电路中，利用了电容的（　　）特性。

A. 充电　　　　B. 放电　　　　C. 充电和放电　　　　D. 以上都不是

12. 下列电路工作状态中，属于正常状态的是（　　）。

A. 转动的电动机　　　　　　　　　B. 正常发光的小灯泡

C. 开关断开时小灯泡不发光　　　　D. 以上都是

四、计算题

1. 已知电源电压 $U_S = 220V$，电源内阻 $R_0 = 10\Omega$。负载电阻 $R = 100\Omega$。求：1）电路的电流；2）电源端电压；3）电源内阻上的电压。

2. 电源的电压源 $U_S = 2V$，与 $R = 9\Omega$ 的负载电阻连接成闭合回路，测得电源两端的电压为 1.8V，求电源的内阻 R_0。

3. 一只"10W 12V"灯泡，若接在 36V 的电源上，要串联多大的电阻才能使灯泡正常工作？

4. 有一个额定电压为 220V、额定功率为 100W 的白炽灯，求其额定电流与灯丝的电阻值。

5. 有一盏"220V 60W"的电灯接到 220V 电压下工作。1）试求电灯的电阻；2）试求当接到 220V 电压下工作时的电流；3）如果每晚用 3h，1 个月（按 30 天计算）用多少度电？

6. 图 1-57 所示为一个双量程电压表电路，已知表头内阻 $R_g = 500\Omega$，满偏电流 $I_g = 1mA$，当使用 A、B 两端点时，量程为 3V，当使用 A、C 两端点时，量程为 30V，求分压电阻 R_1、R_2 的电阻值。

7. 图 1-58 所示电路中，已知 $R_1 = 6\Omega$，$R_2 = 3\Omega$，$R_3 = 6\Omega$，流过 R_2 的电流为 12A，求：1）流过电阻 R_3 的电流 I；2）加在 A、B 两端的电压 U_{AB}。

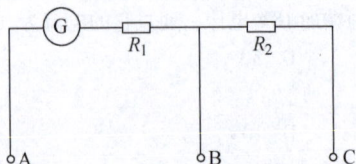

图 1-57　计算题 6 图

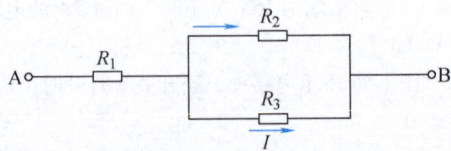

图 1-58　计算题 7 图

8. 电路如图 1-59 所示，试求电流 I。

9. 电路如图 1-60 所示，已知 $R_1 = R_2 = R_3 = 1\Omega$，$U_{S1} = 2V$，$U_{S2} = 4V$，试用支路电流法求支路电流 I_1、I_2、I_3。

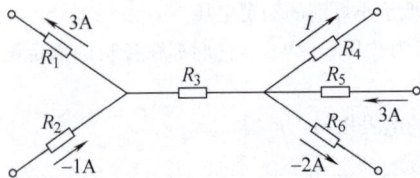

图 1-59　计算题 8 图

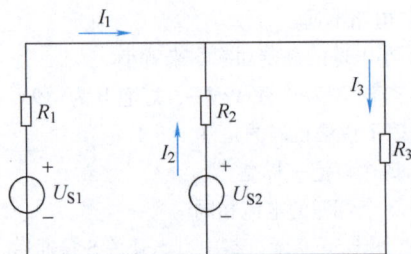

图 1-60　计算题 9 图

10. 电路如图 1-61 所示，其中 $U_{S1} = 15V$，$U_{S2} = 65V$，$R_1 = 5\Omega$，$R_2 = R_3 = 10\Omega$。试用支路电流法求 R_1、R_2 和 R_3 上的电压。

11. 图 1-62 所示为复杂电路的一部分，已知 $U_S = 18V$，$I_3 = 1A$，$I_4 = -4A$，$R_1 = 3\Omega$，$R_2 = 4\Omega$，求 I_1、I_2、I_5。

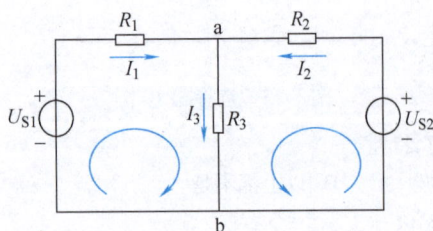

图 1-61　计算题 10 图

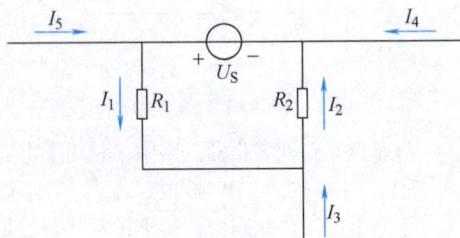

图 1-62　计算题 11 图

项目二　汽车电源交流电路的分析与测量

项目描述

　　汽车上普遍采用低压直流 12V 电源为整车电气系统供电。发电机是汽车电气系统的主要电源，由汽车发动机驱动。发电机正常工作时，对除起动机以外的所有用电设备供电，并向蓄电池充电，以补充蓄电池在使用中所消耗的电能。本项目主要介绍汽车电源交流电路基础知识、基本电路组成和工作原理、电路相关参数及其检测方法，为学习后续课程打下坚实的基础。

任务一　正弦交流电路分析

任务目标

知识目标
1. 了解正弦交流电的概念、三要素。
2. 掌握电阻、电容和电感在交流电路中的特性。
3. 掌握三相交流电路的特点。

技能目标
1. 会使用万用表、示波器等进行交流电压、电流的测量。
2. 能进行正弦交流电路的分析计算。

素质目标
1. 培养安全生产和安全用电意识。
2. 养成爱岗敬业、遵纪守法的职业道德。

任务导入

　　在现代汽车中普遍采用的是交流发电机，这是因为交流发电机能在更低的发动机转速下产生足量的电流。

　　交流发电机产生的是正弦交流电。什么是正弦交流电？它与直流电相比有哪些优点？你知道交流发电机的内部结构吗？汽车交流发电机是如何把交流电变换成直流电的？

相关知识

一、正弦交流电

　　大小和方向随时间做周期性变化的电压或电流，统称为交流电。交流电的变化形式是多种多样的，大小和方向随时间按正弦规律变化的电流、电压称为正弦交流电流或正弦交流电压，交流电的文字符号用字母"AC"表示，图形符号用"~"表示，如图 2-1a 所示。大小和方向随时间不按正弦规律变化的电流、电压称为非正弦交流电流或非正弦交流电压，其波形常见的有矩形波和三角波，如图 2-1b、c 所示。正弦交流电易于产生，便于输送和使用，应用最为广泛，如果没有做特殊说明，本书所讲的交流电都是指正弦交流电。

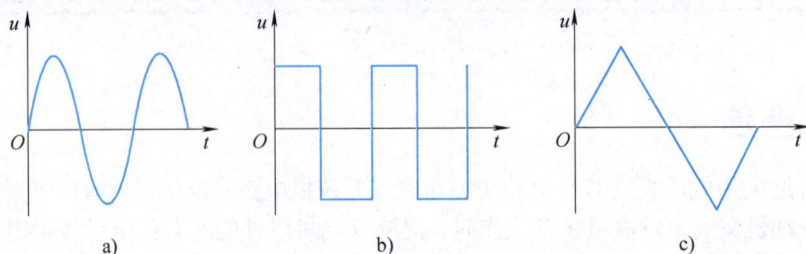

图 2-1　常见的交流电的波形
a）正弦波　b）矩形波　c）三角波

交流电流与电压在变化过程中的任一瞬间，都有确定的大小和方向，称为交流电的瞬时值，分别用小写字母 i、u、e 表示电流、电压和电动势。

1. 表征正弦交流电的物理量

在正弦交流电路中，电压和电流的大小、方向随时间按正弦规律变化，可用正弦函数或波形图表示。其任一瞬间的值称为瞬时值，如 i、u、e 分别表示电流、电压和电动势的瞬时值。某正弦交流电流波形图如图 2-2 所示，其瞬时值的函数表达式为

图 2-2　正弦交流电流波形图

$$i = I_m \sin(\omega t + \phi)$$

由上式可知，电流 i 与时间 t 的关系由最大值 I_m、角频率 ω 和初相 ϕ 决定。最大值、角频率、初相称为正弦交流电的三要素。

（1）周期、频率、角频率　正弦交流电完成一次周期性变化所需要的时间称为周期，用字母 T 表示，单位是秒（s）。

正弦交流电每秒内完成周期性变化的次数称为频率，用字母 f 表示，单位是赫兹（Hz）。

显然，周期和频率的关系满足如下关系：

$$f = \frac{1}{T}$$

正弦量的三要素

世界上大多数国家（包括我国）工业用电的标准频率为 50Hz，少数国家（如美国、日本等）采用 60Hz。

正弦交流电的变化快慢除用周期和频率表示外，还可以用角频率 ω 表示。角频率是正弦交流电每秒钟变化的电角度，单位是弧度/秒（rad/s）。

由于正弦交流电在一个周期 T 内电角度变化了 2π 弧度，所以有

$$\omega = \frac{2\pi}{T} = 2\pi f$$

（2）最大值与有效值
1）最大值。最大值指交流电在一个周期内数值最大的瞬时值，也称幅值、峰值。最大

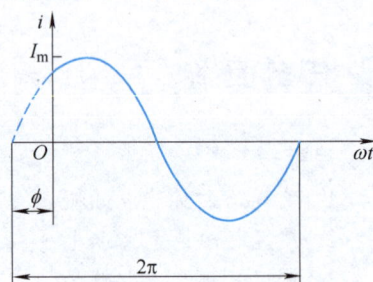

值通常用大写字母加下标 m 表示，如 U_m、I_m 等。

2）有效值。交流电的有效值是根据其热效应来确定的。让直流电和交流电分别通过阻值相等的电阻，如果在相等的时间内产生的热量相等，则把直流电流的数值称为该交流电流的有效值。分别用大写字母 U、I、E 来表示电流、电压和电动势的有效值。

根据数学分析，正弦交流电的有效值与最大值的关系为

$$有效值 = \frac{最大值}{\sqrt{2}}$$

一般所讲的正弦交流电压、电流的大小和交流仪表的读数以及电气设备铭牌上标注的额定值，都是指的有效值。

（3）相位与初相

1）相位。由正弦交流电的瞬时表达式可知，交流电在任意时刻的瞬时值取决于电角度（$\omega t + \phi$），这个电角度称为正弦交流电的相位，决定了正弦交流电的变化趋势。

2）初相。$t = 0$ 时所具有的相位称为初相，用 ϕ 表示。初相反映的是正弦交流电的计时起点。所取计时起点不同，正弦交流电的初相也不同。相位和初相的单位都是弧度（rad）。

3）相位差。相位差指两个同频率正弦交流电的相位之差，即它们的初相之差。

例如，在一个电路中，某元件电压 u 和流过的电流 i 频率相同，设

$$u = U_m \sin(\omega t + \phi_u)$$
$$i = I_m \sin(\omega t + \phi_i)$$

则它们的相位差（用 $\Delta\phi$ 表示）为

$$\Delta\phi = (\omega t + \phi_u) - (\omega t + \phi_i) = \phi_u - \phi_i$$

提示：在同一个正弦交流电路中，电压和电流的频率是相同的，但初相不一定相同。只有同频率的正弦量才能进行相位比较。为了相位差角的唯一性，规定相位差不得超过 $\pm 180°$。

正弦交流电的
相位差

例 2-1 图 2-3 给出正弦电压 u 和正弦电流 i_1、i_2 的波形。u 和 i_2 的最大值分别为 300mV 和 5mA，频率都为 1kHz，角频率为 2000πrad/s，初相分别为 $\frac{\pi}{3}$ 和 $-\frac{\pi}{6}$。

写出 u、i_1 和 i_2 的解析式，并求出它们在 $t = 100$ms 时的值。

解 u、i_1 和 i_2 的解析式分别为

$$u = 300\sin\left(2000\pi t + \frac{\pi}{3}\right)\text{mV}$$

$$i_2 = 5\sin\left(2000\pi t - \frac{\pi}{6}\right)\text{mA}$$

图 2-3 例 2-1 图

$$i_1 = -i_2 = 5\sin\left(2000\pi t - \frac{\pi}{6} + \pi\right)\text{mA} = 5\sin\left(2000\pi t + \frac{5\pi}{6}\right)\text{mA}$$

当 $t = 100$ms 时，u、i_2 和 i_1 分别为

$$u(0.1) = 300\sin\left(2000\pi \times 0.1 + \frac{\pi}{3}\right)\text{mV} = 300\sin\frac{\pi}{3}\text{mV} = 150\sqrt{3}\text{mV}$$

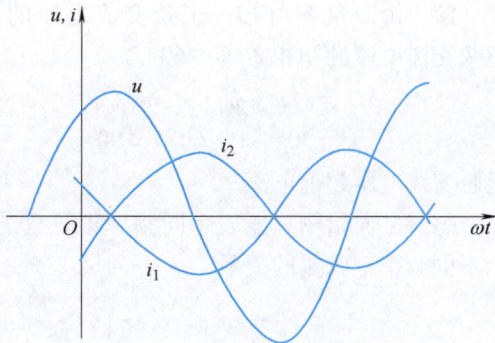

$$i_2(0.1) = 5\sin\left(2000\pi \times 0.1 - \frac{\pi}{6}\right)\text{mA} = -5\sin\frac{\pi}{6}\text{mA} = -2.5\text{mA}$$

$$i_1(0.1) = 5\sin\frac{5\pi}{6}\text{mA} = 2.5\text{mA}$$

2. 正弦量的向量表示法

正弦交流电的三角函数解析式和波形图都能完整地反映正弦交流电的三要素，但在分析正弦交流电路，对同频率正弦量进行加、减运算时，采用这两种方法都比较麻烦。为此，引入正弦交流电的向量表示法。

正弦量的向量
表示法

向量表示法是在一个直角坐标系中用绕原点旋转的矢量来表示正弦交流电的方法。如图2-4所示，以坐标原点 O 为端点作一条有向线段，线段的长度为正弦量的最大值 I_m，旋转向量的起始位置与 x 轴正方向的夹角为正弦量的初相 ϕ，它以正弦量的角频率 ω 为角速度，绕原点 O 逆时针匀速旋转。这样，在任一瞬间，旋转向量在纵轴上的投影就是该时刻正弦量的瞬时值。

用旋转向量表示正弦量时，由于分析的都是同频率的正弦量，向量的旋转速度相同，它们的相对位置不变。因此，只需画出旋转向量的起始位置。

在交流电路的分析计算中，主要讨论同频率正弦交流电的有效值和它们的相位关系。所以在画正弦交流电向量图时，一般采用有效值向量图，向量的长短表示有效值的大小，有效值向量常用 $\dot{E}$、$\dot{U}$、$\dot{I}$ 表示。向量图不仅能表示各向量的大小和初相，还能表示各向量的相位关系，即超前、滞后关系。

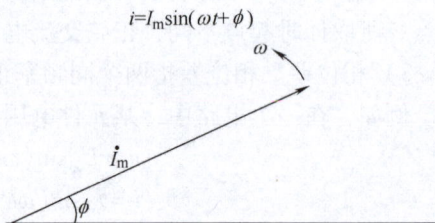

图 2-4　正弦交流电的旋转向量

例 2-2　某正弦交流电压与电流的向量图如图2-5所示，求该正弦交流电压与电流的相位关系。

解　由向量图可知：正弦交流电压的初相 $\phi_u = 30°$，正弦交流电流的初相 $\phi_i = -60°$。

$$\Delta\phi = (\omega t + \phi_u) - (\omega t + \phi_i) = \phi_u - \phi_i$$
$$= 30° - (-60°) = 90°$$

正弦交流电压超前电流90°。

另外，向量图只能表示同频率正弦量的关系，不能表示不同频率正弦量的关系。

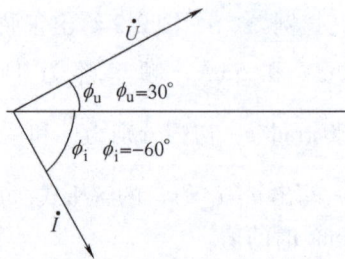

图 2-5　正弦交流电压与
电流向量图

二、单一元件交流电路的特性

1. 纯电阻交流电路

（1）电压和电流的关系　只考虑电阻作用的理想元件为电阻元件，常见的白炽灯、电炉、电烙铁等交流电路都是由纯电阻负载与交流电源组成的纯电阻交流电路。

纯电阻交流电路如图2-6所示，电压和电流的参考方向一致，设电阻两端电压 $u_R = U_{Rm}\sin\omega t$，根据欧姆定律得出流经电阻元件的电流为

$$i_R = \frac{u_R}{R} = \frac{U_{Rm}}{R}\sin\omega t = I_{Rm}\sin\omega t$$

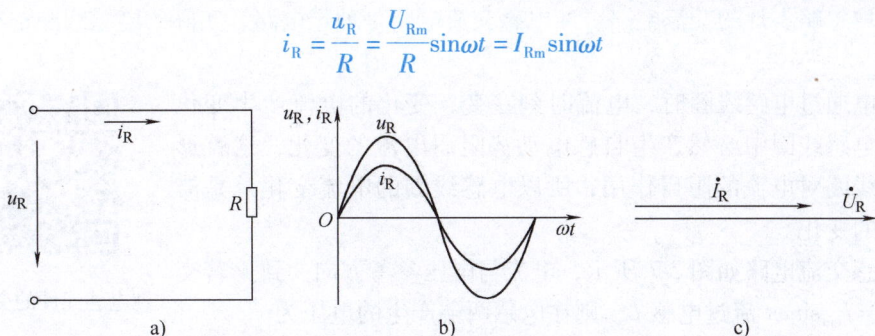

图 2-6 纯电阻交流电路

a）电路图 b）波形图 c）向量图

由此可得如下结论：

1）在纯电阻交流电路中，电压和电流的频率相等、相位相同。

2）电压和电流的有效值（幅值）之间的关系符合欧姆定律关系。

根据以上分析，作 u_R、i_R 的波形图、向量图如图 2-6b、c 所示。

（2）电路的功率和能量的转换　在任意瞬间，电压瞬时值与电流瞬时值的乘积称为瞬时功率，即

$$p = ui$$

显然，瞬时功率是一个随时间变化的量。对于纯电阻交流电路，有

$$p_R = u_R i_R = U_{Rm} I_{Rm} \sin^2\omega t$$

实际应用中，通常用 p 在一个周期内的平均值来衡量交流功率的大小，称为平均功率或有功功率，用大写字母 P 表示。可得纯电阻交流电路的平均功率：

$$P = U_R I_R = I_R^2 R = \frac{U_R^2}{R}$$

例 2-3　有一个功率为 100W 的白炽灯，接到电压 $u = 220\sqrt{2}\sin\left(314t + \dfrac{\pi}{6}\right)$V 的电源上，通过白炽灯的电流有效值为多少？写出电流的解析式。

解　白炽灯两端电压的有效值

$$U_R = U = \frac{U_m}{\sqrt{2}} = \frac{220\sqrt{2}}{\sqrt{2}}V = 220V$$

根据功率的表达式，电流有效值

$$I_R = \frac{P}{U_R} = \frac{100W}{220V} \approx 0.455A$$

由纯电阻电路中电压、电流的关系，得电流解析式为

$$i = 0.455\sqrt{2}\sin\left(314t + \frac{\pi}{6}\right)A$$

2. 纯电感交流电路

（1）电压和电流的关系　纯电感交流电路是只有空心线圈的负载，而且线圈的电阻和

分布电容均忽略不计的交流电路。纯电感交流电路是理想电路，实际的电感线圈都有一定的电阻。

交流电通过电感线圈时，电流时刻在变，变化的电流产生变化的磁场，电感线圈中必然产生自感电动势阻碍电流的变化，这就形成了电感线圈对电流的阻碍作用，所以电感线圈的电流变化总是滞后于电压的变化。

纯电感交流电路如图 2-7 所示，电流与电压参考方向一致，若交流电流 $i_L = I_{Lm}\sin\omega t$ 流过电感 L，则在电感两端产生的电压为

纯电感元件的交流电路

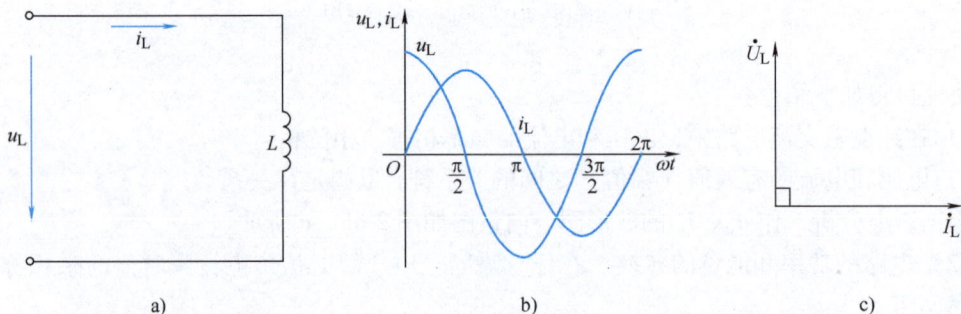

$$u_L = L\frac{\mathrm{d}i}{\mathrm{d}t} = \omega L I_{Lm}\sin\left(\omega t + \frac{\pi}{2}\right) = U_{Lm}\sin\left(\omega t + \frac{\pi}{2}\right)$$

图 2-7　纯电感交流电路
a）电路图　b）波形图　c）向量图

则最大值关系为

$$U_{Lm} = \omega L I_{Lm} = X_L I_{Lm}$$

有效值关系为

$$U_L = X_L I$$

式中，X_L 为感抗，体现的是电感元件对电流的阻碍作用，感抗的单位是 Ω。

$$X_L = \omega L = 2\pi f L$$

从上式可以看出感抗与频率（f）和电感（L）成正比，即频率越高或电感越大，感抗越大，电感元件对交流电的阻碍作用越强。对于直流电，$f = 0$，$X_L = 0$，电感元件相当于短路，因此电感元件具有"通直流阻交流，通低频阻高频"的特性。

从图 2-7 中可以看出，纯电感交流电路中电压与电流的关系具有以下特点：

1）电感元件电压和电流的频率相同，相位上电压超前电流 $\frac{\pi}{2}$。

2）电压有效值（幅值）、电流有效值（幅值）与感抗之间的关系符合欧姆定律。

（2）电路的功率和能量的转换　根据交流电路瞬时功率的关系式 $p = ui$，有

$$p_L = u_L i_L = U_{Lm}\sin\left(\omega t + \frac{\pi}{2}\right)I_{Lm}\sin(\omega t) = U_L I_L\sin(2\omega t)$$

因此，纯电感交流电路瞬时功率的大小随时间做周期性变化，瞬时功率的平均值为零，即纯电感交流电路的有功功率为零，表示电感元件不消耗功率。

电感元件在交流电路中虽无能量消耗，但与电源之间不断进行能量交换。通常用瞬时功

率的最大值来衡量能量交换的速率，称为无功功率，用 Q_L 表示，其单位是乏（var）。

$$Q_L = U_L I_L = I_L^2 X_L = \frac{U_L^2}{X_L}$$

> **提示：** 无功功率不是无用功率。"无功"的含义是"交换"而不是"消耗"，是相对于"有功"而言的。

例 2-4　一个电感为 0.2H 的电感线圈，接到频率为 50Hz、电压为 10V 的正弦交流电源上，求线圈的感抗、电流和无功功率。若电源电压不变，频率提高到 5000Hz，求这时的感抗和电流。

解　当 $f = 50\text{Hz}$ 时

$$X_L = 2\pi f L = 2 \times 3.14 \times 50 \times 0.2\,\Omega = 62.8\,\Omega$$

$$I_L = \frac{U_L}{X_L} = \frac{10}{62.8}\text{A} \approx 0.159\text{A}$$

$$Q_L = U_L I_L = 10 \times 0.159\text{var} = 1.59\text{var}$$

当 $f = 5000\text{Hz}$ 时

$$X_L = 2\pi f L = 2 \times 3.14 \times 5000 \times 0.2\,\Omega = 6280\,\Omega$$

$$I_L = \frac{U_L}{X_L} = \frac{10}{6280}\text{A} \approx 0.00159\text{A} = 1.59\text{mA}$$

可见，对于同样的电感，当频率提高 100 倍时，感抗增大 100 倍。相同电压下，电流减小为原来的 1/100。

3. 纯电容交流电路

（1）电压和电流的关系　纯电容交流电路是只有电容器做负载，而且电容器的漏电阻和分布电感均忽略不计的交流电路。

交流电通过电容器时，电容器不断地充电和放电，从而形成大小和方向不断变化的电流，同时电容器对交流电也有阻碍作用。纯电容交流电路如图 2-8 所示，电压与电流参考方向一致，在电容器两端加正弦交流电压，即

$$u_c = U_{Cm}\sin\omega t$$

纯电容元件的
交流电路

回路中的电流为

$$i_C = C\frac{\mathrm{d}u_c}{\mathrm{d}t} = \omega C U_{Cm}\sin\left(\omega t + \frac{\pi}{2}\right) = I_{Cm}\sin\left(\omega t + \frac{\pi}{2}\right)$$

则最大值关系为

$$U_{Cm} = X_C I_{Cm} = X_L I_m$$

有效值关系为

$$U_C = X_C I_C$$

式中，X_C 为容抗，体现的是电容器对电流的阻碍作用，容抗的单位是 Ω。

$$X_C = \frac{1}{\omega C} = \frac{1}{2\pi f C}$$

从上式可知，X_C 与交流电的频率和电容量成反比，频率越高或电容量越大，则容抗越小，对交流电的阻碍作用越弱。对于直流电，$f = 0$，$X_C = \infty$，电容器相当于断路，电流不能通过，因此电容器具有"隔直流通交流，阻低频通高频"的特性。

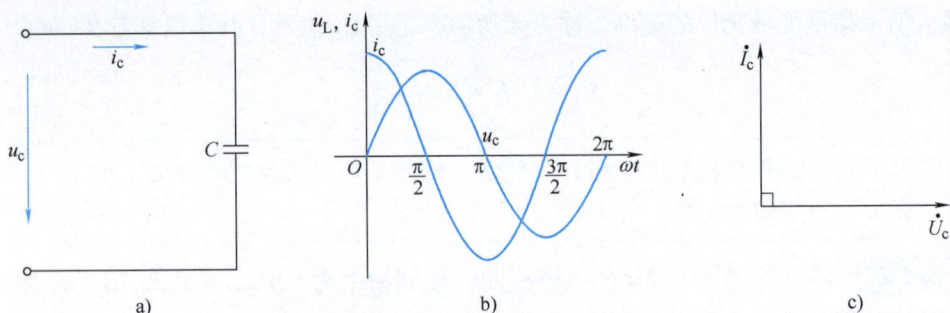

图 2-8 纯电容交流电路

a) 电路图　b) 波形图　c) 向量图

纯电容交流电路中电压与电流的关系具有以下特点：

1) 纯电容交流电路两端电压和电流频率相同，相位上电流超前电压 90°。

2) 电压有效值（幅值）、电流有效值（幅值）与容抗之间的关系符合欧姆定律。

（2）电路的功率和能量的转换　纯电容交流电路的瞬时功率为

$$p_C = u_C i_C = U_{Cm} \sin(\omega t) I_{Cm} \sin\left(\omega t + \frac{\pi}{2}\right) = U_C I_C \sin(2\omega t)$$

因此，纯电容交流电路瞬时功率的大小随时间做周期性变化，瞬时功率的平均值为零，即纯电容交流电路的有功功率为零，表示电容元件不消耗功率。

电容元件虽然不消耗功率，但与电源之间不断进行能量交换，即电容器充电和放电。纯电容交流电路的无功功率为

$$Q_C = U_C I_C = I_C^2 X_C = \frac{U_C^2}{X_C}$$

例 2-5　一个容量为 $10\mu F$ 的电容器，接到频率为 50Hz、电压为 50V 的正弦交流电源上，求电容器容抗、通过电容器的电流和电路的无功功率。若电源电压不变，频率提高到 5000Hz，求这时的电容器容抗、通过电容器的电流。

解　当 $f = 50Hz$ 时

$$X_C = \frac{1}{2\pi f C} = \frac{1}{2 \times 3.14 \times 50 \times 10 \times 10^{-6}}\Omega \approx 318\Omega$$

$$I_C = \frac{U_C}{X_C} = \frac{50}{318}A \approx 0.157A$$

$$Q_C = U_C I_C = 50 \times 0.157 \text{var} = 7.85 \text{var}$$

当 $f = 5000Hz$ 时

$$X_C = \frac{1}{2\pi f C} = \frac{1}{2 \times 3.14 \times 5000 \times 10 \times 10^{-6}}\Omega \approx 3.18\Omega$$

$$I_C = \frac{U_C}{X_C} = \frac{50}{3.18}A \approx 15.7A$$

可见，对于同样的电容器，当电源频率提高 100 倍时，其容抗减小为原来的 1/100。相同电压下，电流增大为原来的 100 倍。

三、三相交流电路

1. 三相交流电源

三相交流电是由交流发电机产生的，三相交流发电机的结构原理如图 2-9 所示，它由定子和转子两部分组成。定子铁心的内圆有槽，槽内放置 3 个空间位置互差 120°完全相同的绕组，称为三相绕组。三相绕组的首端用 U_1、V_1、W_1 表示，末端用 U_2、V_2、W_2 表示。

当转子由原动机带动匀速转动时，三相绕组依次切割磁力线，产生频率相同、幅值相等、相位互差 120°的三相对称正弦电动势。

$$e_U = E_m \sin\omega t$$
$$e_V = E_m \sin(\omega t - 120°)$$
$$e_W = E_m \sin(\omega t + 120°)$$

三相对称正弦电动势波形图如图 2-10a 所示。由波形图可知，三相电动势达到最大值的先后次序是不同的。这种达到最大值的先后次序，称为三相电动势的相序。上述三相电动势的相序是 U-V-W-U。在工厂或企业配电站的三相电源裸铜排上，常涂有黄、绿、红 3 种颜色，分别表示 U、V、W 三相。三相对称正弦电动势向量图如图 2-10b 所示。由向量图可见，三相对称正弦电动势的向量和为零，即

$$\dot{E}_U + \dot{E}_V + \dot{E}_W = 0$$

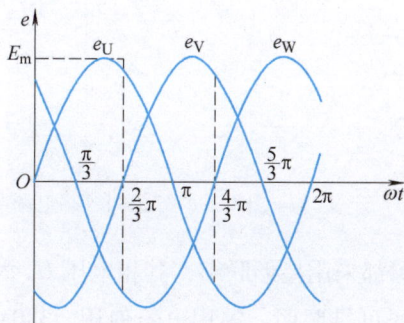

三相对称电源　　　三相交流电的产生

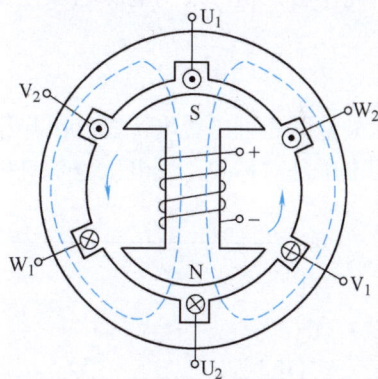

图 2-9　三相交流发电机的结构原理

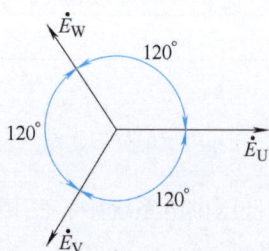

a)　　　　　　　　　b)

图 2-10　三相对称正弦电动势
a）波形图　b）向量图

2. 三相电源的连接

三相发电机的三相绕组通常并不单独对外供电，而是按一定方式连接在一起同时对外供电。三相电源的常见连接方式有星形（Y）联结和三角形（△）联结两种。

（1）三相电源的星形（Y）联结　在集中供电方式下，为了提高可靠性，发电机三相绕组通常接成星形，即把上述三相绕组的末端 U_2、V_2、W_2 连在一起，就构成星形联结。三相电源的星形联结如图 2-11 所示，连接 3 个末端的点称为中性点或零点，用 N 表示。由 3

个电源绕组的首端 U_1、V_1、W_1 引出的 3 根输电线称为相线，俗称火线。从中性点引出的输电线称为中性线或零线。这种采用 3 条相线和 1 条中性线组成的供电系统称为三相四线制供电系统。

由图 2-11 可知，三相电源星形联结时可以提供两种电压：一组是相线和中性线之间的电压，称为相电压，分别用 U_U、U_V、U_W 表示各相电压的有效值，通常用 U_P 表示；另一组是相线和相线之间的电压，称为线电压，分别用 U_{UV}、U_{VW}、U_{WU} 表示各线电压的有效值，通常用 U_L 表示。

三相电源的
星型连接

线电压和相电压之间的关系为

$$\dot{U}_{UV} = \dot{U}_U - \dot{U}_V$$
$$\dot{U}_{VW} = \dot{U}_V - \dot{U}_W$$
$$\dot{U}_{WU} = \dot{U}_W - \dot{U}_U$$

由此作出三相四线制电源电压向量图，如图 2-12 所示，线电压和相电压之间的数量关系为

$$U_L = \sqrt{3}\,U_P$$

由矢量图还可以看出：线电压与相电压的相位关系为线电压超前相应的相电压30°。因此，相电压是对称的，线电压也是对称的。

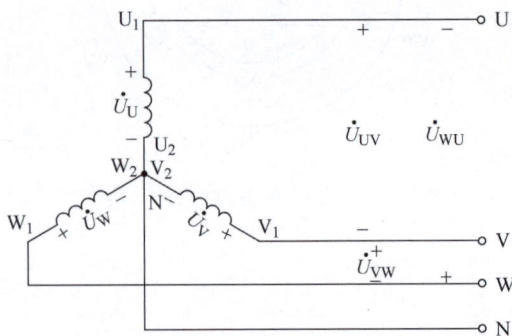

图 2-11　三相电源的星形联结

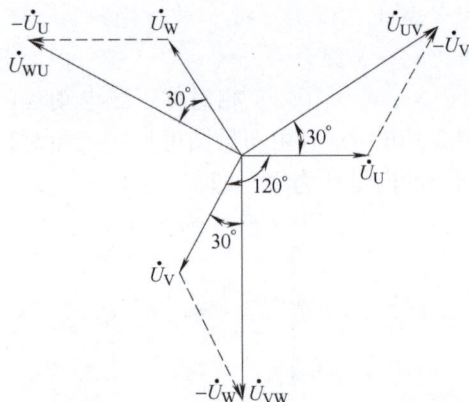

图 2-12　三相四线制电源电压向量图

工矿企业的低压供电系统中，三相电源都采用星形联结，其相电压 U_P 为 220V，相应的线电压为 $U_L = \sqrt{3}\,U_P = 380V$。220V 的相电压可供照明、家用电器使用，380V 的线电压可供三相负载（如三相电动机）等动力使用。

（2）三相电源的三角形（△）联结　如果三相电源的每相绕组首尾端依次相连，称为三相电源的三角形联结。三角形联结由于绕组容易形成环流，使绕组过热，甚至烧毁，因此三相发电机一般不采用三角形联结。三相变压器有时采用三角形联结，但要求连线前必须检查三相绕组的对称性及接线顺序。

3. 三相负载的连接

由三相电源供电的负载称为三相负载。在三相负载中，如果各相负载的大小和性质相同，称为三相对称负载，如三相电炉、三相电动机等。否则，称为三相不对称负载，如三相照明电路中的负载等。

三相负载的连接方式有两种：星形联结和三角形联结。

（1）三相负载的星形联结 将各相负载的末端 U_2、V_2、W_2 连在一起接到三相电源的中性线上，把各相负载的首端 U_1、V_1、W_1 分别接到三相交流电源的 3 根相线上，这种连接方式称为三相负载有中性线的星形联结。三相负载有中性线的星形联结如图 2-13 所示。

三相负载星形联结有中性线时，每相负载两端的电压称为负载的相电压，用 U_{YP} 表示。如果忽略输电线上的压降，则负载的相电压等于电源的相电压，负载的线电压等于电源的线电压。因此负载的线电压与负载相电压的关系为

$$U_L = \sqrt{3}\,U_{YP}$$

在三相交流电路中，流过每根相线的电流称为线电流，分别用 I_U、I_V、I_W 表示各线电流的有效值，通用符号用 I_{YL} 表示；流过每一相负载的电流称为相电流，分别用 I_u、I_v、I_w 表示各相电流的有效值，通用符号用 I_{YP} 表示。

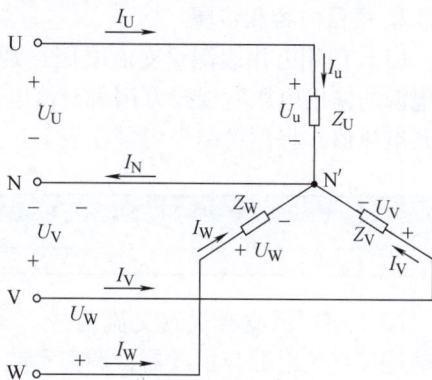

图 2-13 三相负载有中性线的星形联结

由图 2-13 可以看出，三相负载星形联结时，线电流等于相电流，即

$$I_{YL} = I_{YP}$$

1）当三相负载对称时，由于各相电压对称，通过三相负载的电流也对称。$\dot{I}_N = \dot{I}_u + \dot{I}_v + \dot{I}_w = 0$，此时中性线内电流为零，可以把中性线省掉，星形联结的三相四线制电路，则成为三相三线制电路。

2）当三相负载不对称时，通过各相负载的电流不再对称。这时，中性线电流不为零，因此绝对不能将其除去。因此，在不对称三相负载的星形联结中，规定中性线不准安装熔断器和开关。同时，在连接三相负载时，应尽量保持三相平衡，以减小中性线电流。

（2）三相负载的三角形联结 将三相负载分别接在三相电源的两根相线之间，称为三相负载的三角形联结，如图 2-14 所示。

由于各相负载都直接接在两根相线之间，所以，各相负载的相电压等于电源的线电压，即 $U_L = U_{\triangle P}$。

三相电路中，三相电压是对称的，如果三相负载也是对称的，那么流过三相负载的各相电流也是对称的，各相电流的相位差仍是 120°。

各相负载上的相电流分别用 I_{UV}、I_{VW}、I_{WU} 表示；线电流分别用 I_U、I_V、I_W 表示。理论证明，线电流大小是相电流的 $\sqrt{3}$ 倍，即 $I_{\triangle L} = \sqrt{3}\,I_{\triangle P}$。

总之，三相负载究竟采用星形联结还是三角形联结，必须根据各相负载的额定电压与电源线电压的关系确定。

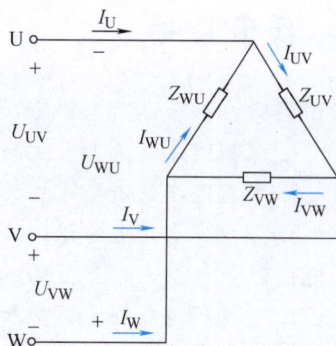

图 2-14 三相负载的三角形联结

当每相负载的额定电压为电源线电压的 $\dfrac{1}{\sqrt{3}}$ 时，三相负载应采用星形联结；当各相负载的额定电压等于电源线电压时，三相负载必须采用三角形联结，从而使每相负载所承受的电压正好等于其额定电压，保证每相负载都能正常工作。

任务实施

1. 实训设备与器材

电工电子试验台、万用表、示波器。

2. 项目内容和步骤

（1）使用万用表测量交流电压　观察电工电子实验台上信号源部分面板结构，调整交流电源的输出电压。选择万用表交流电压档的适当量程，将万用表并联在交流电源两端，测量其电压值，将测量结果记录在表2-1中。

表 2-1　测量电压记录表

序号	交流电源的输出电压	万用表电压档量程	万用表测量电压值
1			
2			

（2）使用示波器观测交流信号　了解示波器的使用方法，调整交流电源的输出电压。正确连接交流电源与示波器，调整示波器相关旋钮，使之显示清晰、波形稳定。使用示波器准确读取交流电压的峰-峰值和周期，并将测量结果填入表2-2中。

改变交流电源的输出电压，重复进行测量，并将测量结果填入表2-2中。

表 2-2　示波器观测信号记录表

序号	峰-峰值	有效值	周期	频率
1				
2				

知识拓展

当前先进的输电技术是特高压输电技术，我国在这一领域已经领跑世界，攻克了空气间隙与外绝缘配置等多项难题，并走出国门，实现了技术和装备双输出。

任务二　汽车交流发电机的拆解与检测

任务目标

知识目标

1. 掌握汽车交流发电机的基本结构。
2. 掌握汽车交流发电机的工作原理。
3. 掌握安全用电常识。

技能目标

1. 能进行电气安全防护和触电急救处理。
2. 能进行汽车交流发电机的拆解、安装。

素质目标

强化7S管理理念和安全操作意识。

任务导入

三相交流发电机是汽车电气系统的主要电源，发电机正常工作时，对除起动机以外的所有用电设备供电，并向蓄电池充电，以补充蓄电池在使用中所消耗的电能。

　　三相交流发电机能在很低的发动机转速下产生足够的正弦交流电流。正弦交流电是如何产生的？汽车上三相交流发电机有何特点？本任务主要介绍汽车交流发电机基本电路的组成和工作原理、电路相关参数及检测方法，为汽车交流发电机的检测打下坚实的基础。

相关知识

一、汽车交流发电机

　　汽车用发电机可分为交流发电机和直流发电机两种。交流发电机在许多方面优于直流发电机，目前硅整流交流发电机应用最为普遍，已基本取代了传统的直流发电机。

1. 交流发电机的构造

　　目前国内外汽车用交流发电机的结构基本相同，都是由三相同步交流发电机和一套硅二极管桥式整流器组成的。现在汽车上交流发电机多以有刷交流发电机为主，主要由定子、转子、整流器、整流板、前端盖、后端盖、电刷、风扇等组成。图 2-15 所示为国产 JF 系列交流发电机结构图。

汽车交流发电机
的结构

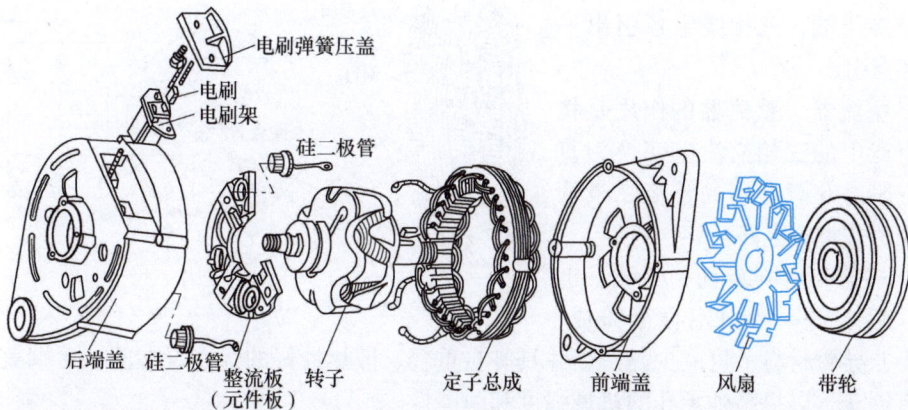

图 2-15　国产 JF 系列交流发电机结构图

（1）转子　转子是交流发电机的磁极部分，其作用是产生磁场，它主要由铁心、励磁绕组、爪极、集电环和转轴组成，如图 2-16 所示。

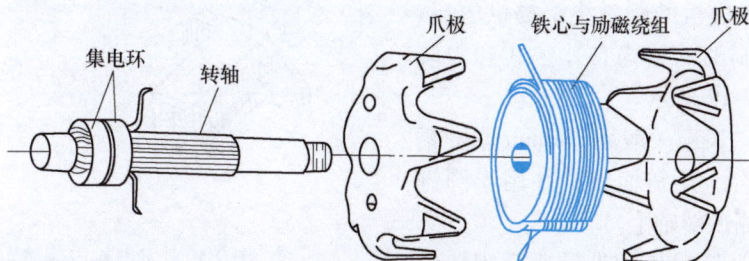

图 2-16　转子的结构

爪极有两块，每块有 6 个鸟嘴型磁极，两块爪极安装在转轴上，爪极间的空腔内装有转子铁心和励磁绕组。励磁绕组绕在铁心上，铁心压装在两块爪极之间的转轴上。

集电环由相互绝缘的两个铜环组成，压装在转轴一端并与转轴绝缘。励磁绕组的两端分别从内侧爪极的两个小孔中引出，分别焊接在内、外侧集电环上，两个铜环分别与发电机的两个电刷接触。当两个电刷与直流电源接通时，励磁绕组便有电流通过，并产生轴向磁通，使一块爪极磁化为 N 极，另一块磁化为 S 极，于是在转子表面形成 N、S 极相互交错的 6 对磁极，并沿圆周方向均匀分布。转子的磁场如图 2-17 所示。

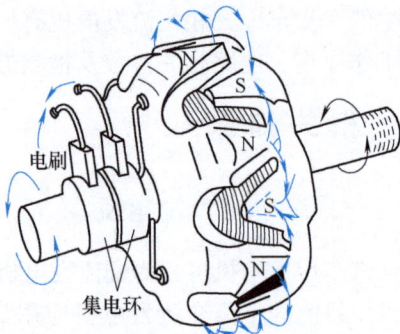

图 2-17　转子的磁场

转子每转一周，定子的每相绕组上就能产生周期个数等于磁极对数的交流电动势。

（2）定子　定子是发电机的电枢部分，其作用是产生三相交流电动势，由定子铁心 A 和对称的三相电枢绕组组成，定子的结构如图 2-18 所示。定子铁心由相互绝缘的内圆带条形槽的环状硅钢片叠成，定子绕组为三相对称组，安装在定子铁心的槽内。三相绕组的连接方式采用星形联结，此时三相绕组引出 4 个接线端，三相绕组各引出一个，中性点引出一个。

（3）整流器　整流器的作用是将电枢绕组产生的三相交流电变换为直流电，一般由 6 只专用的整流二极管组成三相桥式整流电路。

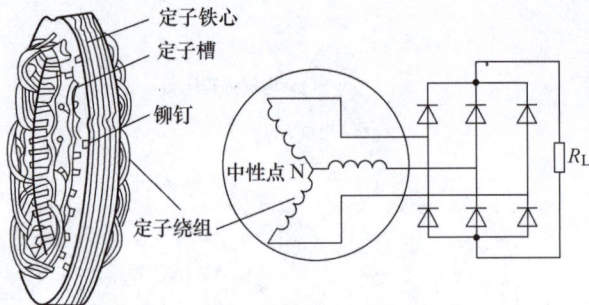

图 2-18　定子的结构

（4）端盖与电刷装置　交流发电机的前、后端盖一般由铝合金铸成，铝合金为非导磁材料，可减少漏磁，并具有自重轻、散热性好的优点。在前、后端盖的轴承孔内嵌有钢套，以提高轴承孔的机械强度和耐磨性。

电刷装置装在后端盖上，作用是将外电源引入转子绕组，使转子绕组中有电流流过，包括电刷、电刷架和电刷弹簧。电刷装在电刷架内，借助弹簧压力与集电环保持接触，为发电机的励磁绕组提供电流。目前电刷与电刷架的结构有外装式和内装式两种，如图 2-19 所示。

（5）风扇　风扇一般用 1.6mm 厚的钢板冲制或用铝合金压铸而成，并用半圆键装在前端盖外侧的转轴上。

（6）传动带轮　传动带轮通常用铸铁或铝合金压铸而成，分为单槽和双槽两种，

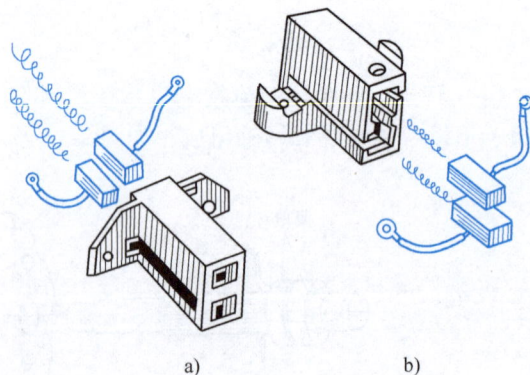

a)　　　　　　b)

图 2-19　发电机电刷装置
a) 外装式　b) 内装式

利用风扇的半圆键装在风扇外侧的转轴上，再用弹簧垫片和螺母紧固。

2. 交流发电机的工作原理

（1）工作原理 由蓄电池经电刷通过集电环将直流电压加至转子绕组（励磁绕组），于是转子绕组产生轴向磁场，两个爪极得到磁化，一块爪极磁化为 N 极，另一块爪极磁化为 S 极。发动机通过带轮带动转子旋转，产生旋转磁场。定子三相绕组在旋转磁场中做切割磁力线的运动，产生三相电动势。由于定子三相绕组对称，所以产生的电动势也是对称电动势。三相交流电动势分别用 e_U、e_V、e_W 表示，其瞬时值方程为

$$e_U = E_m \sin\omega t = \sqrt{2}E\sin\omega t$$

$$e_V = E_m \sin(\omega t - 120°) = \sqrt{2}E\sin(\omega t - 120°)$$

$$e_W = E_m \sin(\omega t + 120°) = \sqrt{2}E\sin(\omega t + 120°)$$

当发电机的定子三相绕组与整流器连接在一起时，定子三相绕组向整流器输出三相交流电，发电机输出的交流电压 u_U、u_V、u_W 也是对称的。交流发电机的工作原理如图 2-20 所示。

（2）交流发电机的励磁方式 交流发电机的励磁回路如图 2-21 所示。由于交流发电机转子的剩磁较弱，发电机只有在较高转速时，才能自励发电，因而不能满足汽车用电的要求。为了使交流发电机在较低转速时的输出电压满足汽车用电的要求，在开始发电时，采用他励方式，即由蓄电池提供励磁电流增强磁场，使电压随发电机转速很快上升。这就是交流发电机低速充电性好的主要原因。当发电机输出电压高于蓄电池电压，一般发电机的转速达到 1000r/min 左右时，励磁电流便由发电机自身供给，这种励磁方式称为自励。所以发电机特殊的励磁方式是由其转子磁极剩磁较弱的特性决定的。由此可见，汽车交流发电机在输出电压建立前、后分别采用他励和自励两种励磁方式。

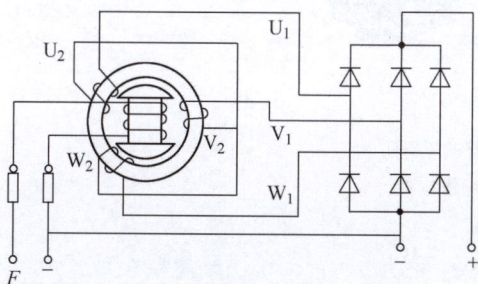

图 2-20 交流发电机的工作原理

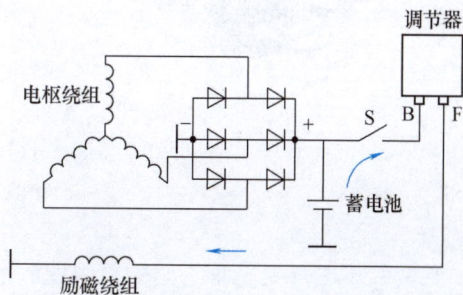

图 2-21 交流发电机的励磁回路

二、交流发电机的检测

1. 定子绕组的检测

定子绕组搭铁的检测如图 2-22 所示，用万用表测量定子三相绕组 U、V、W 任意两端线之间的阻值。如果电阻值在规定的范围内，则说明定子绕组良好；如果测量电阻值偏小，则说明定子绕组间存在短路；如果测量电阻值为无穷大，则说明定子绕组断路。用万用表测量定子三相绕组 U、V、W 任意一端线与铁心间的绝缘电阻，阻值应很大；如果电阻值读数很小，说明定子绕组搭铁。

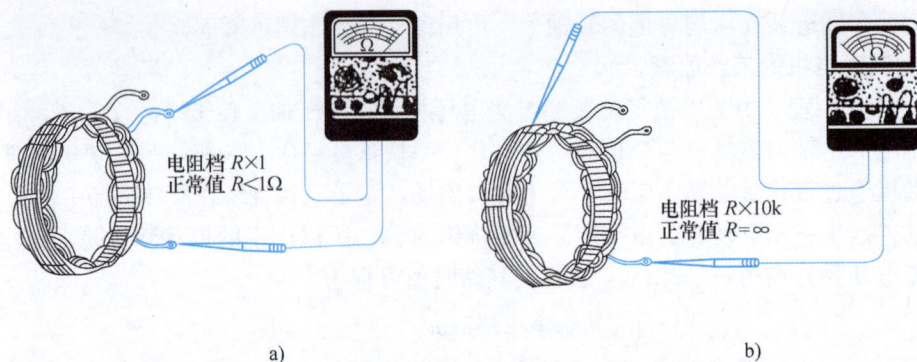

图 2-22　定子绕组的检测

a）电阻检测　b）绝缘检测

电阻档 $R\times1$
正常值 $R<1\Omega$

电阻档 $R\times10k$
正常值 $R=\infty$

a)　　　　b)

2. 转子绕组的检测

　　励磁绕组的检测如图 2-23 所示，检测前应先清除两个集电环之间的炭粉，观察有无明显的断头或烧焦现象。用万用表 $R\times1$ 档测量励磁绕组的电阻值，将红、黑表笔分别压在两个集电环上。如果电阻值在规定的范围内，则说明励磁绕组良好；如果测量电阻值偏小，则说明励磁绕组匝间存在短路；如果测量电阻值为无穷大，则说明励磁绕组断路。

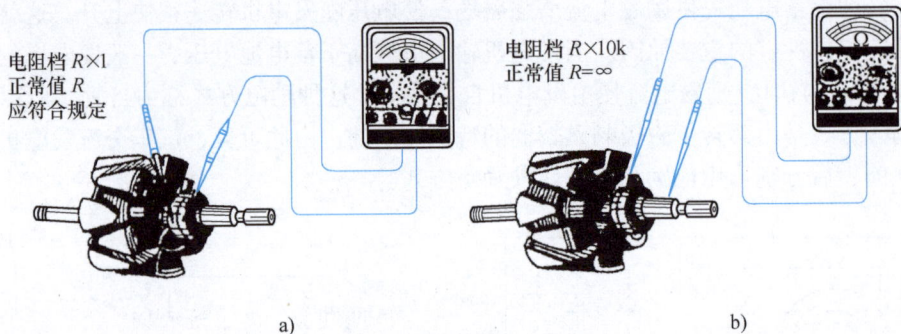

电阻档 $R\times1$
正常值 R
应符合规定

电阻档 $R\times10k$
正常值 $R=\infty$

a)　　　　b)

图 2-23　励磁绕组的检测

a）电阻检测　b）绝缘检测

　　测量两集电环与转轴之间的电阻值，表针应指示无穷大，否则说明励磁绕组或集电环有搭铁故障。

3. 硅二极管的检测

　　硅二极管的检测如图 2-24 所示，首先将每个二极管的中心引线从接线柱上拆下，用万用表 $R\times1$ 档，分别将红表笔和黑表笔与二极管正、负极接触测量，然后更换表笔再次进行测量。若两次测量值一次大（大于 $10k\Omega$），一次小（$8\sim10\Omega$），说明二极管性能良好；若两次均测得在 $1k\Omega$ 以上，说明二极管断路；若都很低，说明二极管被击穿。

三、安全用电

1. 安全用电基础知识

　　安全用电包括用电时的人身安全和设备安全。当发生人身触电事故时，轻则烧伤，重则死亡；当发生设备事故时，轻则损坏电气设备，重则引起火灾或爆炸。因此，掌握安全用电的有关知识是十分必要的。

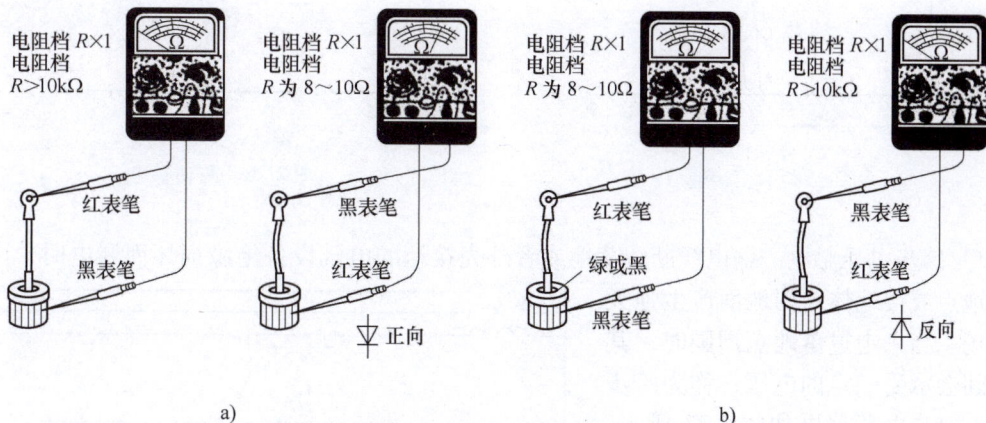

图 2-24　硅二极管的检测

a）正极管的检测　b）负极管的检测

（1）触电危害　当人体某一部位接触到带电的导体或触及绝缘损坏的用电设备时，人体便成为一个通电的导体，电流流过人体会造成伤害，这就是触电。触电对人身造成的伤害可分为电伤和电击两种。

1）电伤。电伤指电流的热效应、化学效应、机械效应对人体外表造成的局部伤害，它常常与电击同时发生。最常见的有电灼伤、电烙印、皮肤金属化 3 种类型，如强烈电弧引起人体的灼伤、强烈电弧的放射作用引起眼睛失明、人体接触电流皮肤表面引起的熔伤等都是电伤。

2）电击。电击指电流通过人体而造成的内部器官在生理上的反应和病变，绝大部分触电死亡事故都是由电击造成的。

人体通过 1mA 的工频电流时就有不舒服的感觉，通过 50mA 就有生命危险，而达到 100mA 时就足以使人死亡。当通过人体的工频电流超过 50mA，且通过时间超过 1s 时，可能造成生命危险。对人体而言，我国规定 36V 以下为安全电压，对潮湿的地面或井下安全电压的规定就更低，如 24V、12V。

应当注意，这里所指的"安全电压"并不是所有的情况下绝对安全，只不过在一般情况下触电死亡的可能性和危险性小些。

（2）常见的触电形式　常见的触电形式可分为单相触电、两相触电和跨步电压触电 3 种形式。

1）单相触电。单相触电指人体在地面或其他接地体上，人体的某一部分触及一相带电体的触电事故，如图 2-25 所示。单相触电是最常见的触电方式，例如人站在地上手接触绝缘破损的家用电器时的触电。在我国的低压供电系统中，单相触电电压为 220V，是很危险的。

常见的触电方式

2）两相触电。两相触电指人体的不同部位同时触及同一电源的两根不同相位的相线，电流从一根相线经过人体流至另一根相线，如图 2-26 所示。此时加在人体上的电压是电源的线电压，由于在电流回路中只有人体电阻，所以两相触电非常危险。

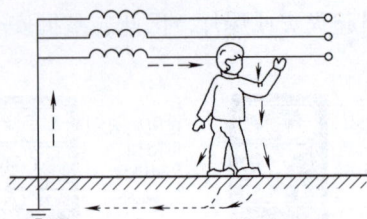

图 2-25　单相触电

图 2-26　两相触电

3）跨步电压触电。输电线断线落地或者外壳接地的电气设备绝缘损坏而漏电时，电流在落地点或接地体周围地面产生强大的电场。当人走过落地点周围时，其两脚间会承受一定的电压，称为跨步电压。跨步电压触电如图 2-27 所示。跨步电压对人体基本安全，15～20m处跨步电压为零。

2. 电气安全防护

在中性点不接地的低压配电系统中，保护接地是把电气设备的金属外壳与地做可靠的连接。电动机的保护接地如图 2-28 所示。

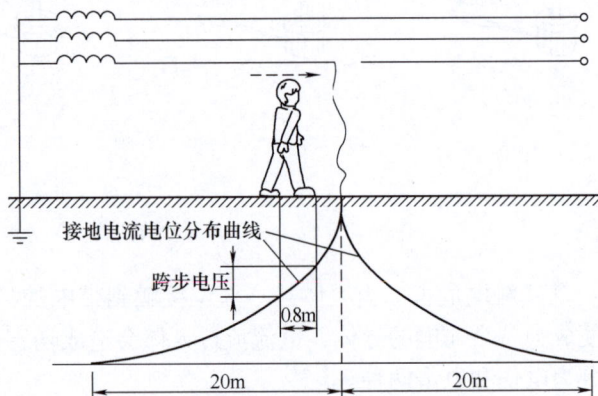

图 2-27　跨步电压触电

当接到这个系统上的某电气设备因绝缘层损坏而使外壳带电，并且外壳未接地情况下，如果人触及外壳，相当于单相触电。这时经过故障点流入大地的电流大小取决于人体电阻和绝缘电阻。当系统的绝缘性能下降时，就有触电的危险。

电气设备采用保护接地措施后，人体电阻与接地电阻并联，人体相当于接地电阻的一条并联支路。因为人体电阻远远大于接地电阻（一般是 4Ω 左右），所以通过人体的电流很小，避免了触电事故。

在中性点接地的情况下，保护接零就是将电气设备的金属外壳接到零线（中性线）上，这种保护方式我国现已不再使用。电动机的保护接零如图 2-29 所示。

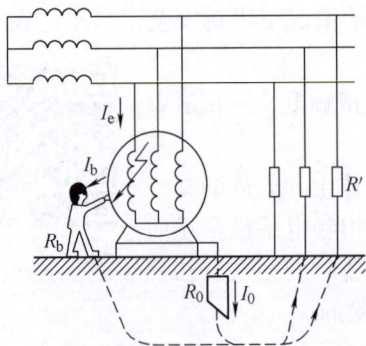

图 2-28　电动机的保护接地

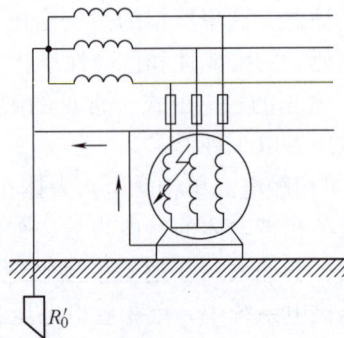

图 2-29　电动机的保护接零

当电动机某一相绝缘损坏而与外壳相接时，由于保护接零，相线与零线构成回路。单相短路电流很大，迅速将这一相中的熔丝熔断，因而外壳便不再带电。即使在熔丝熔断前，人体触及外壳，但因为人体电阻远大于线路电阻，所以通过人体的电流也是极为微小的。

绝缘防护就是使用玻璃、云母、橡胶绝缘材料将带电导体封护或与人体隔离，使电气设备及线路能正常工作，防止人身触电事故的发生。导线的绝缘层、线路中使用的绝缘胶带以及绝缘鞋、绝缘手套等，都是绝缘防护的实例。

应当注意：很多绝缘材料受潮后会丧失绝缘性能或在强电场作用下会遭到破坏，丧失绝缘性能。

屏护即采用遮拦、护罩、护盖等把危险的带电体同外界隔绝开来。屏护的特点是屏护装置不直接与带电体接触，对所用材料的电气性能无严格要求，但应有足够的机械强度和良好的耐火性能。电器开关的可动部分一般不能使用绝缘，而需要屏护。高压设备不论是否有绝缘，均应采取屏护。

间距是指带电体与地面之间、带电体与其他设备之间、带电体与带电体之间必要的安全距离，其距离的大小取决于电压高低、设备类型、安装方式和周围环境等。在低压工作中，最小检修距离不应小于0.1m。

3. 触电急救

人在触电后可能由于失去知觉或超过人的摆脱电流而不能自己脱离电源，此时抢救人员要在保护自己不被触电的情况下使触电者脱离电源。

发生触电事故时，应立即拉闸断电，尽快使其脱离电源。如果碰到破损的电线而触电，附近又找不到开关，可用干燥的木棒、竹竿等绝缘物体把电线挑开，挑开的电线要放置好，不要使人再触到，在使触电者脱离电源的过程中，抢救者一定要防止自身触电。

触电者脱离电源后，应迅速判断其症状，根据其受电流伤害的不同程度，采用不同的急救方法。口对口人工呼吸法和人工胸外按压心脏法是触电急救的基本方法。

（1）口对口人工呼吸法　对有心跳而呼吸停止的触电者，应采用口对口人工呼吸法进行急救。

具体做法是：迅速解开触电人的衣服、腰带，松开上身的衣服，使其胸部能自由扩张，不妨碍呼吸；使触电人仰卧，不垫枕头，头先侧向一边清除其口腔内的异物；救护人员位于触电人头部的左边或右边，用一只手捏紧其鼻孔，不使漏气，另一只手托在触电者颈后，将颈部上抬。

触电现场的急救

救护人员做深呼吸后，紧贴触电人的嘴巴大口吹气，然后放松捏着鼻子的手，让气体从触电者的肺部排出。如此反复进行，每5s一次（吹气2s，停3s），直到触电者苏醒为止。

（2）人工胸外按压心脏法　对有呼吸而心跳停止的触电者，应采用人工胸外按压心脏法进行急救。人工胸外按压心脏的具体操作步骤如下：使触电人仰卧，解开触电人的衣裤，清除口腔内异物，使其胸部能自由扩张。救护人员位于触电人一边，最好是跨跪在触电人的腰部，将右手的掌根放在心窝稍高一点的地方（掌根放在肋骨的下1/2部位），中指指尖对准锁骨间凹陷处边缘，如图2-30所示，左手压在右手上，呈两手交叠状。掌根用力下压3～4cm，然后突然放松，让胸部自行弹起，以每分钟100次为宜，必须坚持连续进行，不可间断。

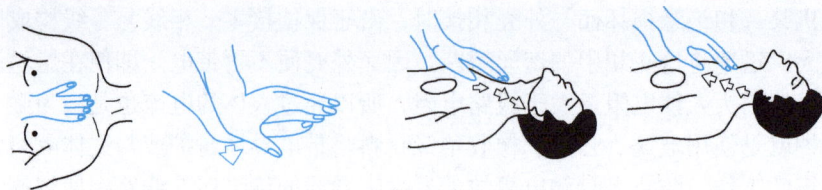

图 2-30　人工胸外按压心脏法

若触电人伤害得特别严重，心脏和呼吸都已停止，人完全失去知觉，则需同时采用口对口人工呼吸和人工胸外按压心脏两种方法。如果现场仅有一个人抢救，可交替使用这两种方法，先胸外按压心脏 4～6 次，然后口对口呼吸 2～3 次，再按压心脏，反复循环进行操作。

任务实施

1. 实训设备与器材

万用表、常用工具 1 套、汽车交流发电机。

2. 项目内容和步骤

（1）励磁绕组的检测　将发电机进行解体，用万用表对励磁绕组的阻值和绕组与铁心的绝缘性进行检测，具体检测内容与情况分析见表 2-3。

表 2-3　励磁绕组的检测内容与情况分析

检测内容	情况分析			
	正常值	异常情况	故障分析	故障排除方法
励磁绕组阻值	2～4Ω	电阻值为∞	励磁绕组断路或焊点断路	更换转子总成或重焊断点处
		电阻值为 0	被测两绕组短路	更换转子总成
		电阻值小于标称值	励磁绕组有局部短路	更换转子总成
绕组与铁心的绝缘性	25MΩ	电阻值小于标称值	绕组或集电环有搭铁	更换转子总成

检测结果记录_____。

（2）定子绕组的检测　用万用表对定子绕组的阻值和绕组间的绝缘性进行检测。具体的检测内容与情况分析见表 2-4。

表 2-4　定子绕组的检测内容与情况分析

检测内容	情况分析			
	正常值	异常情况	故障分析	故障排除方法
定子绕组阻值	150～300Ω	电阻值为∞	定子绕组断路或焊点断路	更换定子总成或重焊断点处
		电阻值为 0	被测两绕组短路	更换定子总成
		电阻值小于标称值	定子绕组有局部短路	更换定子总成
绕组各相间的绝缘性	25MΩ	电阻值小于标称值	绕组各相间有搭铁	更换定子总成

检测结果记录_____。

任务三　汽车整流电路的分析

任务目标

知识目标

1. 掌握二极管的结构及特性。
2. 学习整流、滤波电路的工作原理。
3. 掌握汽车发电机交流电的整流过程。

技能目标

1. 会使用万用表判断二极管的极性及质量好坏。
2. 会进行二极管整流电路的分析和故障排除方法。
3. 能分析汽车交流发电机的整流原理。

素质目标

1. 强化创新思维，养成科学思维习惯。
2. 养成认真细致的工作态度、具备精益求精的工匠精神。

任务导入

许多电子设备都需要直流电源供电。获得直流电的方法有很多，如汽车上的蓄电池、直流发电机等。但较为经济实用的方法是利用二极管的单向导电性通过整流、滤波、稳压电路将交流电变换成直流电。本任务重点以单相半波、单相桥式整流电路为例，分析汽车交流发电机整流器电路的工作情况，以便于进行汽车电源系统的故障监测分析。

相关知识

一、二极管的识别与检测

1. 半导体的基础知识

制造半导体器件的材料常用的有半导体单晶硅和单晶锗，这种由单一的硅（或锗）原子构成的晶体称为本征半导体。硅和锗都是四价元素，呈晶体状时每一个原子外层的 4 个价电子都与邻近的原子形成共价键的结构。图 2-31 为硅（或锗）晶体共价键结构示意图。处于共价键上的某些电子在接受外界能量后可以脱离共价的束缚成为自由电子。价电子脱离束缚成为自由电子后该电子原来位置上就会出现 1 个空位，这个空位称为空穴。空穴表示在该处缺少了 1 个电子。

丢失电子的原子显正电，称为正离子，故认为空穴是一个带正电的粒子。在本征半导体内，自由电子和空穴是成对出现的，自由电子带负电，空穴带正电，两者所带电量相等、符号相反。自由电子和空穴都是载运电荷的粒子，称为载流子。

自由电子和空穴在电场力的作用下产生定向运动，载流子在电场力作用下的定向运动称为漂移运动。本征半导体内的电流就是由这两种载流子的漂移运动形成的。空穴电流是由处于共价键上的价电子不断填补空位形成的，如图 2-32 所示。在电场力的作用下，价电子 e_1 填补了空穴 p_1 的位置后，在 e_1 原来位置上出现了 1 个新的空位，电场力的作用使 e_2 这个电

子填补 e_1 遗留下的空位。共价键上的电子在电场力的作用下逆电场方向不断填补空位，相当于空穴沿电场方向运动形成空穴电流，这就是空穴电流与自由电子流的区别。所以在本征半导体内参与导电的粒子有两种——自由电子和空穴。

在本征半导体内，脱离共价键的电子成为自由电子后也可能填补某个空穴，使离子恢复电中性，这个过程称为复合。

两种载流子

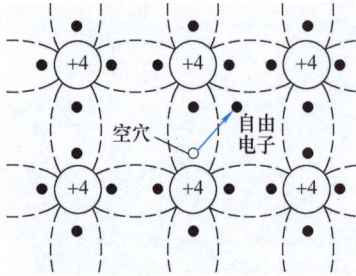

图 2-31 硅（或锗）的晶体共价键结构示意图

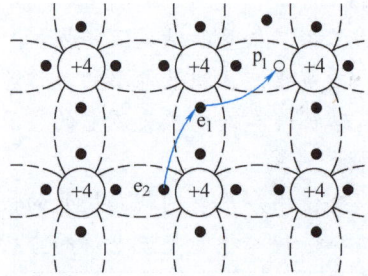

图 2-32 价电子填补空穴的运动

一般情况下本征半导体内的载流子数目有限，为增强它的导电性，可以在本征半导体内掺杂，以提高导电能力。在本征半导体（硅）中掺入少量的三价元素杂质（如硼），在掺杂过程中，每个三价原子与相邻的 4 个四价半导体原子组成共价键时，因其中一个共价键中缺少 1 个电子而产生 1 个空位。在室温或其他能量激发下，相邻共价键中的价电子就可能填补这些空位，而在价电子原来所处位置上形成带正电的空穴，如图 2-33a 所示。这种半导体主要是依靠空穴导电，故称为空穴型半导体或 P 型半导体。在 P 型半导体中，空穴为多数载流子，简称多子，因热激发等原因而形成的电子为少数载流子，简称少子。

同样，在本征半导体（硅）中掺入五价元素（磷），每个五价原子与相邻 4 个四价半导体原子组成共价键时，有 1 个多余电子，如图 2-33b 所示。这个电子不受共价键的束缚，只受自身原子核的吸引。这种束缚比较弱，在室温下就可以被激发为自由电子，同时杂质原子变成带正电荷的离子。因此在这种半导体中，自由电子数远大于空穴数。这种半导体主要靠电子导电，故称为 N 型半导体。N 型半导体中电子是多数载流子，空穴是少数载流子。空穴是由热激发形成的。

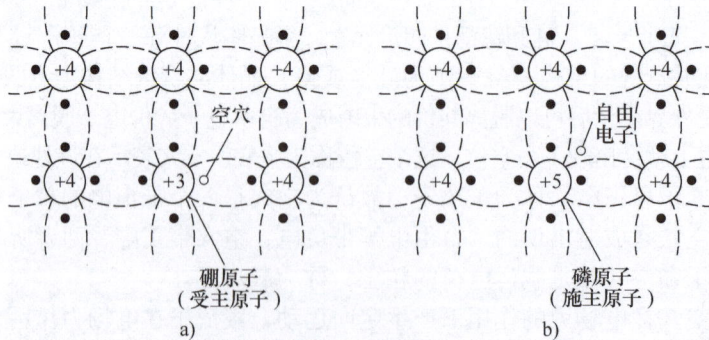

硼原子
（受主原子）

a)

磷原子
（施主原子）

b)

图 2-33 掺杂半导体共价键结构示意图

a）P 型半导体　b）N 型半导体

2. PN 结及其单向导电性

如果通过一定的生产工艺把半导体的 P 区和 N 区部分结合在一起，则它们的交界处就会形成一个很薄的空间电荷区，称为 PN 结。PN 结是制造各种半导体器件的基础。

实验证明，PN 结对外不导电，但若在 PN 结两端加不同极性的电压，则将破坏原平衡状态而呈现单向导电性。PN 结的单向导电性如图 2-34 所示。在 PN 结两端外加电压，若 P 端接电源正极，N 端接电源负极，称为正向偏置，PN 结呈现低电阻，正向导通；PN 结 P 端接电源负极，N 端接电源正极，称为反向偏置，PN 结呈现高电阻，反向截止，这就是 PN 结的单向导电性。

PN 结的形成

PN 结正向偏置　　　　　　　PN 结反向偏置　　　　　　二极管的单向导电性

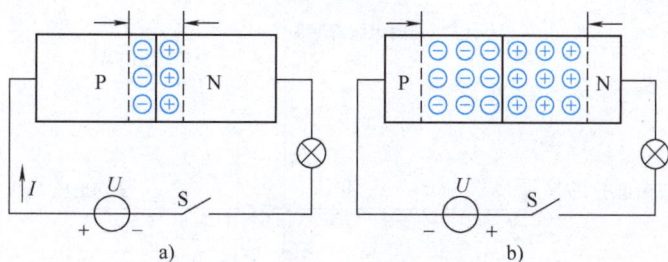

图 2-34　PN 结的单向导电性

a）正向偏置　b）反向偏置

3. 二极管

（1）二极管的基本结构　半导体二极管简称二极管，它由一个 PN 结加上两个引出线，再用管壳封装而构成。从 P 区接出的引线称为二极管的阳极或正极，从 N 区接出的引线称为二极管的阴极或负极。二极管内部结构示意图和图形符号如图 2-35 所示。其中三角箭头表示二极管正向导通时电流的方向。

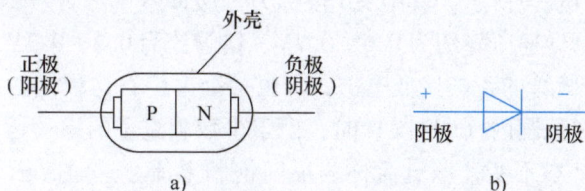

图 2-35　二极管内部结构示意图、图形符号

a）内部结构　b）图形符号

由此看来，二极管实际上就是一个 PN 结，所以 PN 结所具有的单向导电性也就是二极管的导电特性。因为功能和用途不同，二极管的大小不同，外形和封装各异，如图 2-36 所示。

图 2-36　二极管封装图

（2）二极管的伏安特性　加于二极管两端的电压与通过二极管的电流之间的关系称为二极管的伏安特性，可以用图 2-37 所示的伏安特性曲线来描述。

1）正向特性。二极管的正极接高电位，负极接低电位，这种接法称为二极管的正向偏置。当正向电压较小时，由于外电场还不能克服 PN 结内电场对多数载流子扩散运动的阻力，所以正向电流很小，几乎为零（曲线 OA 段），这时二极管尚未真正导通，这一段对应的范围称为死区。

二极管的伏安特性

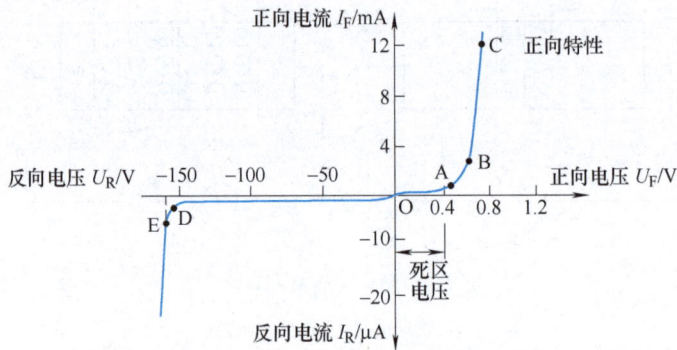

图 2-37　二极管（硅管）伏安特性曲线

当外加正向电压超过某一值（这个电压值称为死区电压或阈值电压，通常硅管的死区电压约为 0.5V，锗管约为 0.1V）后，电流随电压增加而迅速增加，这一区间称为正向导通区，曲线如图 2-37 中 BC 段所示，其中 AB 段称为"缓冲带"。二极管导通后电流变化很大，而电压几乎恒定，硅管导通压降约为 0.6~0.7V，锗管约为 0.2~0.3V。

2）反向特性。二极管的正极接低电位，负极接高电位，这种接法称为二极管的反向偏置。当反向电压在一定范围内（OD 段）时，由于少数载流子的漂移运动形成很小的反向电流，并随电压增加而基本不变，该电流称为反向饱和电流。这时二极管呈现很高的反向电阻，处于截止状态，在电路中相当于开关处于关断状态。

当由 D 点继续增加反向电压时，反向电流在 E 处急剧变化，单向导电性被破坏，这种现象称为二极管的反向击穿，对应的电压称为反向击穿电压 U_{BR}。各类二极管的反向击穿电压大小各不相同。普通二极管、整流二极管等不允许反向击穿情况发生，因二极管反向击穿后，若电流不加限制，会使二极管 PN 结过热而损坏。

（3）二极管的主要参数　二极管的参数是评价二极管性能的重要指标，它规定了二极管的适用范围，是合理选用二极管的依据。

1）最大整流电流（I_{FM}）指二极管长期正常工作时，二极管能允许通过的最大正向平均电流值。在选用二极管时，工作电流不能超过它的最大整流电流，否则二极管会因过热而损坏。

2）最高反向工作电压（U_{RM}）指二极管工作时保证其不被击穿所允许施加的最高反向电压，也就是通常所说的耐压值，一般取值在反向击穿电压的 1/2～2/3 之间。

3）反向电流（I_R）指二极管未击穿时的反向电流值。此值越小，二极管的单向导电性越好。由于温度增加，反向电流会急剧增加，所以在使用二极管时要注意温度的影响。

4）最高工作频率（f_M）指保证二极管具有单向导电作用的最高工作频率。当工作频率超过此值时，二极管的单向导电性能变差，甚至会失去单向导电性，最高工作频率主要取决于 PN 结电容的大小。

（4）二极管的识别与检测

1）目视法判断半导体二极管的极性。二极管的引脚极性一般可通过管壳上的标记或符号予以识别，有时会将二极管的图形直接画在其外壳上。两引脚若是轴向引出，则在二极管外壳上印有标记，有时在负端以色环（点）标志，用以区分正、负极；对于发光二极管，引脚引线较长的为正极；对于标记不清、极性不明的二极管，可以用万用表测量二极管的正、反向电阻加以判断。

二极管的管脚识别及性能测试

2）用万用表判断半导体二极管的极性。指针式万用表测量二极管极性如图 2-38 所示，将指针式万用表的 R×100 或 R×1k 档短接调零后，用万用表的两表笔分别接到二极管的两极上。当二极管导通，测得的阻值较小时，黑表笔接的是二极管正极，红表笔接的是二极管负极；当测得的阻值很大时，则黑表笔接的是二极管的负极，红表笔接的是二极管的正极（如果使用的是数字式万用表的电阻档，结论与此相反）。

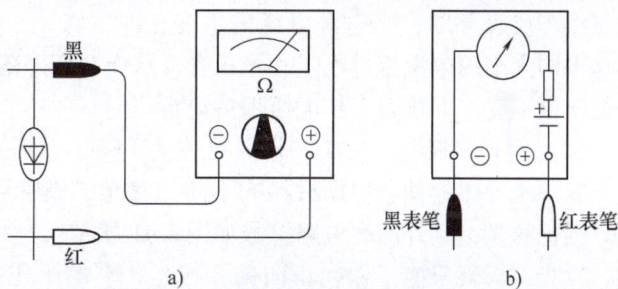

此外，一般的数字式万用表都有专门的二极管测试档，当二极管的正、负极分别与万用表的红、黑

图 2-38 指针式万用表测量二极管极性

a）测量电路图 b）仪表原理图

表笔相接时，二极管正向导通，数字式万用表显示二极管的正向导通电压；若将二极管的正、负极反接，则数字式万用表显示 1。

3）二极管好坏的判别。二极管的质量可以通过正、反向电阻予以判断。二极管的正向电阻要求在 1kΩ 左右，反向电阻应在 100kΩ 以上。正向电阻越小、反向电阻越大的二极管质量越好。当正、反向电阻均为零或无穷大时，表明内部短路或断路，二极管已经损坏。

4. 特殊二极管

普通二极管主要用于整流和检波，但特殊二极管却有特殊用途。

（1）稳压二极管 稳压二极管是一种特殊的面接触型二极管，由于它在电路中与适当阻值的电阻配合后能起到稳定电压的作用，故称为稳压二极管，简称为稳压管。稳压二极管的图形符号、伏安特性如图 2-39 所示。

从反向特性曲线可以看出，当稳压管两端的反向电压在一定范围内变化时，反向电流很小。当反向电压达到击穿电压 U_Z 时，反向电流突然增大，稳压管被反向击穿。击穿时，尽管通过稳压管的电流变化很大，但稳压管两端的电压却几乎不变，呈现出电压稳定的特性，稳压管就是利用这一特性来实现稳压的。

稳压管与一般二极管不一样，它的 PN 结的反向击穿是可逆的。当 PN 结去掉反向电压后，稳压管恢复正常。如果反向电流超过允许范围，稳压管将会发生热击穿而损坏。

为了发挥稳压管的稳压作用，在使用时要注意以下几点：

1）稳压管使用时必须加反向电压，即正极接低电位，负极接高电位。

2）稳压管在电路中应与被稳压的负载并联连接。

3）为防止稳压管反向工作电流超过最大值而过热损坏，使用时必须串联限流电阻。

在汽车仪表电路和部分电子控制电路中，一些需要精确电压值的地方常利用稳压管来获取所需电压。汽车仪表稳压电路如图 2-40 所示。稳压管与汽车仪表并联，当电源电压发生变化时，将引起不同大小的电流流过电阻和稳压管，从而改变降落在电阻上的电压，使稳压管始终维持其稳压值不变，即仪表工作电压保持稳定。

稳压二极管特性及应用

图 2-39　稳压二极管的图形符号、伏安特性
a）图形符号　b）伏安特性

（2）发光二极管　发光二极管也称为 LED，是一种能够将电能转换成光能的半导体器件。根据材料的不同，发光二极管可发出红、黄、绿、蓝等颜色的光，其外形和电路符号如图 2-41 所示。

发光二极管只能工作在正向偏置状态，它的工作电流一般为几毫安到十几毫安，正向导通电压为 2~3V。为了防止正向电流过大而损坏发光二极管，使用时应串联限流电阻。发光二极管具有体积小、使用寿命长的特点，在汽车电路中得到广泛应用。例如安装在汽车组合仪表盘上各种指示灯、警告灯都是由发光二极管组成的。

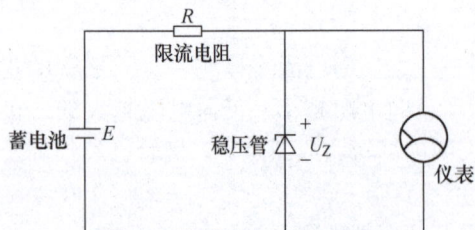

发光二极管

图 2-40　汽车仪表稳压电路

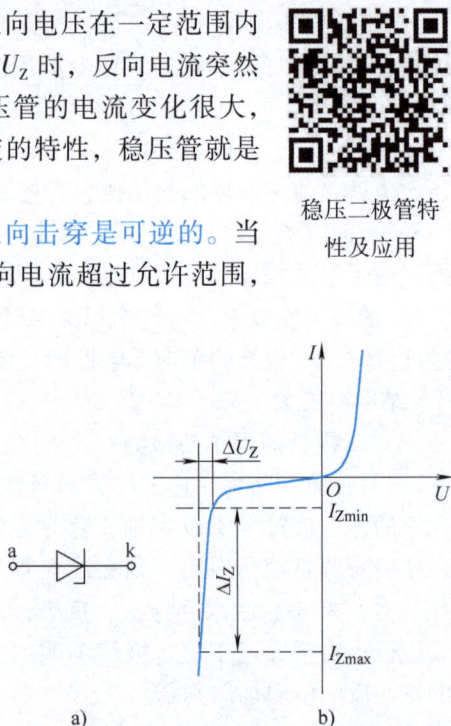

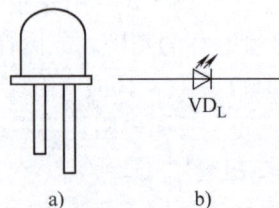

图 2-41　发光二极管的外形和电路符号
a）外形　b）电路符号

（3）光电二极管　光电二极管是一种能将光能转换成电能的半导体器件。光电二极管外形、符号和伏安特性曲线如图 2-42 所示。其结构特征是：PN 结顶部由玻璃窗口的金属材料或透明树脂封装，以便于接受光的照射。在 PN 结受到光线照射时，可以激发产生电子空穴对，从而提高了少数载流子的浓度。当外加反向电压时，少数载流子增多，少数载流子漂移电流显著增大，而且反向电流的数值随着光照的增强而上升。无光照时，反向电流很小；有光照时，反向电流急剧增加，且光照越强，反向电流越大。利用这一特性可以将许多光电二极管组成光电板，作为电源使用，称为光电池。另外，光电二极管在汽车上作为传感器的光信号检测器件得到了广泛的应用。

汽车自动空调系统中使用的日照强度传感器的结构和等效电路如图 2-43 所示，该传感器由壳体、滤光器与内部的光电二极管组成。其作用是通过光电二极管检测日光照射量的变化，并把这种变化转换成电流值输出。车内空调计算机对这种变化进行检测，并根据电流的变化控制执行机构调节排风口的风量和温度，达到调节车内温度的目的。

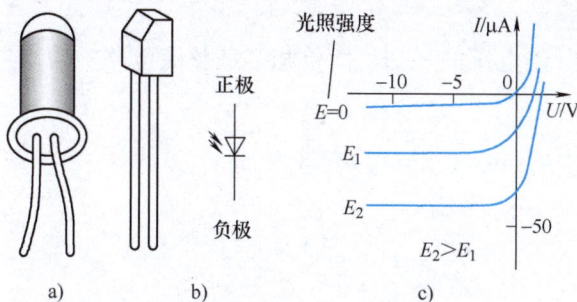

图 2-42　光电二极管的外形、符号和伏安特性曲线
a）外形　b）符号　c）伏安特性曲线

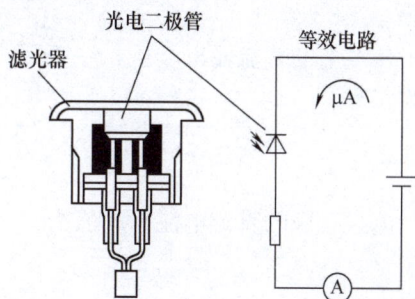

图 2-43　日照强度传感器的结构和等效电路

二、汽车交流发电机整流器电路

整流就是把大小、方向都随时间变化的交流电变换成脉动直流电的一种转换方法。由于二极管具有单向导电性，被广泛应用在整流电路中。汽车交流发电机就是利用二极管整流电路将交流电转换成直流电的。一般小功率直流电源中多采用单相整流电路，即由单相交流电源供电。

1. 单相半波整流电路

单相半波整流电路如图 2-44a 所示，由电源变压器 T、整流二极管 VD、负载 R_L 组成。已知变压器二次绕组交流电压为 $u_2 = \sqrt{2}U_2\sin\omega t$，其工作波形如图 2-44b 所示。

当 u_2 波形为正半周时，二次绕组电压瞬时极性上端 A 点为正、下端 B 点为负，二极管正向导通，二极管和负载上有电流流过，忽略二极管的正向导通压降时，负载电压 $u_0 = u_2$；当 u_2 为负半周时，二次绕组电压瞬时极性上端 A 点为负、下端 B 点为正，二极管反偏截止，负载电压 $u_0 = 0$，各电压和电流波形如图 2-44b 所示。由图 2-44 可见，负载上得到单方向的脉动电压。由于该电路只在 u_2 的正半周期有输出，所以称为半波整流电路。

单相半波整流电路

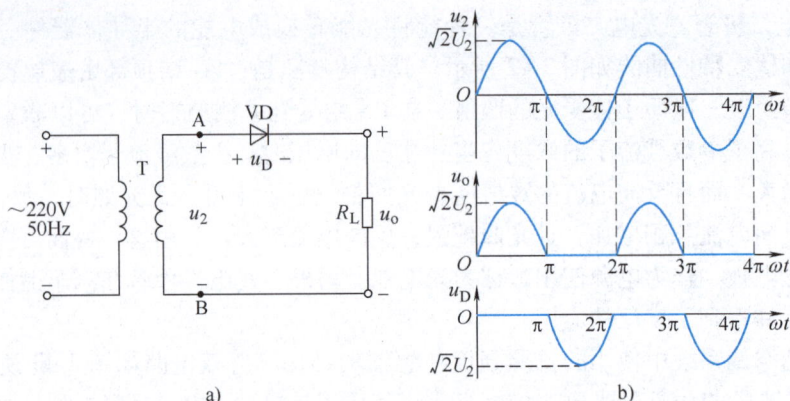

图 2-44　单相半波整流电路

a）电路图　b）波形图

负载上的直流输出电压指一个周期内脉动电压的平均值。单相半波整流电路的输出电压为

$$U_{O(AV)} = \frac{1}{2\pi}\int_0^\pi \sqrt{2}U_2\sin\omega t\,\mathrm{d}\omega t \approx 0.45U_2$$

流过负载的直流电流平均值为

$$I_{L(AV)} = U_{O(AV)}/R_L = 0.45\frac{U_2}{R_L}$$

半波整流电路流经二极管的电流 i_D 与负载电流 i_L 相等，在选择二极管时，二极管的最大整流电流 $I_F \geqslant I_D$，即

$$I_F \geqslant I_D = I_L = 0.45U_2/R_L$$

二极管反向截止时所承受的最高反向电压 U_{DM} 就是变压器二次绕组交流电压 u_2 的峰值电压，故要求二极管的最大反向工作电压为

$$U_{RM} \geqslant U_{DM} = \sqrt{2}U_2$$

实际工作中，应根据 I_F 和 U_{RM} 的大小选择二极管。为保证二极管可靠地工作，在选择元件参数时应留有裕量，使工作参数略大于计算值。单相半波整流电路虽然结构简单，但效率低，输出电压脉动大，仅适用于对直流输出电压平滑程度不高和功率较小的场合，因此很少单独用作直流电源。

2. 单相桥式整流电路

单相桥式整流电路如图 2-45a 所示，电路由 4 个整流二极管 $VD_1 \sim VD_4$ 按电桥的形式连接而成。

设电源变压器二次绕组电压 u_2 正半周时瞬时极性上端 A 点为正、下端 B 点为负。二极管 VD_1、VD_3 正偏导通，VD_2、VD_4 反偏截止。导电回路为 A→VD_1→R_L→VD_3→B，如图中实线箭头所示，负载上电压极性上正、下负。负半周时，u_2 瞬时极性上端 A 点为负、下端 B 点为正，二极管 VD_1、VD_3 反偏截止，VD_2、VD_4 正偏导通，导电回路 B→VD_2→R_L→VD_4→A，如图中虚线箭头所示，负载上电压极性为上正、下负。

单相桥式整流电路

由此可见，VD_1、VD_3 与 VD_2、VD_4 轮流导通半个周期，但在整个周期内，负载 R_L 上均有电流流过，并且始终是一个方向，故称为全波整流。其波形如图 2-45b 所示。

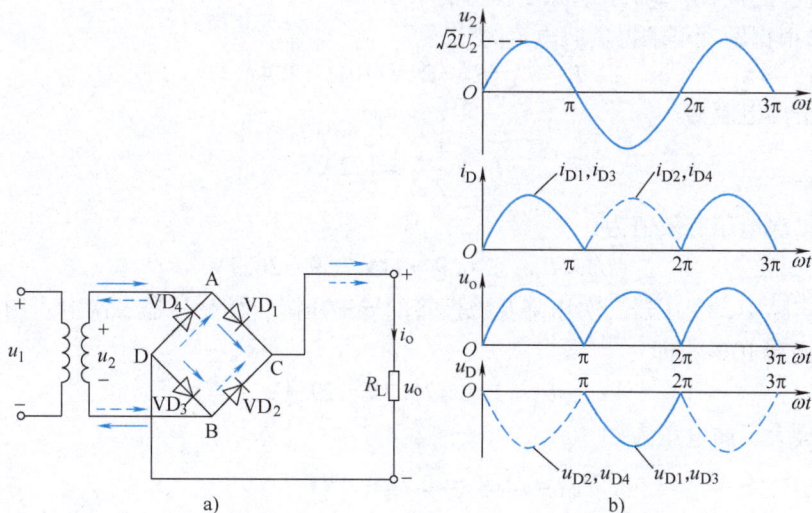

图 2-45　单相桥式整流电路
a）电路图　b）单相桥式整流电路波形

所以输出电压的平均值 $U_{O(AV)}$ 和电流平均值 $I_{O(AV)}$ 为

$$U_{O(AV)} = 0.9 U_2$$

$$I_{O(AV)} = \frac{U_{O(AV)}}{R_L} = 0.9 \frac{U_2}{R_L}$$

桥式整流电路中，4 只二极管分两次轮流导通，流经每只二极管的电流为负载电流 $I_{O(AV)}$ 的一半，选择二极管时 $I_F \geq I_D$，即

$$I_F \geq I_D = \frac{1}{2} I_{O(AV)} = 0.45 \frac{U_2}{R_L}$$

由图 2-45b 可见

$$U_{RM} \geq U_{DM} = \sqrt{2} U_2$$

为了使用方便，实际应用中常将桥式整流电路的 4 个二极管制成一个整体封装起来，称为桥堆（整流桥），如图 2-46 所示。桥堆有 4 个引脚，标注"～"的两只引脚外接交流电源，标注"＋"和"－"的两只引脚分别为整流输出电压的正、负极。

单相桥式整流电路不但减少了输出电压的脉动程度，而且提高了变压器的利用率，因而得到广泛的应用。在使用中，应注意：桥式整流电路 4 只二极管必须正确装接，否则会因形成很大的短路电流而烧毁。正确接法是：共阳端和共阴端接负载，另外两端接变压器二次绕组。

图 2-46　整流桥堆

例 2-6 某直流负载电阻为 10Ω，要求输出电压 $U_O = 24V$，采用单相桥式整流电路供电。1）选择二极管；2）求电源变压器的电压比。

解 1）根据题意可求得负载电流为

$$I_L = U_O / R_L = 24V / 10\Omega = 2.4A$$

二极管平均电流为

$$I_D = \frac{1}{2} I_L = 1.2A$$

变压器二次电压有效值为

$$U_2 = U_{O(AV)} / 0.9 = 24V / 0.9 \approx 26.7V$$

在工程实际中，变压器二次压降及二极管的导通压降，使变压器二次电压约在理论计算值的基础上提高 10%，即

$$U_2 = 1.1 \times 26.7V \approx 29.4V$$

二极管最大反向电压为

$$U_{RM} = \sqrt{2} U_2 = \sqrt{2} \times 29.4V \approx 41.6V$$

查阅附表 2，选用 2CZ56 型，它的额定正向电流 $I_F = 3A$，最高反向工作电压查阅分档标志，选择 2CZ56C 型，$U_{RM} = 100V$，留有裕量。

2）变压器电压比 $n = 220V / 29.4V \approx 7.5$。

3. 汽车交流发电机整流器电路

在汽车交流发电机中，利用二极管组成的整流板将发电机发出的三相交流电整流为直流电。为了适应汽车发电机的需要，专门制作有用于汽车的整流二极管，它们分为正极管和负极管，如图 2-47 所示。

整流电路在汽车发电机上有着重要应用。发电机是汽车电气设备的主要电源。汽车上普遍采用由 6 只硅二极管组成的车用整流器将发电机产生的三相交流电整流成直流电。

正极管的外壳为负极，引出极为正极，在管壳底上一般标有红色标记。在负极搭铁的硅整流发电机中，3 个正极管的外壳压装在散热板的 3 个座孔内，共同组成发电机的正极，由一个与发电机后端盖绝缘的整流板固定螺栓通至机壳外，作为发电机的相线接线柱 "B"（"+" "A" 或 "电枢" 接线柱）。

汽车交流发电机的整流原理

负极管的外壳为正极，引出极为负极，在管壳底上一般标有黑色标记。3 个负极管的外壳压装在后端盖的 3 个孔内，和发电机外壳一起成为发电机的负极。汽车交流发电机整流二极管的安装如图 2-47 所示。

3 个正极管和 3 个负极管构成的整流电路称为三相桥式整流电路，它将发电机产生的交流电整流成 12V 的直流电。汽车交流发电机整流电路和电压波形如图 2-48 所示。

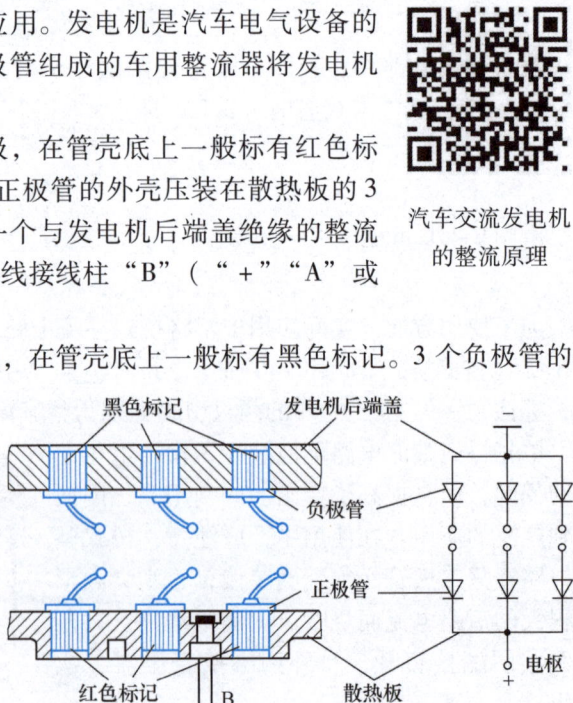

图 2-47 汽车交流发电机整流二极管的安装

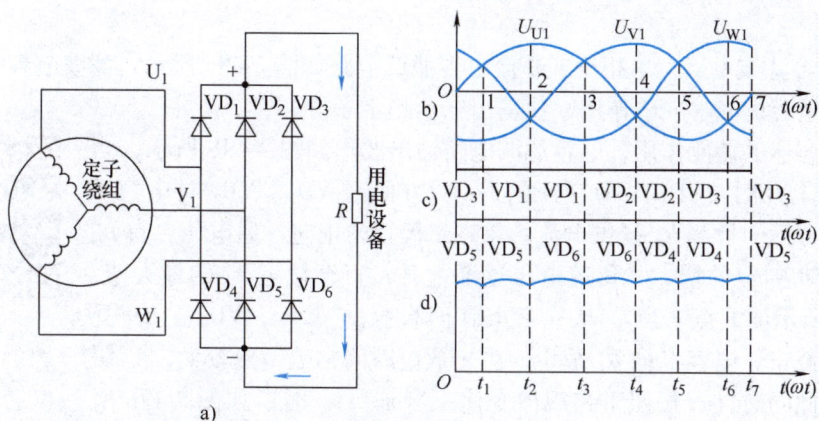

图 2-48　汽车交流发电机整流电路和电压波形

a）电路图　b）三相交流电波形　c）各时段导通的二极管波形图　d）整流后负载电压波形图

图中，3 个正极管 VD_1、VD_2、VD_3 的正极分别接发电机三相绕组的首端 U_1、V_1、W_1，在某一瞬间，只有与电位最高的一相绕组相连的正极管导通。同样，3 个负极管的引出线也分别与三相绕组的首端相连，在某一瞬间，只有与电位最低的一相绕组相连的负极管导通。

其整流过程如下：

在 $t = 0$ 时，$U_{U1} = 0$，U_{V1} 为负值，U_{W1} 为正值，则二极管 VD_3、VD_5 获得正向电压而导通。电流从 W_1 相出发，经 VD_3、用电设备、VD_5 回到 V_1 相构成回路。因为二极管内阻很小，所以此时 W_1、V_1 之间的电压都加在负载上。

在 $t_1 \sim t_2$ 时间内，U_1 相电压最高，V_1 相电压最低，所以 VD_1、VD_5 处于正向电压下而导通，负载两端的电压为线电压 u_{UV}。

在 $t_2 \sim t_3$ 时间内，U_1 相电压最高，W_1 相电压最低，所以 VD_1、VD_6 处于正向电压下而导通，负载两端的电压为线电压 u_{UW}。

在 $t_3 \sim t_4$ 时间内，VD_2、VD_6 导通，V_1、W_1 之间的电压加在负载上，负载两端的电压为线电压 u_{VW}。

由此可见，在三相桥式整流电路中，整流输出电压 u_0 分别由三相电源的 3 个线电压轮流供电，输出电压的瞬时值始终与电源线电压相等，在一个周期内每只二极管导电时间都是 1/3 周期。

这样反复循环，6 只二极管轮流导通，在负载端便得到一个较平稳的直流电压。电压波形如图 2-48d 所示。

三、滤波、稳压电路

1. 滤波电路

整流电路可以将交流电转换为直流电，但输出的电压含有较大的脉动成分，只能用于对输出电压平滑程度要求不高的电子设备（如电镀、蓄电池充电设备等）中。当这种电路用于要求较高的电子设备的电源时，会引起严重的谐波干扰。因此，要获得平稳的输出电压，需滤去其中的交流成分，保留直流成分，此即为滤波。利用电容两端电压不能突变和流过电感的电流不能突变的特点，将电容与负载电阻并联或将电感与负载电阻串联，即可组成滤波电路。

（1）电容滤波电路　单相桥式整流电容滤波电路如图 2-49a 所示，滤波电容并接在负载两端，利用电容的充、放电作用，使输出电压趋于平滑。

根据电容器的储能作用，电容滤波电路输出波形如图 2-49b 所示，当 u_2 为正半周上升时，VD_1、VD_3 导通，u_2 一方面经 VD_1、VD_3 对电容 C 充电，另一方面向负载 R_L 提供电流。忽略二极管的正向导通电压，有 $u_O = u_C \approx u_2$。随着 u_2 的增大，负载电压逐渐上升，直至接近 u_2 的最大值，如图 2-49b 所示的 b 点。当 u_2 从 b 点开始下降时，$u_2 < u_C$，VD_1、VD_3 受反偏作用而截止，电容 C 向 R_L 放电。由于放电时间常数一般较大，u_C 缓慢下降。与此同时，u_2 按照正弦规律变化。当 $u_2 > u_C$ 时，如图 2-49b 所示的 d 点，VD_2、VD_4 导通，电容 C 再次被充电，输出电压随之增大，以后电容器重复上述充、放电过程，得到图 2-49b 所示的输出电压波形。可见，接入电容滤波后，负载上的电压不仅变得平滑，脉动程度大为减小，而且输出电压的平均值也增大了。

桥式整流电容
滤波电路

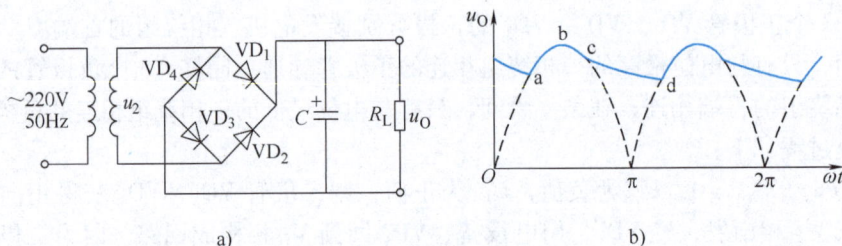

图 2-49　单相桥式整流电容滤波电路
a）电路图　b）波形图

根据以上分析可以看出，滤波效果取决于放电时间常数，$\tau = R_L C$。电容 C 越大，负载电阻 R_L 越大，滤波后输出电压越平滑。

电容滤波电路的优点是可以得到脉动很小的直流电压，其缺点是输出电压受负载变化影响较大，所以电容滤波电路只适用于负载电流较小的场合。

（2）电感滤波电路　利用电感中电流不能突变、电感线圈中电流变化产生的自感电动势阻碍电流变化的特性，将电感线圈与负载电阻 R_L 串联，组成电感滤波电路，如图 2-50 所示。

电感滤波电路

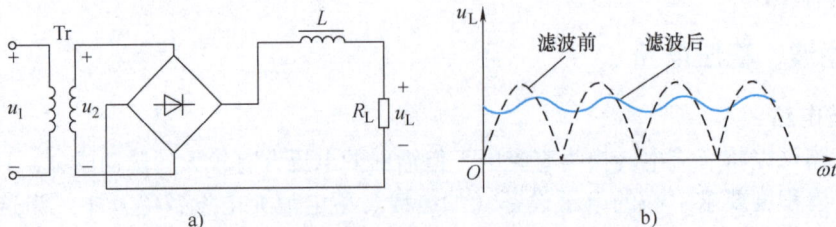

图 2-50　桥式整流电感滤波电路及波形图
a）电路图　b）波形图

电感 L 起着阻止负载电流变化使之趋于平直的作用。整流电路输出的电压中，其直流分量由于电感近似于短路而全部加到负载 R_L 两端。交流分量由于 L 的感抗远大于负载电阻而大部分降在电感 L 上，负载 R_L 上只有很小的交流电压，达到了滤除交流分量的目的，如图 2-50b 所示。经过电感滤波后，负载电流和电压的脉动减小，变得平滑。电感线圈的电感量越大，负载电阻越小，滤波效果越好。但电感量大会引起电感的体积过大，成本增加，输出电压下降。一般电感滤波电路只应用于低电压、大电流的场合。

单独使用电容或电感构成的滤波电路，滤波效果不够理想。为了满足较高的滤波要求，常采用复式滤波电路。复式滤波电路由滤波电容、滤波电感及电阻组合而成，如图 2-51 所示，通常有 LC、LC-π、RC-π 等复合滤波电路。

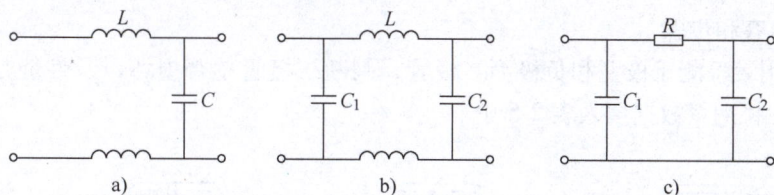

图 2-51　常用复合滤波电路
a）LC 滤波电路　b）LC-π 滤波电路　c）RC-π 滤波电路

2. 稳压电路

经过整流滤波后的电压往往会随着交流电源电压和负载的变化而变化。电压的不稳定会使测量和计算产生误差，影响电子设备的正常工作。这就需要在滤波电路与负载之间连接稳压电路，使输出电压在电网电压波动或负载变化时基本稳定在某一数值。

稳压管 VD_Z 与限流电阻 R 组成最简单的并联型稳压电路，如图 2-52 所示，稳压管与负载 R_L 反向并联，输出电压 U_O 就是稳压管的稳定电压 U_Z。

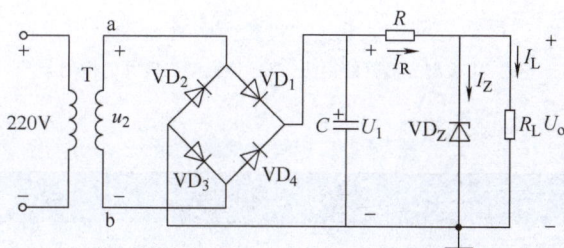

硅稳压管并联型
稳压电路

图 2-52　稳压管并联型稳压电路

当输入电压 U_i 升高或负载电阻 R_L 阻值变大时，造成输出电压 U_O 随之增大。那么稳压管的反向电压 U_Z 也会上升，从而引起稳压管的电流 I_Z 急剧增加，从而使限流电阻上的电压 U_R 增加，阻止了输出电压的上升，使输出电压 U_O 基本保持稳定不变。电路的稳压过程如下：

$$U_i(R_Z)\uparrow \rightarrow U_O(=U_i-I_RR)\uparrow \rightarrow I_Z\uparrow \rightarrow I_R(=I_Z+I_L)\uparrow$$
$$U_O\downarrow \leftarrow U_R\uparrow$$

从以上分析可知，稳压管并联型稳压电路能稳定输出电压，是稳压二极管和限流电阻起决定作用，即利用硅稳压二极管反向击穿时电压稍有变化引起反向击穿电流很大的变化，再通过限流电阻 R 把电流变化转换成电阻上电压的变化，以稳定输出电压。稳压管的动态电阻越小，限流电阻越大，输出电压的稳定性越好。

任务实施

1. 实训设备与器材

数字万用表、硅整流二极管 6 只、模拟电路实训装置、数字示波器、信号源、导线若干、电阻若干。

2. 项目内容和步骤

1）用万用表检测正极型和负极型二极管，判断二极管是否损坏以及性能是优是劣，如图 2-53 所示。将测量数据填入表 2-5 中。

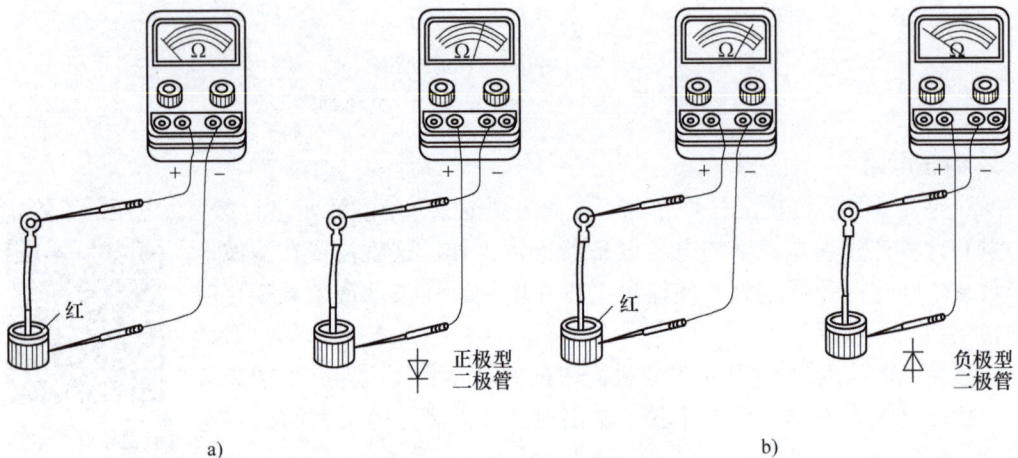

图 2-53　二极管的检测

a）正极型二极管的检测　b）负极型二极管的检测

表 2-5　二极管的检测记录

万用表表笔接法	正极型二极管阻值	负极型二极管阻值
红表笔接引线		
黑表笔接外壳		
黑表笔接引线		
红表笔接外壳		

2）按图 2-54 分别连接半波整流和桥式整流电路，用示波器观察并记录 U_2 和 U_L 的波形，并读取 U_2 和 U_L 的数值，将测量结果按要求填入表 2-6 中。将 U_L 的测试值与计算值进行比较，并分析其原因。

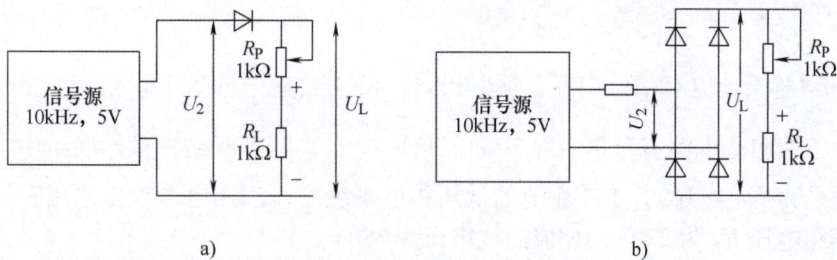

图 2-54 整流电路的测试
a）半波整流电路　b）桥式整流电路

表 2-6 整流电路测试记录

测试项目	波形		数值		
	U_2	U_L	U_2	U_L（测试值）	U_L（计算值）
半波整流电路					
桥式整流电路					

3. 注意事项

1）在二极管的检测过程中，若测得的正、反向电阻值均为零，说明二极管已被击穿（短路）；若测得的正、反向电阻均为无穷大，说明二极管断路。

2）桥式整流电路 4 只二极管必须正确装接，否则会因形成很大的短路电流而烧毁。正确接法是：共阳端和共阴端接负载，另外两端接信号源。

小　结

1. 大小和方向随时间按正弦规律变化的电压或电流，统称为正弦交流电。最大值、角频率和初相是确定正弦交流电的三个要素，它们反映了正弦量的特性。

2. 在电阻元件的交流电路中，电流和电压是同相的，电压和电流的关系可由欧姆定律确定。在电感元件的交流电路中，在相位上电压比电流超前 $\dfrac{\pi}{2}$，电压有效值（幅值）、电流有效值（幅值）与感抗之间的关系符合欧姆定律关系。电感元件在电路中具有"通直阻交"的作用。在电容元件的交流电路中，在相位上电流比电压超前 $\dfrac{\pi}{2}$，电压有效值（幅值）、电流有效值（幅值）与容抗之间的关系符合欧姆定律关系。电容元件具有阻直流、通交流的作用。

3. 三相对称交流电有幅值相等、频率相同、相位互差$\frac{2\pi}{3}$的3个正弦交流量，简称三相对称电源。三相对称电源有星形（丫）和三角形（△）两种联结。星形联结中，相电压和线电压的关系为$U_L = \sqrt{3}U_P$，工矿企业的低压供电系统中，三相电源大多采用三相四线制星形联结，其相电压U_P为220V，相应的线电压为380V。

4. 半导体具有热敏特性、光敏特性和掺杂特性。半导体中有两种载流子：电子和空穴。电子带负电，空穴带正电。本征半导体掺入微量三价元素可制成P型半导体，掺入微量五价元素可制成N型半导体。P型半导体主要靠空穴导电，N型半导体主要靠电子导电。

5. 二极管是由半导体材料通过特殊掺杂工艺形成的PN结制成的，其基本特性是单向导电性，即正向偏置导通、反向偏置截止。二极管为非线性器件。二极管的死区电压硅管约为0.5V，锗管约为0.1V。正向导通电压硅管为0.6~0.8V，锗管为0.2~0.3V。利用PN结反向击穿时其两端电压近似恒压的特性制成稳压二极管。稳压二极管正常工作时必须反偏。

6. 整流是利用二极管的单向导电性把交流电转变成脉动电流电压。单相桥式整流电路是小功率整流电路中应用较多的一种，变压器利用率高，输出脉动小。在桥式整流电路中，二极管要装接正确，否则二极管或变压器绕组会因短路过电流烧毁。滤波电路利用电容、电感的储能作用来减小整流电压的脉动程度，可组成电容滤波、电感滤波等。

习　　题

一、填空题

1. 我国民用交流电压的频率为_____ Hz，有效值为_____ V。

2. 正弦交流电的三要素是_____、_____和_____。

3. 我国照明用电的电压是_____ V，其最大值为_____。

4. 已知一正弦交流电流$i = 10\sin\left(100\pi t + \frac{\pi}{3}\right)$A，其有效值为_____，频率为_____。用电流表测量它，则电流表的读数为_____。

5. 相位差指两个_____正弦交流电的_____之差。

6. 当$R = 4\Omega$的电阻通入交流电时，已知交流电流的表达式为$i = 4\sin(314t - 60°)$A，则电阻上消耗的功率为_____。

7. 电容器和电阻器都是构成电路的基本元件，但它们在电路中所起的作用不同，从能量上来看，电容器是一种_____元件，而电阻器是_____元件。

8. 在三相四线制供电系统中，任意两根相线之间的电压是_____，照明线路接在一根相线和一根中性线上，它们之间的电压是_____。

9. 对称三相负载星形联结时，通常采用_____制供电；不对称负载星形联结时，一定用_____制供电。在三相四线制供电系统中，中性线起_____作用。

10. 半导体的导电能力介于_____与_____之间，两种典型的半导体材料是_____和_____。

11. 二极管具有_____特性，加正向电压时，处于_____状态，呈_____阻性；加反向电压时，处于_____状态，呈_____阻性。硅二极管导通时的管压降约为_____V，锗二极管导通时的管压降约为_____ V。

12. 整流电路利用二极管的_____性将交流电变为单向脉动的直流电。稳压二极管是利用二极管的_____特性实现稳压的。

13. 将交流电变成单方向脉动直流电的过程称为_____。单相半波整流电路中，若变压器二次电压 $U_2 = 100\text{V}$，则负载两端的电压为_____ V，二极管两端承受的最高反向工作电压为_____ V。

二、选择题

1. 在纯电阻电路中，计算电流的公式是（　　）。

A. $i = \dfrac{U}{R}$　　　　B. $i = \dfrac{U_\text{m}}{R}$　　　　C. $I = \dfrac{U_\text{m}}{R}$　　　　D. $I = \dfrac{U}{R}$

2. 我国民用正弦交流电的工作频率为（　　）。

A. 30Hz　　　　B. 50Hz　　　　C. 60Hz　　　　D. 100Hz

3. 正弦交流电的电压为 $u = 100\sin\left(100\pi t + \dfrac{\pi}{3}\right)\text{V}$，则它的峰值是（　　）。

A. 50V　　　　B. 100V　　　　C. 220V　　　　D. 380V

4. 关于交流电有效值下列说法正确的是（　　）。

A. 最大值是有效值的 2 倍

B. 有效值是最大值的 $\sqrt{2}$ 倍

C. 最大值为 311V 的正弦交流电就热效应而言，相当于一个 220V 的直流电压

D. 最大值为 311V 的正弦交流电可以用 220V 的直流电代替

5. 若 $u = 50\sin(314t + 30°)\text{V}$，$i = 20\sin(628t - 45°)\text{A}$，则 u 和 i 的相位关系是（　　）。

A. u 比 i 超前75°　　B. u 比 i 滞后75°　　C. u 比 i 滞后15°　　D. u 和 i 的相位差不能进行比较

6. 正弦电流通过电阻元件时，下列关系中正确的是（　　）。

A. $i = \dfrac{U}{R}\sin\omega t$　　　　B. $i = \dfrac{\sqrt{2}U_\text{m}}{R}\sin(\omega t + \varphi)$

C. $I = \dfrac{U}{R}$　　　　D. $i = \dfrac{U_\text{m}}{R}$

7. 不适合三相三线制输电的是（　　）。

A. 三相交流电动机　　B. 三相对称电路　　C. 三相照明电路　　D. 高压输电线路

8. 如图 2-55 所示三相对称电路中，电压表读数为220V，当负载 R_3 发生短路时，电压表读数为（　　）。

A. 380V　　　　B. 220V

C. 190V　　　　D. 0

9. 在二极管特性的正向导通区，二极管相当于（　　）。

A. 大电阻　　　　B. 接通的开关

C. 断开的开关　　　　D. 不确定

10. 二极管正向导通的条件是其正向电压值（　　）。

A. 大于 0　　　B. 大于 0.3V　　　C. 大于 0.7V　　　D. 大于死区电压

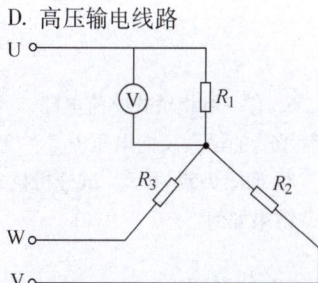

图 2-55　选择题 8 图

11. 在单相桥式整流电路中，如果一只整流二极管接反，则（　　）。

A. 引起电源短路　　　　　　B. 成为半波整流电路

C. 仍为桥式整流电路，但输出电压减小　　D. 电路断路

12. 在单相桥式整流电路中，若负载电流为10A，则流过每只整流二极管的电流为（　　）。

A. 10A　　　　B. 5A　　　　C. 4.5A　　　　D. 14A

13. 稳压二极管的稳压性能是利用二极管的（　　）特性实现的。

A. 单向导电　　　　　B. 反向击穿　　　　　C. 正向导通　　　　　D. 反向截止

三、判断题

1. 耐压 500V 的电容器接在 500V 的交流电源上可以正常工作。（　　）

2. 交流电气设备铭牌上所标示的电压值、电流值是最大值。（　　）

3. 正弦交流电流 $i = \sin(\omega t + 45°)$ A，用交流电流表测得它的电流值是 707mA。（　　）

4. 正弦交流电路中的电容元件，当频率增加时，容抗减小。（　　）

5. 普通二极管可以替换任何特殊二极管。（　　）

6. 当二极管两端正向偏置电压大于死区电压时，二极管导通。（　　）

7. 流过桥式整流电路中的每只整流二极管的电流和负载电流相等。（　　）

8. 在电容滤波电路中，电容应串联在负载电路中。（　　）

四、计算题

1. 有一个阻值为 1210Ω 的白炽灯，接到电压为 $u = 220\sqrt{2}\sin\left(\omega t + \dfrac{\pi}{6}\right)$ V 的电源上。1）通过白炽灯的电流为多少？写出电流的解析式；2）白炽灯消耗的功率是多少？

2. 一感抗为 100Ω 的纯电感线圈，接在电压 $u = 311\sin(314t + 135°)$ V 的电源上。1）通过线圈的电流为多少？写出电流的解析式；2）电路的无功功率是多少？

3. 某大楼照明采用三相四线制供电，线电压为 380V，每层楼均有"220V 100W"的白炽灯 110 只，分别接在 U、V、W 相上，求：1）3 个楼层的电灯全部打开时的相电流和线电流；2）一层楼电灯全部熄灭，另外两层楼电灯全部打开时的相电流和线电流。

4. 有一三相对称负载，每相电阻为 100Ω。如果负载连接成星形，接到线电压为 380V 的三相电源上，求负载的相电流、线电流及有功功率。

5. 在图 2-56 所示各电路中，已知直流电压 $U_1 = 3V$，电阻 $R = 1kΩ$，二极管的正向压降为 0.7V，求 U_0。

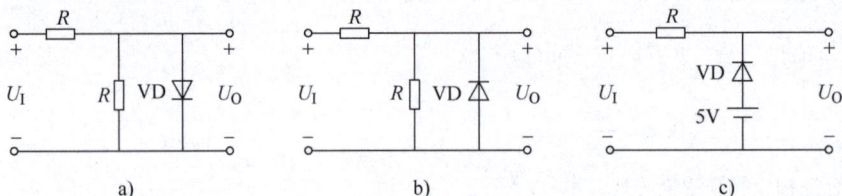

a)　　　　　　　　　　b)　　　　　　　　　　c)

图 2-56　计算题 5 图

6. 有一单相桥式整流电路，要求输出电压为 20V，负载电流为 600mA，试确定变压器二次电压 U_2、二极管承受的最大反向电压 U_{RM}、流过二极管的平均电流 I_V 的值。

7. 如图 2-57 所示，试分析桥式整流电路中的二极管 VD_4 断开时负载电压的波形。如果 VD_2 或 VD_4 接反，结果如何？

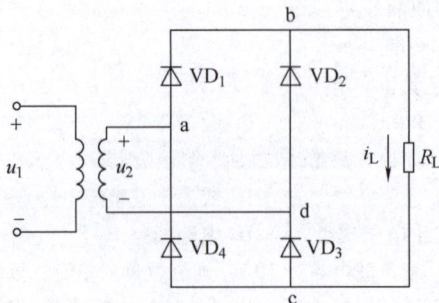

图 2-57　计算题 7 图

项目三   汽车常用电磁器件的原理分析与检测

📒 项目描述

磁性材料广泛应用在日常生活的各个方面，如汽车上的发电机、电动机、传感器、点火线圈等都使用了磁性材料和磁性器件。通过本项目对汽车电喇叭继电器和点火线圈的学习，应掌握磁学、电磁铁、继电器、电喇叭控制原理等相关知识，掌握其在汽车上的典型应用，能借助仪器仪表对汽车电路进行故障检测。

任务一   汽车电喇叭继电器的故障检测

📋 任务目标

知识目标

1. 理解电和磁的关系、磁场的基本物理量。
2. 学习电磁铁、继电器的结构和工作原理。
3. 掌握汽车上电磁铁、继电器的典型应用。

技能目标

1. 能分析汽车上常见电磁部件的工作原理。
2. 能进行汽车上各种电磁铁、继电器的故障检测。

素质目标

1. 养成用电安全、规范操作、严谨的工作态度。
2. 树立责任意识、共同协作的团队合作意识。

✈ 任务导入

现代科学研究和实际应用已经充分证实：任何物质都具有磁性，只是有的物质磁性强，有的物质磁性弱；任何空间都存在磁场，只是有的空间磁场强度高，有的空间磁场强度低。汽车作为现代的一种重要的交通工具，同样离不开磁性材料的使用，所以学好磁学对于维修汽车至关重要。

📒 相关知识

一、磁场的产生

1. 磁体

物体能够吸引铁、钴、镍等物质的性质称为磁性。具有磁性的物体称为磁体。大量实验证明，磁体具有以下主要性质：

1）**磁体两端磁性最强，称为磁极**。磁极具有南北指向性，通常把指向南端的磁极称为南极，用S表示；指向北端的磁极称为北极，用N表示。N极和S极总是成对出现并且强度相等，不存在独立的N极和S极。

2）**同名磁极互相排斥，异名磁极互相吸引，磁极之间存在相互作用力。**

3）**原来没有磁性的铁磁物质，放在磁铁旁边会获得磁性，称为磁化。** 被磁化的铁磁物质远离磁铁后仍保留一定的磁性，称为剩磁。

2. 磁场

磁体周围存在磁力作用的空间，当另一磁体或通电导体置入该空间，就要受到磁力的作用，人们通常把这个磁力空间称为磁场。 磁场是磁体周围空间的一种特殊物质。实验证明，磁场具有强弱和方向，而且在磁场的不同位置上其强弱和方向一般情况下也是不同的，通常用磁力线直观形象地表示出磁场在空间各点的强弱和方向。所谓磁力线，就是一条条从磁体北极沿磁体周围空间到南极，然后再通过磁体内部回到北极的闭合曲线。曲线上每一点的切线方向表示该点的磁场方向，曲线在某处的疏密程度表示该处的磁场强弱。条形磁铁磁力线如图3-1所示。

电流的磁场

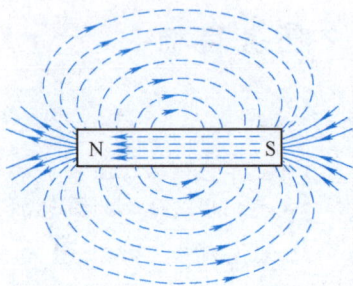

图3-1 条形磁铁磁力线

3. 描述磁场的基本物理量

（1）**磁通 Φ** 磁通是定量地描述磁场在一定面积上分布情况的物理量。**通过与磁场方向垂直的某一面积上的磁力线的总数，称为通过该面积的磁通量，简称磁通，用字母 Φ 表示。磁通单位为（Wb）。磁通是标量，只有大小，没有方向。**

（2）**磁感应强度 B** 磁感应强度是表征磁场中某点的磁场强弱和方向的物理量，是一个矢量。**与磁场方向垂直的单位面积上的磁通，称为磁感应强度，也称为磁通密度，用字母 B 表示。磁感应强度的国际单位为特斯拉（T）。**

在匀强磁场中，磁感应强度与磁通的关系可以用公式表示为

$$B = \frac{\Phi}{S}$$

（3）**磁导率 μ** 磁导率是表征媒介质磁化性质的物理量，也是用来衡量物质导磁能力的物理量，用符号 μ 表示，单位为亨/米（H/m）。**不同的媒介质，磁导率是不同的。** 在实际应用中，人们并没有直接给出各种媒介质的磁导率，而是给出了其与真空磁导率的比值，称为相对磁导率，$\mu_r = \mu/\mu_0$。μ_0 是真空中的磁导率，$\mu_0 = 4\pi \times 10^{-7} \mathrm{H/m}$。

人们根据物质的磁导率大小，通常把物质分为3类：顺磁物质（相对磁导率略大于1）、反磁物质（相对磁导率略小于1）、铁磁物质（相对磁导率远远大于1）。由于铁磁物质磁导率很大，在产生相同磁场时，可以大大减小线圈的体积与质量以及流过线圈的电流，所以铁磁物质在电工技术中（包括汽车电气设备上）得到了十分广泛的应用。

（4）**磁场强度 H** 磁场强度定义为该点磁感应强度 B 与物质磁导率之比，即

$$H = \frac{B}{\mu}$$

磁场强度的单位为安培/米（A/m）。磁场强度 H 是矢量，磁场中某点磁场强度的方向与该点磁感应强度的方向一致。

二、电和磁的关系

变化的电流可以产生磁场，变化的磁场也可以产生电流，两者始终交织在一起，简单地说，就是电生磁、磁生电。

1. 电流的磁效应

电与磁有密切联系。1820 年，奥斯特从实验中发现：放在导线旁边的小磁针在导线通过电流时会受到力的作用而偏转，这说明通电导体周围存在磁场，即电流具有磁效应。电磁效应说明：磁场是由电荷运动产生的。安培提出了著名的分子电流假说，揭示了磁现象的电本质，即磁铁的磁场和电流的磁场一样，都是由电荷运动产生的。

通电导体周围的磁场方向（即磁力线方向）与电流的关系可以用安培定则来判断，安培定则也称为右手螺旋定则。

（1）直线电流的磁场　直线电流的磁场的磁力线是以导线上各点为圆心的同心圆，这些同心圆都在与导线垂直的平面上，如图 3-2a 所示。磁力线方向与电流的关系用安培定则判断：用右手握住通电直导体，让伸直的大拇指指向电流方向，弯曲的 4 指所指的方向就是磁力线的环绕方向，如图 3-2b 所示。

（2）通电螺线管的磁场　通电螺线管表现出来的磁性类似条形磁铁，一端相当于 N 极，另一端相当于 S 极。通电螺线管磁场方向的判断方法是：用右手握住通电螺线管，让弯曲的 4 指指向电流方向，大拇指所指的方向就是螺线管内部磁力线的方向，即大拇指指向通电螺线管的 N 极，如图 3-2c、d 所示。

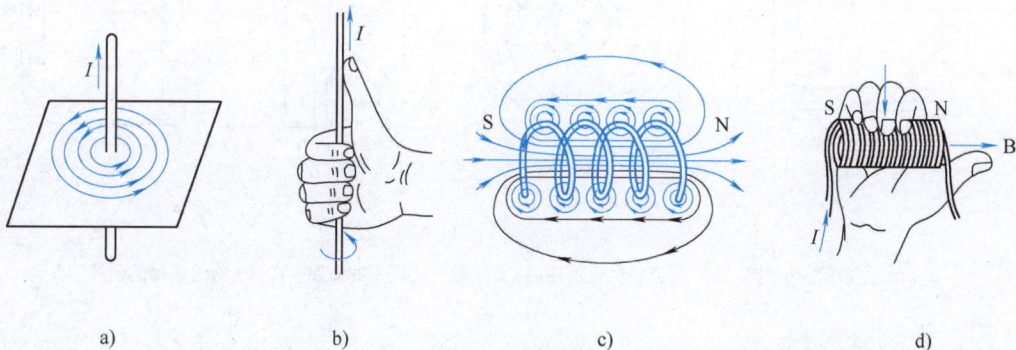

a)　　　　　　　　b)　　　　　　　　c)　　　　　　　　d)

图 3-2　电流的磁场

a）直线电流的磁场　b）、d）右手螺旋定则　c）通电线圈的磁场

2. 法拉第电磁感应定律

1831 年，英国科学家法拉第在大量实验的基础上，证明了只要穿过闭合回路的磁通发生变化，闭合回路就有电流产生。这种利用磁场产生电流的现象称为电磁感应现象，用电磁感应的方法产生的电流称为感应电流。在电磁感应现象中产生的电动势称为感应电动势。

实验证明：感应电动势的大小与磁通变化的快慢有关。磁通变化的快慢称为磁通的变化率，即单位时间内磁通的变化量。法拉第电磁感应定律的内容是：电路中感应电动势的大小，与穿过这一电路的磁通的变化率成正比，用公式表示为

$$e = \frac{\Delta \Phi}{\Delta t}$$

如果线圈的匝数有 N 匝，那么，线圈的感应电动势为

$$e = N \frac{\Delta \Phi}{\Delta t}$$

式中，e 为线圈在 Δt 时间内产生的感应电动势（V）；$\Delta \Phi$ 为线圈在 Δt 时间内磁通的变化量（Wb）；Δt 为磁通变化所需的时间（s）；N 为线圈的匝数。

三、磁路

跟导体相对于电流相似，一些铁磁性物质对于磁场具有良好的传导性，磁场在这些物质内遇到较少的阻碍，能够形成像电路一样的磁路。

在电器、电动机、变压器及各种铁磁组件中常用磁性材料制成一定形状的铁心。这是由于铁心的磁导率比周围空气或其他物质的磁导率高得多，磁通的绝大部分经过铁心形成闭合通路。所谓磁路是指磁通经过的闭合路径。

几种常见电器的磁路如图 3-3 所示。绝大部分磁通通过闭合的磁路（包括空气隙），这些磁通称为主磁通；少数穿出铁心经过磁路周围弱磁性物质而闭合的磁通称为漏磁通。由于漏磁通只占总磁通很小的一部分，所以在磁路分析和计算中，一般忽略不计。

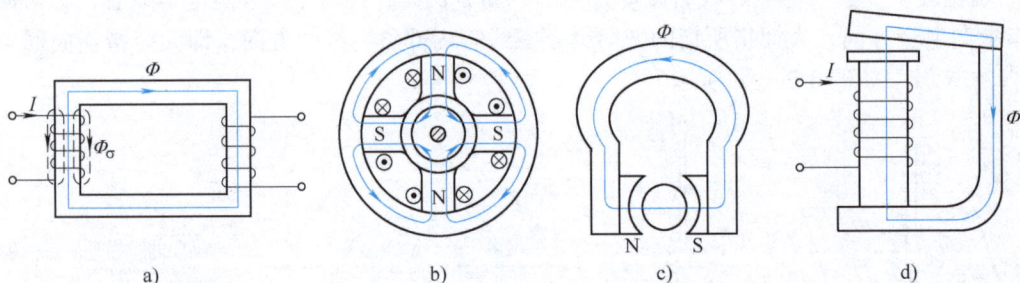

图 3-3 几种常见电器的磁路
a）单相变压器的磁路 b）直流电动机的磁路 c）磁电式仪表的磁路 d）电磁继电器的磁路

四、铁磁性材料

1. 铁磁性材料的磁性能

铁磁性材料具有高导磁性、磁饱和性和磁滞性。

1）高导磁性。铁磁性材料的磁导率很高，表现为具有很强的磁化特性，即在外磁场的作用下能产生远远大于外磁场的附加磁场。

由于铁磁性材料具有高导磁性，许多电气设备的线圈都绕制在铁磁性材料上，以便用小的励磁电流产生较大的磁场、磁通。例如变压器、电动机与发电机的铁心都是由高导磁性材料制成的，以减小设备的体积与质量。

2）磁饱和性。当外磁场增加到一定的数值时，即使外磁场继续增加，附加磁场也不会增加，这时磁感应强度 B 达到最大值，铁磁性材料的这一特性称为磁饱和性。

3）磁滞性。在铁心线圈中通入交流电，铁心被交变的磁场反复磁化，在电流变化一次时，磁感应强度 B 随磁场强度 H 发生变化，这种磁感应强度滞后于磁场变化的性质称为磁性物质的磁滞性。

铁磁性材料在反复磁化过程中产生的损耗称为磁滞损耗。它是导致铁磁性材料发热的原因之一，对电机、变压器等电气设备的运行不利。因此，常采用磁滞损耗小的铁磁性材料作为它们的铁心。

2. 铁磁性材料的分类

根据不同铁磁性材料的特点，可把铁磁性材料分为三大类：

1）软磁材料。软磁材料的特点是磁导率 μ 很大，容易磁化，也容易去磁。所以，在交变磁场中工作的各种设备都用软磁材料（如硅钢片、坡莫合金）来制造电机、变压器、电磁铁等电器的铁心，例如汽车上的发电机转子、起动机用的转子、高压线圈内的铁心以及各种继电器用的铁心等均为软磁材料。

2）硬磁材料。硬磁材料的特点是不易磁化，也不易去磁。所以，硬磁材料（如碳钢、钨钢、铝镍钴合金等）常用来制造永久磁铁，用于磁电系仪表和各种扬声器中，例如汽车上常用的电磁式仪表、电压表、机油压力表、燃油表等均采用永磁式转子。

3）矩磁材料。矩磁材料的特点是在很小的外磁场作用下，就能磁化并达到饱和；外磁场去掉后，磁性不变。矩磁材料（如锰-镁铁氧体、锂-锰铁氧体）主要用来制造计算机中存储元件的环形磁心。

五、汽车中的霍尔元件

1. 霍尔效应和霍尔元件

霍尔效应如图 3-4 所示，把一块厚为 d 的半导体膜片放在磁场中，在半导体的膜片两端通以控制电流，并在膜片的垂直方向施加磁感应强度为 B 的磁场，则在垂直于电流和磁场的方向上将产生一定的电动势差 U_H，这一现象就称为霍尔效应。霍尔电压 U_H 与控制电流 I 及磁感应强度 B 成正比。如果撤去磁场，或者撤去电流，霍尔电压就随之消失。霍尔电压的大小为

$$U_H = R_H IB/d$$

式中，R_H 为霍尔系数，其值与材料电荷密度成反比。

霍尔电压的极性可以用带电粒子在磁场中运动时受到电磁力的作用来判断，即将左手伸开，让磁感应线穿过掌心，4 指指向控制电流的方向，大拇指所指的方向就是霍尔电压 U_H 的正极。

2. 霍尔元件在汽车上的应用

霍尔效应在汽车上被广泛使用。霍尔效应传感器如图 3-5 所示。在转子表面靠近边缘的地方固定一小块磁铁，霍尔元件设置在转子边上靠近转子的地方，正面对着磁铁。当磁铁转到霍尔元件正面时，霍尔元

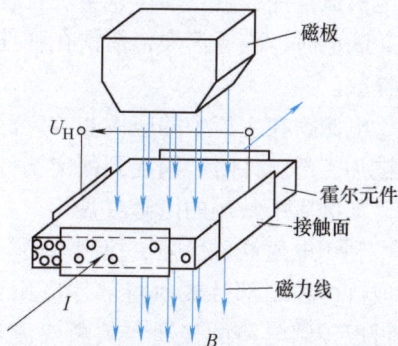

图 3-4　霍尔效应

件输出电压；磁铁转过后，输出电压为零。因此，转子每旋转一周，霍尔元件就输出一个脉冲，这些脉冲接入频率计或计数器即可测出转子的转速。因为转子与曲轴连接在一起，因此这里测出的转速就是汽车发动机的转速。

在汽车位置传感器和速度传感器中，常用霍尔元件作为检测元件，如霍尔式曲轴位置传感器、霍尔式轮速传感器。图3-6所示为安装在分电器内的霍尔式曲轴位置传感器。霍尔元件固定在陶瓷支座上，它有4个电接头，电源由A、B端输入，霍尔电压由C、D端输出，霍尔元件的对面装有一个永久磁体，它和霍尔元件之间留有一定的空气隙。

每当信号轮转动触发叶片进入磁铁与霍尔元件之间的空隙时，磁通被触发叶片旁路（或称隔磁），不产生霍尔电压；当触发叶片离开空隙时，磁铁的磁通穿过霍尔元件产生霍尔电压，从而使霍尔元件产生脉冲电压信号，经放大整形后即为所需的曲轴位置信号。

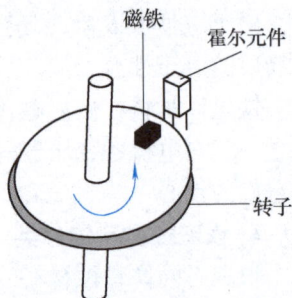

图3-5　霍尔效应传感器

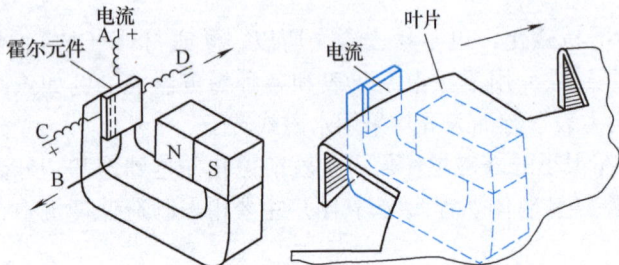

图3-6　霍尔式曲轴位置传感器

霍尔式曲轴位置传感器

六、电磁铁及其在汽车上的应用

1. 电磁铁

电磁铁是利用通电线圈所产生的强磁场来吸引铁磁物质（衔铁）动作的电器。它广泛地应用在继电器、接触器及自动装置中。

电磁铁由励磁线圈、铁心和衔铁组成，其结构如图3-7所示。工作时，电流通入励磁线圈产生磁场，使铁心和衔铁都被磁化，磁铁受到电磁力的作用而吸合，电磁铁的衔铁可带动其他机械零件或触点动作，实现各种控制和保护。断电时，磁场消失，衔铁在弹性力的作用下释放。

电磁铁在生产中的应用非常广泛。当衔铁为被加工的工件时，则起到固定工件位置的作用，如磨床中常用的电磁吸盘。

利用电磁铁磁性强、控制方便等特点，可制成许多控制部件或执行部件应用到汽车上，它可以控制电路的接通与关断或流量的有无，相当于一个开关元件。

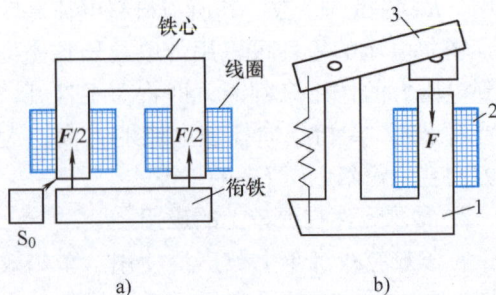

图3-7　电磁铁的结构

a）衔铁移动式　b）衔铁转动式

2. 电喇叭

为了警告行人和其他车辆，保证行车安全，汽车上都安装有电喇叭。目前，国产汽车使用的多为盆形和螺旋形电喇叭，两种电喇叭的结构和工作原理基本相同。盆形电喇叭的结构如图3-8所示。电喇叭靠电磁原理使膜片振动发出警告信号。盆形电喇叭由铁心线圈、衔铁、膜片、动断触点组成。膜片和衔铁固定在一起，动断触点与铁心线圈串联，其中一个触点依附于衔铁，其状态由衔铁决定。当衔铁下移时，触点打开，复位时，触点即恢复闭合状态。

当电流流过电磁线圈时，线圈便建立起吸引可动衔铁的磁场，吸引衔铁和膜片下移，导致触点打开，从而断开电路，磁力消失，衔铁和膜片在触点臂的弹力作用下复位，触点再次闭合。触点闭合后，线圈又通电产生磁力吸引衔铁和膜片下移。如此反复，使膜片振动，引起喇叭里面的空气柱振动，从而发出声音。

喇叭发出的音调与膜片每秒的振动次数有关，振动越快，音调越高。调整施加给衔铁的弹簧拉力，吸动衔铁的阻力越小，膜片的振动频率越高，发出的音调越高。

汽车盆型电喇叭工作原理

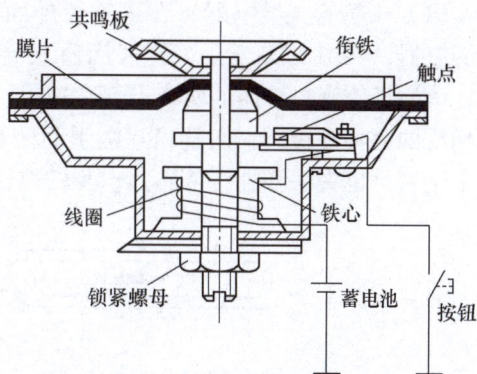

3. 汽车电控燃油喷射系统中的喷油器

汽车电控燃油喷射系统中的喷油器如图3-9所示。其中，电磁铁中的衔铁与针阀是一体的。喷油器采用电磁铁的电磁吸力来打开或关闭燃油计柱塞，从而控制喷油器的喷油量。当发动机ECU发出喷油信号，电磁线圈通电后产生电磁吸力，吸引衔铁沿着轴向向右移动，并带动针阀克服弹簧弹力离开阀座，燃油即开始喷射。当发动机ECU发出停止喷油指令时，喷油器电磁线圈的搭铁回路被切断，电磁吸力消失，在弹簧弹力作用下针阀关闭，喷油停止。

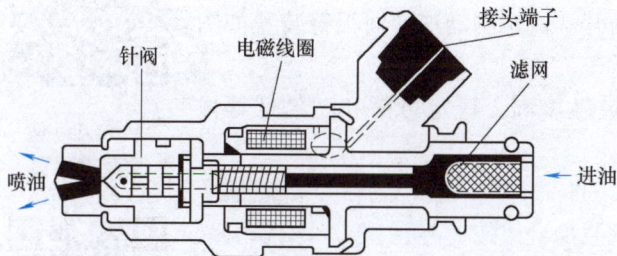

图 3-8 盆形电喇叭的结构

图 3-9 汽车电控燃油喷射系统中的喷油器

轴针式喷油器

七、继电器

继电器是用来实现电路中连接点闭合或断开的一种控制器件，通常应用于自动控制电路中。继电器是一种用小电流（或低电压）控制大电流（或高电压）的自动开关电器，在电路中起着转换电路、自动调节、安全保护等作用。

继电器的输入信号可以是电压、电流等电量，也可以是热、速度、油压等非电量，而输出则都是触点动作，使输出量发生预定的变化。继电器的电磁系统和触点都较小，因此它的动作迅速，反应灵敏。在工业控制中使用的中间继电器、热继电器体积都较大，线圈通过的电流或承受的电压较大，触点允许通过的电流较大。在汽车电气系统中使用的继电器体积较小，触点控制的电流也较小，属于小型继电器。

1. 两种典型继电器

继电器的种类很多，常用的有电磁式和干簧管式两种。电磁式继电器成本较低，便于控制电路采用。干簧管式继电器反应灵敏，多作为信号采集使用。汽车控制电路大多采用电磁式继电器作为控制执行部件，采用干簧管式继电器作为传感器。

（1）干簧管式继电器　在干簧管外面套上磁化线圈就构成了干簧管式继电器，如图 3-10 所示。当线圈通入电流时，在线圈的轴向产生了磁场，该磁场使密封管内的两个干簧片磁化，于是在两个干簧片触点产生极性相反的两种磁极，它们就相互吸引而闭合。当线圈断电时，磁场消失，两个干簧片也失去磁性，依靠其自身的弹性恢复原位，使触点断开。

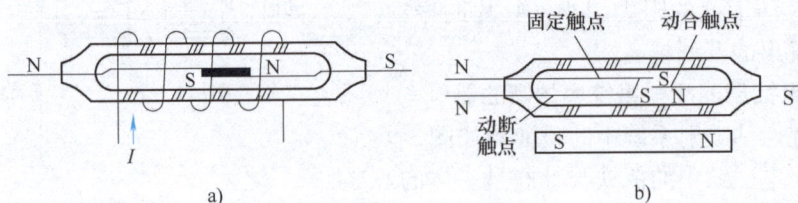

干簧继电器的结构及工作原理

图 3-10　干簧管式继电器
a）接通电流时　b）切断电流时

除了可以用通电线圈来使干簧片磁化外，还可直接用一块永久磁铁靠近干簧片来进行磁化。当永久磁铁靠近干簧片时，触点同样被磁化而闭合；当永久磁铁离开干簧片时，触点断开。汽车制动液液面报警装置如图 3-11 所示，它就是根据这一原理制成的。

干簧管式继电器具有动作迅速、灵敏度高、稳定可靠和功耗低等优点，常用来制作传感器。

汽车制动液面报警装置

（2）电磁继电器　电磁继电器是一种具有跳跃输出特性、传递信号的电磁器件。它由电磁机构与触点系统两部分组成，包括铁心、衔铁、线圈、触点、簧片等。电磁继电器的结构和符号如图 3-12 所示。

只要在继电器线圈两端加上一定的电压，线圈中就会流过一定的电流，从而产生电磁效应，衔铁就会在电磁力的作用下克服弹簧的拉力吸向铁心，从而带动衔铁的动触点与静触点吸合。当线圈断电后，电磁吸力随之消失，衔铁就会在弹簧反作用力的作用下返回原来的位置，使动触点与原来的静触点（动断触点）吸合。这样反复吸合与释放，达到了接通与切断电路的目的。

电磁继电器的结构及工作原理

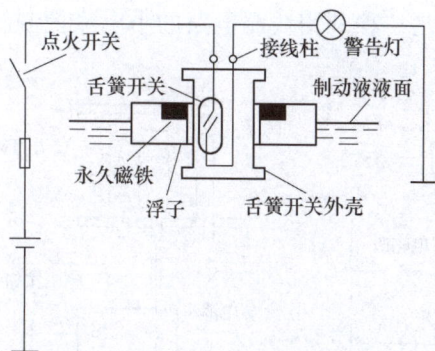

图 3-11 汽车制动液液面报警装置

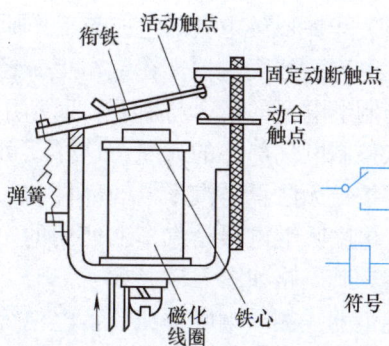

图 3-12 电磁继电器的结构和符号

电磁继电器实际上是用较小的电流控制较大电流的一种"自动开关",在电路中起着自动调节、安全保护、电路转换等作用。

继电器的常用符号见表 3-1。在电路中,表示继电器时只需要画出它的线圈和与控制电路有关的触点组就可以了。继电器线圈在电路中用一个长方框符号表示,同时在长方框内或旁边标上继电器的文字符号 "K"。继电器的触点有两种表示方法:一种是把它们直接画在长方框一侧,这种表示法较为直观;另一种是按照电路连接的需要,把各个触点分别画到各自的控制电路中。通常在同一继电器的触点与线圈旁分别标注上相同的文字符号,并将触点组编上号码,以示区别。

在电路中,一般只画出继电器线圈不通电时触点组的原始状态。汽车用继电器符号如图 3-13 所示。

表 3-1 继电器的常用符号

继电器线圈符号	继电器触点符号	
	K1	动合触点
K1	K2	动断触点
	K3	切换触点

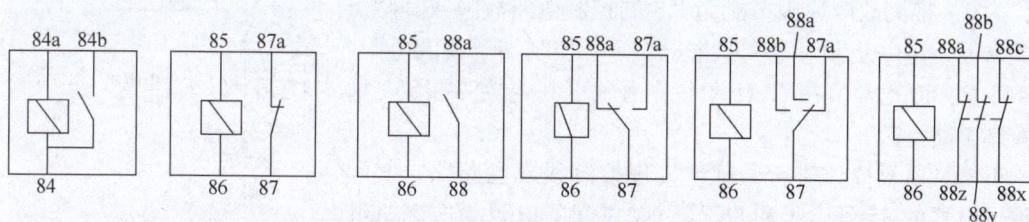

图 3-13 汽车用继电器符号

2. 汽车电喇叭继电器

（1）电喇叭继电器的组成与工作原理　继电器是一种利用线圈电路的小电流控制触点电路大电流的开关电器。在汽车上，经常利用开关控制继电器的吸合与断开，而利用继电器的触点控制电气部件的通断，这样就可以避免开关或按键无法承受汽车电气部件的大电流而烧毁。电喇叭继电器是汽车上使用的一种典型继电器，其电路如图 3-14 所示。

继电器线圈、喇叭按钮、蓄电池等构成了电喇叭控制电路。电喇叭继电器线圈电路由蓄电池供电，由喇叭按钮控制电路的状态；电喇叭电路也是由蓄电池供电，由继电器触点控制其状态。

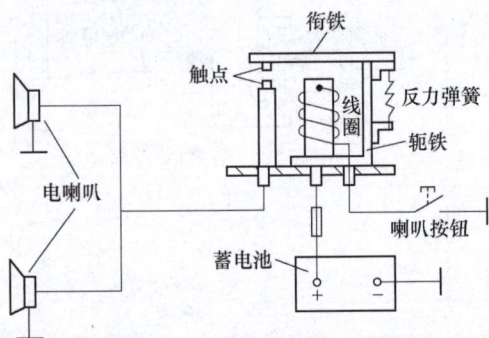

图 3-14　电喇叭继电器电路

按下喇叭按钮接通电路，继电器线圈得电建立磁场，衔铁下移使触点闭合，电喇叭电路接通。松开喇叭按钮后，线圈失电，在反力弹簧作用下衔铁复位，触点打开，从而切断电喇叭电路。由于继电器线圈阻值很大，因此电路中流经喇叭按钮的电流较小。线圈控制电路只需要 0.25A 的小电流通过，在电喇叭的驱动电路中就可以通过 20～30A 的大电流。

需要注意的是，当汽车电喇叭继电器损坏后，不能将喇叭按钮直接接在电喇叭电路中，这会烧毁喇叭按钮。

（2）电喇叭继电器的故障检测　汽车继电器的常见故障现象有线圈烧断、匝间短路（绝缘老化）、触点烧蚀、热衰变以及无法调整初始动作电流等。

案例　电喇叭继电器控制线圈断路故障。

故障现象：一辆 2008 款一汽大众捷达 FV7160CIF 轿车电喇叭不响。

故障检修：首先检查电喇叭是否损坏。按压转向盘上的喇叭按钮，未听到明显的电喇叭继电器的吸合声，同时用万用表检测电喇叭插头处电压，为 0，说明故障在电喇叭的控制电路部分。该车电喇叭继电器连接电路如图 3-15 所示。其中，电喇叭继电器 30、85、86、87 为其零件引脚编号，括号内 2、4、6、8 是在电路图中的端子编号。检查电喇叭继电器 J53（标号为 53）的 30 号引脚电压，为 12V，说明来自熔丝 F13 的供电电路正常；在按压喇叭按钮时，测量 87 号引脚电压，为 0，推测故障原因可能为 J53 的控制电路故障或其触点开关常开。进一步测量电喇叭继电器 J53 控制端子线圈电阻，为 465 Ω，而正常值在 77 Ω 左右，由此可判定故障在 J53 内部控制电路。

拆解继电器壳体进行验证，发现控制线圈已断路，实际测得继电器的 85 号引脚和 86 号引脚之间的电阻为电喇叭继电器保护电阻的电阻值。保护电阻和线圈并联，可使线圈在突然断电时能够对自感电动势起到释放的作用。控制线圈断

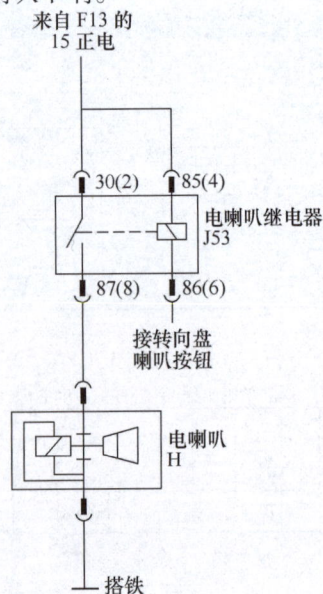

图 3-15　电喇叭继电器连接电路

路后，电阻升高至保护电阻的电阻值，控制端工作电流小于继电器吸合最小额定电流，使继电器执行端不能有效吸合，导致电喇叭继电器不工作，从而产生电喇叭不响的故障。

故障排除：更换零件号为141　951　253B 电喇叭继电器，故障排除。

3. 汽车热丝式闪光继电器

汽车热丝式闪光继电器也称为电热式闪光器，其结构如图 3-16 所示，线圈一端与固定触点相连，另一端与接线柱相连，镍铬丝一端与活动触点相连，另一端与调节片相连，且具有较大的热胀系数。不工作时，活动触点在镍铬丝的拉紧下与固定触点分开。

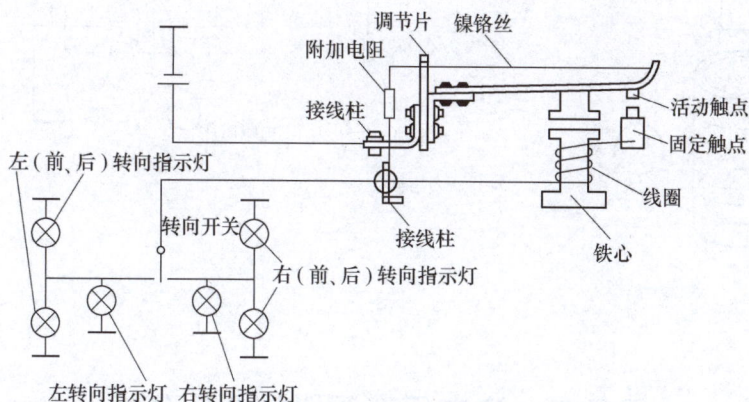

图 3-16　热丝式闪光继电器

当汽车向右转弯时，接通转向开关，电流经蓄电池正极、接线柱、活动触点臂、衔铁、镍铬丝、附加电阻、接线柱、转向开关、转向指示灯、搭铁、蓄电池负极，形成回路。此时由于附加电阻和镍铬丝串入电路中，电流较小，所以转向指示灯不亮。经一段时间后，镍铬丝受热膨胀伸长，使触点闭合，电流经蓄电池正极、接线柱、活动触点臂、触点、线圈、接线柱、转向开关、转向指示灯、搭铁、蓄电池负极，形成回路。此时由于附加电阻和镍铬丝被短路，电流较大，所以转向指示灯发出较亮的光。此时镍铬丝因短路冷却而收缩，触点打开，附加电阻重新串入电路，灯光又变暗。如此反复变化，使通过转向指示灯的电流忽大忽小，从而使转向指示灯一明一暗闪烁指示车辆行驶的方向。

任务实施

1. 实训设备与器材

检流计、可调稳压电源、线圈、导线等。

2. 项目内容和步骤

（1）电路连接　电路如图 3-17 所示。注意连接前先断开电源开关。

1）通电线圈两端所加电压为_____ V，检流计量程为_____ μA。

2）连接好电路，检查无误后接通电源开关，记录当通电线圈从上往下运动时检流计是否偏转，如果偏转，其方向是_____；通电线圈从下往上运动时检流计是否偏转，如果偏转，其方向是_____。

3）分析产生上述结果的原因。

（2）继电器线圈电阻的测量　打开继电器盖，用万用表电阻档测量继电器线圈电阻，万用表指示应基本符合继电器标称的直流电阻值。电喇叭电路如图3-18所示，将继电器的A、C两点接好后，按下喇叭按钮，注意观察触点动作，用万用表电压档测量继电器触点B与搭铁间的电压。

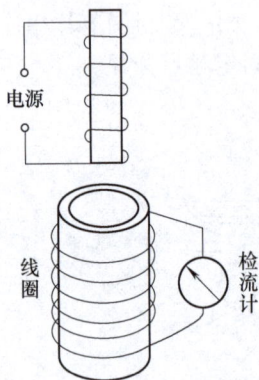

图 3-17　实验电路

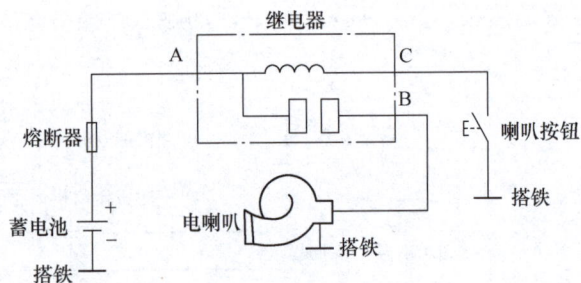

图 3-18　电喇叭电路

任务二　汽车用变压器的原理分析

任务目标

知识目标
1. 掌握变压器的工作原理和电压、电流、阻抗变换的特性。
2. 理解变压器在汽车上的应用。

技能目标
1. 能掌握变压器的使用和外特性测试方法。
2. 能进行点火线圈的故障检测。

素质目标
养成安全意识、责任意识；能规范操作，具备精益求精、一丝不苟的工匠精神。

任务导入

变压器种类很多，应用十分广泛。电力系统中用电力变压器把发电机发出的电压升高后进行远距离输电，到达目的地后再用变压器把电压降低以便用户使用，以此减少传输过程中电能的损耗；电子设备和仪器中常用小功率电源变压器改变市电电压，再通过整流和滤波，得到电路所需要的电压；放大电路中用耦合变压器传递信号或进行阻抗的匹配；汽车上点火系统中也应用到变压器。

相关知识

一、变压器的基本结构和工作原理

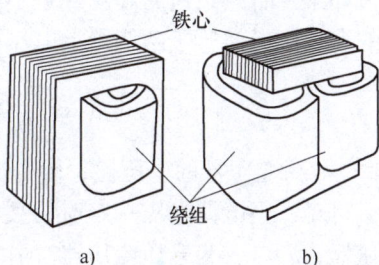

变压器是根据电磁感应原理制成的一种静止电气设备，它能将某一电压值的交流电变换成同频率的所需电压值的交流电。变压器是变换电压、电流和阻抗的器件。各种变压器虽然大小悬殊，用途各异，但其基本结构和工作原理是相同的，都是通过电磁感应来传递能量或信号。

1. 变压器的基本结构

一般变压器主要由铁心和绕在铁心上的绕组组成。铁心是变压器的磁路部分，为了提高导磁性能，减少铁心内的磁滞和涡流损耗，铁心通常采用磁滞损耗很小的厚度为 0.35～0.5mm 且表面涂有绝缘漆的硅钢片交错叠装而成。

变压器的基本结构

绕组是变压器的电路部分，通常用绝缘铜线或铝线绕制而成。与电源相接的绕组称为一次绕组；与负载相接的绕组称为二次绕组。根据两侧绕组匝数的不同，也可将匝数多的称为高压绕组，匝数少的称为低压绕组。为了降低绕组和铁心间的绝缘要求，一般高压绕组同心地套在低压绕组的外面。

按绕组与铁心的安装位置不同，变压器可分为心式和壳式两种。变压器的结构形式如图 3-19 所示。心式变压器绕组包围着铁心，这种变压器结构较简单，多用于容量较大的电力变压器；壳式变压器的铁心包围着绕组，这种变压器机械强度好，铁心容易散热，但外侧绕组的用铜量较多，多用于小型变压器。

图 3-19 变压器的结构形式

a）壳式 b）心式

2. 变压器的工作原理

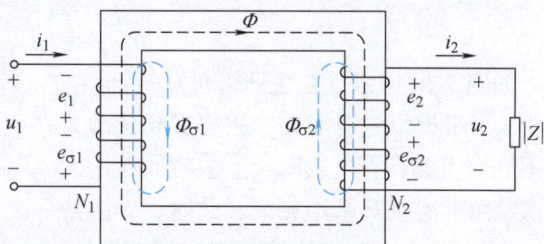

当交流电通过变压器一次绕组时，由于铁心是导磁的，就在铁心内产生交变的磁力线。这些变化的磁力线通过两边绕组，由于自感及互感现象，在两个绕组中都会产生感应电动势，而且它的频率等于一次绕组中的电流频率。

变压器的工作原理

当一次绕组接上交流电压 u_1 时，一次绕组中有电流 i_1 通过。一次绕组的磁动势 $i_1 N_1$ 产生的磁通绝大部分通过铁心而闭合，从而在二次绕组中感应出电动势。如果二次绕组接有负载，那么二次绕组中就有电流 i_2 通过。二次绕组的磁动势 $i_2 N_2$ 也产生磁通，其大部分通过铁心而闭合。因此，铁心中的磁通是一个由一次、二次绕组的磁动势共同产生的合成磁通，称为主磁通，用 Φ 表示。主磁通穿过一次绕组和二次绕组而在其中分别感应出电动势 e_1、e_2。变压器

图 3-20 变压器工作原理

工作原理如图 3-20 所示。

二、变压器的特性

在图 3-20 中，电源和负载存在的两个电路并没有直接连接在一起，能量完全是通过磁场传递的，称为磁耦合。变压器就是通过电磁之间的相互转换达到能量传输的目的的。变压器在能量传输的同时还可以对电压、电流、阻抗进行转换。

1. 电压变换

二次侧断路时，通过一次侧的空载电流 i_{10} 就是励磁电流。磁动势 $i_{10}N_1$ 在铁心中产生的主磁通 Φ 既穿过一次绕组，也穿过二次绕组，于是在两绕组中分别感应出电动势 e_1、e_2。e_1 和 e_2 与 Φ 的参考方向之间符合右手螺旋定则，由法拉第电磁感应定律可得

$$e_1 = -N_1 \frac{\mathrm{d}\Phi}{\mathrm{d}t}, \ e_2 = -N_2 \frac{\mathrm{d}\Phi}{\mathrm{d}t}$$

e_1 和 e_2 的有效值分别为 $E_1 = 4.44fN_1\Phi_m$，$E_2 = 4.44fN_2\Phi_m$。
式中，f 为交流电源的频率（Hz）；Φ_m 为主磁通的最大值（Wb）。

如果忽略漏磁通的影响并且不考虑绕组上电阻的压降时，可认为一次、二次绕组上电动势的有效值近似等于两绕组上电压的有效值，即 $U_1 \approx E_1$，$U_2 \approx E_2$，因此有

$$\frac{U_1}{U_2} \approx \frac{E_1}{E_2} = \frac{4.44fN_1\Phi_m}{4.44fN_2\Phi_m} = \frac{N_1}{N_2} = n$$

式中，n 为变压器的电压比，即一次、二次绕组的匝数比。

可见，当电源电压一定时只要改变匝数比，就可得出不同的输出电压。$n > 1$，为降压变压器；$n < 1$，为升压变压器。

电压比在变压器的铭牌上注明，它通常以"6000V/400V"的形式表示一次、二次绕组的额定电压之比，此例表明这台变压器的一次绕组的额定电压为 6000V，二次绕组的额定电压为 400V。

2. 电流变换

当变压器带负载工作时，绕组电阻、铁心及涡流会产生一定的能量损耗，但是比负载上消耗的功率小得多，一般情况下可以忽略不计，将变压器视作理想变压器，变压器的输入功率全部消耗在负载上，即

$$U_1 I_1 = U_2 I_2$$

$$\frac{I_1}{I_2} = \frac{U_2}{U_1} = \frac{N_2}{N_1} = \frac{1}{n}$$

如图 3-20 所示，变压器带负载运行以后，若变压器一次绕组中电流为 i_1，二次绕组中电流为 i_2，根据恒磁通概念，从空载到负载，在电源电压 u_1 不变的情况下，铁心中主磁通保持不变。因此，有负载时产生主磁通的一次、二次绕组的合成磁动势和空载时产生主磁通的一次绕组的磁动势基本相等。此时，变压器一次、二次绕组的电流之比近似有如下关系：

$$\frac{I_1}{I_2} \approx \frac{N_2}{N_1} = \frac{1}{n}$$

可见，变压器中的电流虽然由负载的大小确定，但是一次、二次绕组中电流的比值是基本不变的。

3. 阻抗变换

设在变压器二次侧接入的阻抗为 Z_L，在数值上有 $Z_L = \dfrac{U_2}{I_2}$；从一次侧输入端输入阻抗为 Z_1，一次绕组端电压为 U_1，电流为 I_1，则有

$$Z_1 = \frac{U_1}{I_1} = n^2 \frac{U_2}{I_2} = n^2 Z_L$$

上式表明，变压器二次侧的负载阻抗 Z_L 等效到一次侧的阻抗 Z_1 为 Z_L 的 n^2 倍，这就是变压器变换阻抗的作用。二次阻抗等效到一次阻抗，其性质是不变的。变压器的阻抗变换如图 3-21 所示。

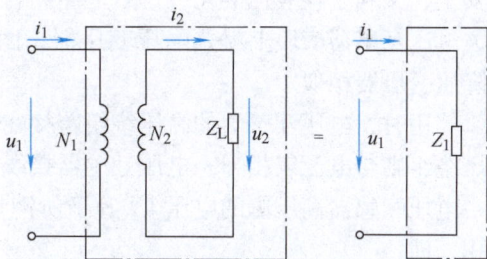

图 3-21 变压器的阻抗变换

例 3-1　有一交流信号源电压 $U_S = 1\text{V}$，内阻 $Z_0 = 600\Omega$，负载 $R_L = 150\Omega$，欲使负载获得最大功率，必须在电源和负载间接一个匹配的变压器，使变压器的输入阻抗等于电源内阻抗，如图 3-21 所示，求变压器的电压比及一次、二次电流。

解　已知 $Z_1 = Z_0 = 600\Omega$，$Z_2 = 150\Omega$，$U_S = 1\text{V}$。

因为

$$Z_1 = n^2 Z_2$$

所以

$$n = \sqrt{\frac{Z_1}{Z_2}} = \sqrt{\frac{600}{150}} = 2$$

即电源和负载之间要接一个电压比为 2∶1 的铁心变压器，一次、二次电流分别为

$$I_1 = \frac{U_S}{Z_0 + Z_1} = \frac{1}{600 + 600}\text{A} \approx 0.83\text{mA}$$

$$I_2 = nI_1 = 2 \times 0.83\text{mA} = 1.66\text{mA}$$

三、特殊变压器

1. 自耦变压器

自耦变压器的结构特点是二次绕组是一次绕组的一部分，它们之间不仅有磁的联系，也有电的联系。自耦变压器的工作原理如图 3-22 所示，设一次绕组匝数为 N_1，二次绕组匝数为 N_2，则一次、二次绕组电压之比和电流之比是

$$\frac{U_1}{U_2} = \frac{I_2}{I_1} = \frac{N_1}{N_2} = n$$

实验室常用的调压器就是一种可以改变二次绕组匝数的自耦变压器。

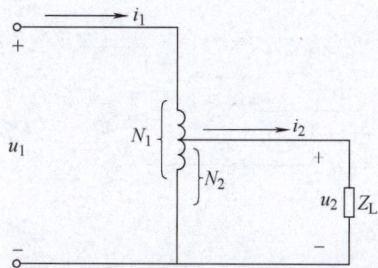

图 3-22 自耦变压器的工作原理

2. 仪用互感器

在电工测量中,被测量的电量经常是高电压或大电流。为了保证测量者的安全及按标准规格生产测量仪表,必须将待测电压或电流按一定比例降低,以便于测量。用于测量的变压器称为互感器,按用途可分为电压互感器和电流互感器。

(1)电压互感器 电压互感器的作用是将电力设备上的高电压变换成低电压(一般电压互感器的二次电压都设计为100V),再供给测量仪表。这样既保证了电气设备和工作人员的安全,又利于仪表标准化。

电压互感器实质上就是降压变压器,因此主要构造和工作原理与降压变压器相似。

使用时,电压互感器的高压绕组跨接在需要测量的供电电路上,低压绕组则与电压表相连。电压互感器接线原理图如图3-23所示。

电压互感器高压侧的电压 U_1 等于所测量电压 U_2 和电压比 n 的乘积,即

图3-23 电压互感器
接线原理图

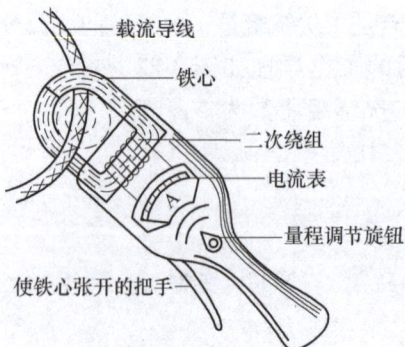

$$U_1 = nU_2$$

(2)电流互感器 电流互感器的作用是把电路中的大电流变成小电流(一般电流互感器的二次电流都设计为5A),再供给测量仪表。这样既保证了电气设备和工作人员的安全,又利于仪表标准化。

电流互感器的主要构造与普通双绕组变压器相似,也是由铁心和一次绕组、二次绕组两个主要部分组成。不同点在于一次绕组匝数很少,它串联在被测电路中;二次绕组的匝数比较多,常与电流表或其他仪表或电路的电流线圈串联成闭合回路。

使用时,电流互感器的一次绕组与待测电流的负载串联,二次绕组则与电流表串联成闭合回路。电流互感器接线原理图如图3-24所示。电流互感器通过负载的电流等于所测电流和电压比倒数的乘积,即

$$I_1 = \frac{I_2}{n}$$

利用电流互感器原理可以制作便携式钳形电流表,如图3-25所示,它的闭合铁心可以张开,将被测载流导线穿入铁心窗口内,这根导线相当于匝数为1的电流互感器一次绕组,铁心上绕有二次绕组,与测量仪表连接,可直接读出被测电流的数值。使用钳形电流表测量电流时不用断开电路,使用非常方便。

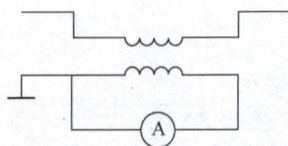

认识钳形电流表

图3-24 电流互感器接线原理图

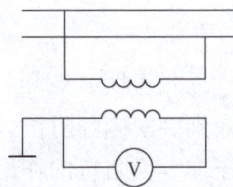

图3-25 钳形电流表

四、汽车上使用的变压器

1. 点火线圈

随着汽车汽油发动机向高转速、高压缩比、大功率、低油耗和低排放的方向发展，传统的点火装置已经不适应使用要求。点火装置的核心部件是点火线圈和开关装置，提高点火线圈的能量，火花塞就能产生足够能量的火花，这是点火装置适应现代发动机运行的基本条件。

汽车点火系统为了保证汽车的正常工作，会按照各缸点火次序定时地供给火花塞以足够高能量的电压（约15～30kV），通常利用点火系统中的点火线圈获得几千伏甚至上万伏的高点火电压，使火花塞产生足够强的火花，点燃可燃混合气体。点火线圈主要由铁心、绕组、胶木盖、瓷杯等组成，如图3-26所示。现代汽车采用的无分电器的计算机点火系统通常将点火线圈和火花塞制成一体。

点火线圈按磁路的结构形式不同，可分为开磁路点火线圈和闭磁路点火线圈两种。传统的点火线圈是开磁路式，其铁心用0.3mm左右的硅钢片叠成，铁心上绕有一次和二次绕组。闭磁路点火线圈将铁心绕一次绕组，外面再绕二次绕组，磁感线由铁心构成闭合磁路。闭磁路点火线圈的优点是漏磁少、能量损失小、体积小，因此电子点火系统普遍采用闭磁路点火线圈。

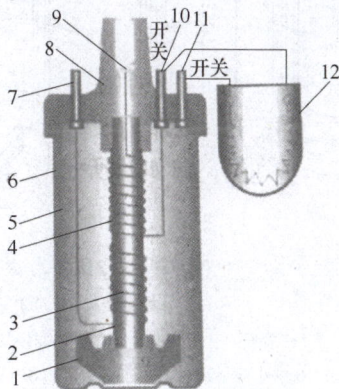

图3-26 点火线圈的结构

1—瓷杯 2—铁心 3—一次绕组
4—二次绕组 5—钢片 6—外壳
7—"-"接线柱 8—胶木盖
9—高压接线柱 10—"+"接线
柱或开关接线柱 11—"+"接线柱
12—附加电阻

（1）开磁路点火线圈 开磁路点火线圈结构如图3-27所示，主要由铁心、一次绕组、二次绕组、壳体及附加电阻组成。点火线圈导磁性良好，为减少涡流损耗，铁心由相互绝缘的硅钢片叠成，外面套有绝缘的纸板套筒，二次绕组分层绕在套管上。为了加强绝缘和免受伤害，每层高压绕组间都用电缆纸隔开。一次绕组通过的电流大，为方便散热，将其分层绕在二次绕组外面，绕组两端分别连接在盖子上的低压接线柱上。在一次绕组与外壳之间夹有数层导磁钢套，用以减少磁路磁阻。二次绕组的一端连接在盖子上高压插孔中的弹簧片上，另一端与一次绕组的一端相连。

点火线圈壳体外部装有附加电阻。附加电阻用温度系数较大的镍铬丝或低碳钢制成，具有受热时电阻迅速增大，冷却时电阻迅速降低的特性。在发电机工作时，可利用其特点来自动调节一次电流，改善点火系统的工作特性。

当一次绕组中有电流通过时，使铁心磁化，由于磁路的上、下部分是从空气中通过，铁心未构成闭合磁路，其能量变换效率为60%，所以称为开磁路点火线圈。

（2）闭磁路点火线圈 闭磁路点火线圈的结构如图3-28所示。其铁心多为曰字形，铁心内绕有一次绕组，二次绕组在一次绕组的外面，其铁心构成闭合磁路，常设有一个微小的气隙，以减小磁滞现象。闭磁路点火线圈的磁路如图3-29所示。由于闭磁路点火线圈漏磁少，磁路磁阻小，能量损失小，所以能量变换效率高达75%。另外，由于闭磁路点火线圈导磁能力极强，可在较小的磁动势下产生较强的磁通，因而可减小线圈的匝数，以使点火线圈的体积减小，可直接装在分电器盖上，使结构更为紧凑，现已广泛用于电子点火系统。

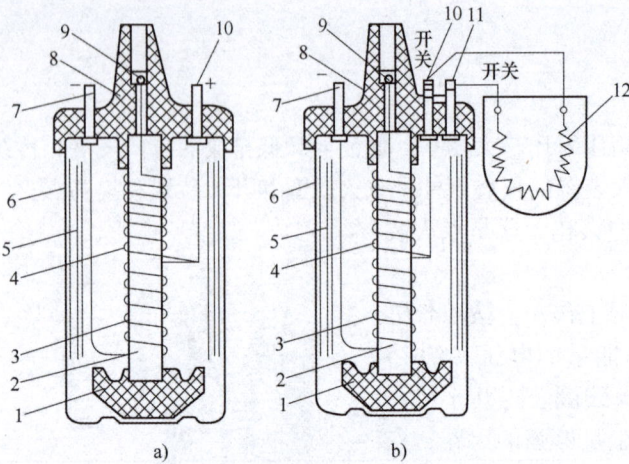

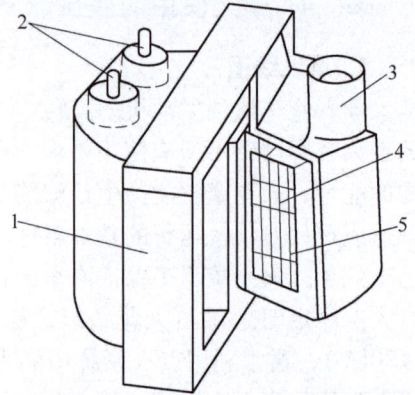

图 3-27　开磁路点火线圈的结构

a）两接线柱式　b）三接线柱式

1—瓷杯　2—铁心　3—一次绕组　4—二次绕组　5—钢片
6—外壳　7—"-"接线柱　8—胶木盖　9—高压接线柱
10—"+"接线柱或开关接线柱　11—"+"接线柱
12—附加电阻

图 3-28　闭磁路点火线圈的结构

1—日字形铁心　2——次绕组接线柱
3—高压接线柱　4——次绕组　5—二次绕组

2. 可变电感式进气压力传感器

除了点火线圈以外，汽车上还安装有基于变压器原理的传感器。下面介绍可变电感式进气压力传感器。

如图 3-30 所示，当振荡器输出的交流电通过一次绕组 W_1 时，由于互感作用，使二次绕组 W_2 产生输出电压，其大小取决于两绕组的耦合情况。耦合越紧，输出电压越大。因此，当铁心向两绕组中间移动时，输出信号就会增强。

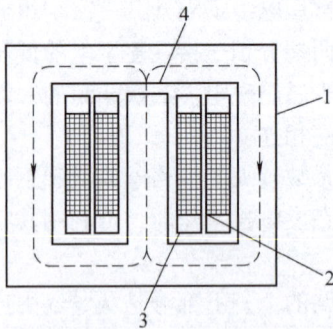

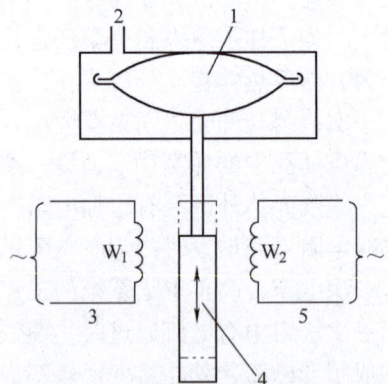

图 3-29　闭磁路点火线圈的磁路

1—日字形铁心　2—二次绕组
3——次绕组　4—空气隙

图 3-30　可变电感式进气
压力传感器示意图

1—膜盒　2—通进气管　3——次绕组
4—铁心　5—二次绕组

在可变电感式进气压力传感器中，铁心与绕组的相对位置由膜盒控制。进气歧管绝对压力升高时，膜盒收缩，使铁心向绕组中部移动，这时输出信号增强。

任 务 实 施

1. 实训设备与器材

被测试的点火线圈、良好的点火线圈若干、常用工具若干套、220V 交流电试灯、万用表、汽车用电磁继电器、汽车用电喇叭及喇叭按钮。

2. 项目内容和步骤

点火线圈的检验主要包括外部检验，一次、二次绕组断路、短路、搭铁检验。

（1）外部检验　检查点火线圈的外表，若绝缘盖破裂或外壳碰裂，会因容易受潮而失去点火能力，应予以更换。

（2）一次、二次绕组断路、短路、搭铁检验　用万用表测量点火线圈的一次绕组、二次绕组以及附加电阻的电阻值，应符合技术标准，否则说明有故障，应予以更换。

1）测量电阻法。用万用表电阻档测量一次绕组"＋"与"－"端子间的电阻；用万用表电阻档测量二次绕组"＋"与中央高压端子间的电阻。

2）试灯检验法。将 220V 交流电试灯接在一次绕组的接线柱上，灯亮则表示无断路故障，否则表示断路。当检查绕组是否有搭铁故障时，可将试灯的一端与一次绕组相连，另一端接外壳，如果灯亮，便表示有搭铁故障；否则为良好。短路故障用试灯不易查出。

对于二次绕组，因为它的一端接于高压插孔，另一端与一次绕组相连，所以检验中，当试灯的一个触针接高压插孔，另一触针接低压接线柱时，若试灯发出亮光，说明有短路故障；若试灯暗红，说明无短路故障；若试灯根本不发红，则应注意观察，当将触针从接线柱上移开时，看有无火花发生，如果没有火花，说明绕组已断路。因为二次绕组和一次绕组是相通的，若二次绕组有搭铁故障，在检查一次绕组时就已反映出来了，无须检查。

知 识 拓 展

2021 年 1 月，世界首条高温超导磁悬浮列车试验线在中国成都正式上线（图 3-31），意味着中国超级高铁的时代即将来临。7 月 20 日，中国高速磁悬浮交通系统正式在青岛下线，时速达到了 620km，是地表最快的交通工具，而民航飞机的飞行速度为 900km/h，两者已经非常接近。中国磁悬浮列车"贴地飞行"，甚至让人发出感叹，这是"陆上飞机"。

图 3-31　磁悬浮列车

小 结

1. 在高磁导率铁心内，磁通或磁感线基本都被约束在铁心的闭合路径中，这种限定在铁心范围内的磁通路径，称为磁路。各种典型的磁路一般都是由电磁线圈与铁心构成的。铁心线圈分为直流和交流两种，分别应用在直流电和交流电产生磁场的情况。

2. 铁磁材料具有高磁导性、磁饱和性和磁滞性的特点。根据不同铁磁材料的特点，可把铁磁材料分为软磁材料、硬磁材料和矩磁材料。

3. 电磁铁是利用通电线圈产生的强磁场来吸引铁磁物质（衔铁）动作的电器。在汽车上的电磁铁都是直流电磁铁，比较典型的应用是触点式电压调节器和汽车电喇叭。

4. 继电器是用较小的电流来控制较大电流的一种自动开关，在电路中起着自动操作、自动调节的作用。在汽车电气系统中使用的继电器体积较小，触点控制的电流也较小，属于小型继电器。

5. 变压器是根据电磁感应原理制成的一种静止电气设备，由两组或两组以上的绕组组成，彼此间感应电压、电流来达到变换电压、电流和阻抗的目的。

6. 传统点火系统中的点火线圈，主要由铁心、一次绕组、二次绕组、壳体及其附加电阻等组成。一次绕组通过的电流较大，导线较粗，二次绕组的导线较细。传统点火系统是基于电磁感应原理进行工作的。

习 题

一、填空题

1. 磁极之间存在相互作用力，同名磁极_____，异名磁极_____。

2. 磁极之间存在的相互作用力是通过_____传递的，_____是磁体周围存在的特殊物质。

3. 磁力线是互不相交的_____曲线，在磁铁外部，磁力线从_____到_____；在磁铁内部，磁力线从_____到_____。

4. 磁导率是表示不同材料_____强弱的物理量。铁磁材料具有_____性、_____性和_____性。

5. 涡流损耗会引起铁心_____，减少涡流的方法是用_____作为铁心。

6. 继电器是一种用_____电流或低电压控制_____电流或高电压的自动开关电器，在电路中起着_____、_____、_____等作用。

7. 变压器主要由_____和_____两个基本部分组成。变压器的铁心通常是采用_____制成的。

8. 变压器的一次绕组880匝，接在220V的交流电源上，要在二次绕组上得到6V电压，二次绕组的匝数应是_____。若二次绕组上接有3Ω的电阻，则一次绕组的电流为_____。

二、选择题

1. 条形磁铁磁感应强度最强的位置是（　　）。

A. 磁铁两极　　　　　　　　　B. 磁铁中心点

C. 闭合磁力线中间位置　　　　D. 磁力线交汇处

2. 通电线圈插入铁心后，它的磁场将（　　）。

A. 增强　　　　　B. 减弱　　　　　C. 不变

3. 关于磁力线的下列说法中，正确的是（　　）。

A. 磁力线是磁场中客观存在的有方向的曲线

B. 磁力线始于磁铁北极而终止于磁铁南极

C. 磁力线上的箭头表示磁场方向

D. 磁力线上某点处小磁针静止时北极所指的方向与该点切线方向一致

4. 汽车上的发电机转子、起动机用的转子常用（　　）制成。

A. 硬磁材料　　　　　B. 软磁材料　　　　　C. 矩磁材料

5. 如果将380V/220V的单相变压器一次绕组接于380V直流电源上，将出现（　　）。

A. 一次电流为零　　　　　　　　　B. 二次电压为220V

C. 一次电流很大，二次电压为零

6. 变压器一次绕组100匝，二次绕组1200匝，若一次绕组两端接有电动势为220V的交流电源，则二次绕组的输出电压是（　　）。

A. 120V　　　　　B. 12V　　　　　C. 0.8V　　　　　D. 2640V

7. 变压器的基本工作原理是（　　）。

A. 电磁感应　　　　　B. 电流的磁效应　　　　　C. 能量平衡　　　　　D. 电流的热效应

8. 当电源电压的有效值和电源频率不变时，变压器负载运行和空载运行时的主磁通是（　　）。

A. 完全相同　　　　　　　　　　　B. 基本不变

C. 负载运行比空载时大　　　　　　D. 空载运行比负载时大

9. 为了安全，机床上照明电灯的电压是36V，这个电压是把220V的交流电压通过变压器降压后得到的。如果这台变压器给40W的电灯供电（不计变压器的损耗），则一次绕组和二次绕组的电流之比是（　　）。

A. 1:1　　　　　B. 55:9　　　　　C. 9:55　　　　　D. 无法确定

三、判断题

1. 变压器的一次、二次绕组之间没有电的联系，电能就无法传递。（　　）

2. 变压器只能传递交流电能，而不能产生电能。（　　）

3. 交流和直流电磁铁的铁心均可用整块软钢制成。（　　）

4. 直流电磁铁的吸力是固定不变的。（　　）

5. 点火线圈的绕组和外壳之间装有钢片，用来紧固部件。（　　）

6. 闭磁路点火线圈的磁阻较小，漏磁较少，能量转换率高。（　　）

四、计算与问答题

1. 一理想变压器一次绕组接到110V交流电源上，二次绕组匝数为165，输出电压为5.5V，电流为20mA，则一次绕组的匝数是多少？一次绕组中的电流是多少？

2. 单相变压器一次绕组匝数 $N_1 = 1000$，二次绕组匝数 $N_2 = 500$，给一次绕组加电压 $U_1 = 220V$，测得二次电流 $I_2 = 4A$，忽略变压器内阻抗和损耗。求：1）一次等效阻抗 Z_1；2）负载消耗功率 P_2（阻性负载）。

3. 为什么变压器的铁心要用硅钢片叠成？能否采用整块铁心？为什么？

4. 什么是霍尔效应？如何判断霍尔电压的方向？

项目四　汽车执行器与控制电路的分析

📎 项目描述

在汽车电控系统中，各传感器采集的信号送入计算机进行处理，然后计算机输出相应的控制信号至大功率晶体管驱动执行器，如电磁阀、喷油器、点火线圈等。传感器采集的信号很小，要靠放大电路放大后再送入计算机进行处理。本项目重点介绍执行器控制的原理和常用控制元件，为学生学习后续内容打下坚实的基础。

任务一　晶体管的识别与检测

📋 任务目标

知识目标

1. 熟悉晶体管的结构、类型、图形符号。

2. 掌握晶体管电流分配关系和电流放大特性。

3. 了解晶体管主要参数及其选用方法。

技能目标

1. 能用万用表对晶体管进行检测，并对其质量做出评价。

2. 能查阅电子元器件手册并合理选用晶体管。

素质目标

培养辩证思维，具备严谨细致、精益求精的工匠精神。

✒ 任务导入

晶体管是组成各种电子电路的核心器件，晶体管在汽车电气、电控系统中得到了广泛的应用。掌握晶体管的原理与检测方法是现代汽车维修技术人员必备的素质。大功率晶体管电路故障常常表现为执行器不工作。只有掌握了常用晶体管的原理与检测方法，才能对后续的控制电路进行检测与维修。

📎 相关知识

一、晶体管的结构、符号及分类

晶体管是电子电路中最常用的半导体器件之一，在电路中主要起放大和电子开关的作用。它常常是组成各种电子电路的核心器件。它的种类很多，按制造材料分有硅管和锗管；按结构分有 NPN 型和 PNP 型；按工作频率分有低频管、高频管和超高频管；按功率分有小功率管、中功率管和大功率管；按用途分有放大管和开关管；按结构工艺分有合金管和平面管。

晶体管的结构和图形符号如图 4-1 所示。它是由 3 层不同性质的半导体层组合而成的。中间的一层为基区，两侧分别为发射区和集电区。发射区和集电区的作用分别是发射和收集载流子，从而形成半导体内部电流。从这 3 个区引出的电极分别称为基极 B、发射极 E 和集电极 C。发射区和基区之间的 PN 结称为发射结，集电区和基区之间的 PN 结称为集电结。

不管是 NPN 型还是 PNP 型，晶体管的工作原理完全相同，只是工作电压的极性不同，因此 3 个电极电流的方向也相反。两种晶体管的图形符号用发射极箭头方向的不同加以区别，箭头方向表示发射结正偏时发射极电流的实际方向。

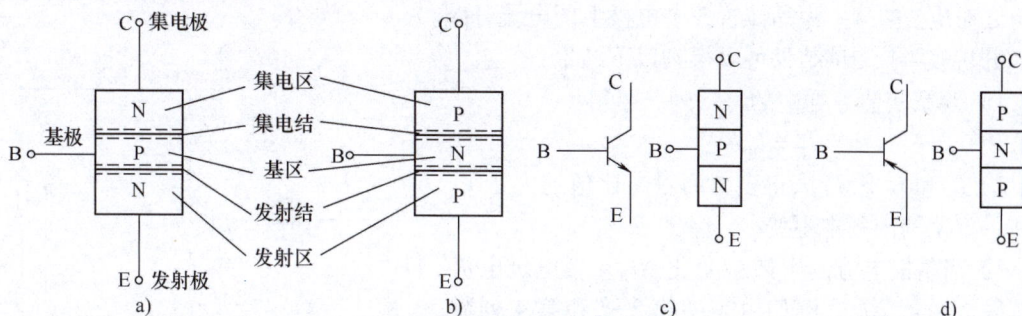

图 4-1　晶体管的结构和图形符号

a）NPN 型晶体管　b）PNP 型晶体管　c）NPN 型符号　d）PNP 型符号

从图 4-1 可以看出，晶体管是两个反向串联的 PN 结，但是，如果把两个孤立的 PN 结（如两个二极管）反向串联起来，是不会有放大作用的。为使晶体管具有电流放大作用，晶体管在结构上必须具有以下两个特点：基区很薄且掺杂浓度低，发射区掺杂浓度高，集电结面积比发射结的面积大，但掺杂浓度低。因此，在使用时晶体管的发射极和集电极不能互换。

下面主要以 NPN 型晶体管为例进行介绍，结论同样适用于 PNP 型晶体管。

二、晶体管的电流放大作用

1. 晶体管放大的基本条件

晶体管的电流放大作用首先取决于其内部结构特点，即发射区掺杂浓度高、集电结面积大，这样的结构有利于载流子的发射和接收；基区薄且掺杂浓度低，以保证来自发射区的载流子顺利地流向集电区。

要使晶体管具有放大作用，还必须要有合适的偏置条件，即发射结正偏、集电结反偏。晶体管的发射结类似于二极管，应正向偏置，使发射结导通，以控制发射区载流子的发射；集电结应反向偏置，以使集电极具有吸收由发射区注入基区的载流子的能力，从而形成集电极电流。这个条件也可以用晶体管 3 个电极的电位关系来表示，对于 NPN 型管必须满足 $V_C > V_B > V_E$；对于 PNP 型管必须满足 $V_E > V_B > V_C$。

2. 晶体管各电极的电流分配与放大

由 NPN 型晶体管构成的电流分配测试电路如图 4-2 所示，该电路包括基射回路（又称输入回路）和集射回路（又称输出回路）两部分，发射极为两回路的公共端，因此称为共射电路。

电路中，用 3 只电流表分别测量晶体管的集电极电流 I_C、基极电流 I_B 和发射极电流 I_E，它们的方向如图 4-2 中箭头所示。基极电源 U_{BB} 通过基极电阻 R_b 和电位器 R_P 给发射结提供正偏电压 U_{BE}；集电极电源 U_{CC} 通过集电极电阻 R_c 给集电极与发射极之间提供电压 U_{CE}。

调节电位器 R_P，可以改变基极上的偏置电压 U_{BE} 和相应的基极电流 I_B。I_B 的变化将引起 I_C 和 I_E 的变化。每产生一个 I_B 值，就有一组 I_C 和 I_E 值与之对应。表 4-1 为晶体管 3 个电极上的电流分配。

三极管的电流分配关系

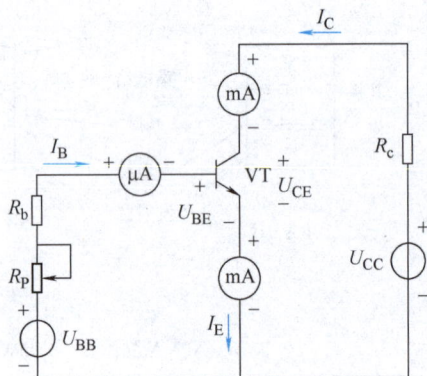

分析表 4-1 测试结果可以得到以下结论：

1）观察实验数据中的每一列，可得

$$I_E = I_B + I_C$$

2）I_C 和 I_E 比 I_B 大得多，两者的比值远大于 1，且在一定范围内基本不变。

3）当基极电流发生微小变化 ΔI_B，集电极电流将有较大变化 ΔI_C。例如由表中第 3 列和第 4 列数据，可得

$$\frac{\Delta I_C}{\Delta I_B} = \frac{1.74 - 1.14}{0.03 - 0.02} = 60$$

由以上分析可知：基极电流 I_B 的微小变化，将使集电极电流 I_C 发生很大的变化，即基极电流 I_B 的微小变化控制了集电极电流 I_C 较大的变化，这就是晶体管的电流放大作用。

图 4-2　由 NPN 型晶体管构成的电流分配测试电路

表 4-1　晶体管 3 个电极上的电流分配　　（单位：mA）

I_B	0	0.01	0.02	0.03	0.04	0.05
I_C	0.01	0.56	1.14	1.74	2.33	2.91
I_E	0.01	0.57	1.16	1.77	2.37	2.96

值得注意的是，在晶体管放大作用中，被放大的集电极电流 I_C 是由电源 U_{CC} 提供的，并不是晶体管自身生成能量，它实际体现了用小信号控制大信号的一种能量控制作用。晶体管是一种电流控制器件。

三、晶体管的特性曲线

晶体管的特性曲线是表示晶体管各电极间电压和电流之间的关系曲线，是分析晶体管各种电路的重要依据。晶体管在电路中的连接方式（组态）不同，其特性曲线也不同。NPN 型晶体管组成的共射特性曲线测试电路如图 4-3 所示。该电路信号由基极输入、集电极输出，发射极为输入、输出回路的公共端，故称为共射电路。所测得的特性曲线称为共射特性曲线。

1. 输入特性曲线

输入特性曲线指当晶体管集电极-发射极之间的电压 u_{CE} 为常数时，输入电流 i_B 与输入电压 u_{BE} 之间的关系曲线，即

$$i_B = f\,(u_{BE})\,\mid u_{CE} = 常数$$

图 4-4 是 $u_{CE} \geq 1V$ 条件下测得的 NPN 型硅晶体管的输入特性曲线。对晶体管而言，$u_{CE} = 1V$ 后，增大 u_{CE} 测得的输入特性曲线与 $u_{CE} = 1V$ 时的特性曲线非常接近，近乎重合。由于晶体管实际放大时，u_{CE} 总是大于 1V，通常就用 $u_{CE} = 1V$ 这条曲线来代表输入特性曲线。

晶体管的输入特性曲线与二极管伏安特性曲线的正向特性相似，同样存在着"死区"；死区电压（或阈值电压 U_{th}）的大小与晶体管材料有关，硅管约为 0.5V，锗管约为 0.1V。

三极管的
输入特性

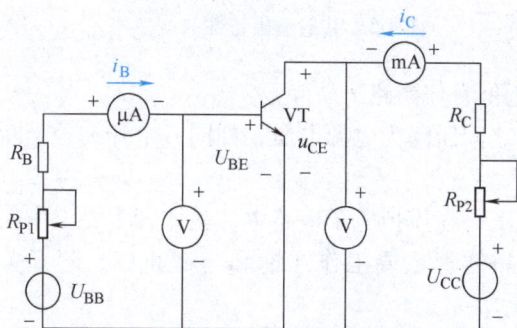

图 4-3　晶体管共射特性曲线测试电路

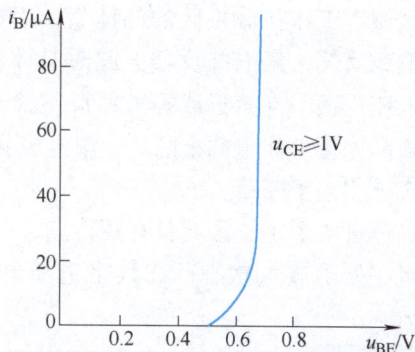

图 4-4　NPN 型硅晶体管的输入特性曲线

$u_{CE} > 1V$ 时，加在发射结上的正偏压 u_{BE} 基本上为定值，只能为零点几伏。其中硅管为 0.7V 左右，锗管为 0.2V 左右（绝对值）。这一数据是检查放大电路中晶体管静态时是否处于放大状态的依据之一。

三极管的
输出特性

2. 输出特性曲线

输出特性曲线指当晶体管的输入电流 i_B 为某一常数时，输出电流 i_C 与输出电压 u_{CE} 之间的关系曲线，即

$$i_C = f\,(u_{CE})\,\mid i_B = 常数$$

在测试电路中，先使基极电流 i_B 为某一定值，再调节 R_{P2}，可得与之对应的 u_{CE} 和 i_C 值。将这些数据在以 u_{CE} 为横轴、i_C 为纵轴的直角坐标系中描点，得到一条 u_{CE} 和 i_C 的关系曲线。将 i_B 改变为另一个固定值，又得到另一条曲线。若用一组 i_B 的不同数值，可得到如图 4-5 所示的输出特性曲线族。

观察晶体管的输出特性曲线，它大致分为 3 个区域，即放大区、饱和区和截止区。

（1）放大区　放大区指 $i_B > 0$、$u_{CE} > 1V$ 的区域，就是曲线的平坦部分。要使晶体管静态时工作在放大区（处于放大状态），发射结必须正偏、集电结必须反偏。当 i_B 有一个微小变化时，i_C 将发生较大变化，体现了晶体管的电流放大作用。图中曲线间的间隔大小反映出晶体管电流的放大能力。注意：只有工作在放大状态的晶体管才有放大作用。放大时，硅管 $U_{BE} \approx 0.7V$，锗管 $U_{BE} \approx 0.2V$；$|U_{CE}| > 1V$。

（2）饱和区　饱和区指 $i_B > 0$、$U_{CE} \leq 0.3V$ 的区域。工作在饱和区的晶体管，发射结和集电结均为正偏。此时，i_C 随着 U_{BE} 的变化而变化，几乎不受 i_B 的控制，晶体管失去放大作用，处于饱和导通状态。当 $U_{CE} = U_{BE}$ 时，集电结零偏，晶体管处于临界饱和状态。处于饱和状态的 U_{CE} 称为饱和压降，用 U_{CES} 表示。小功率硅管 U_{CES} 约为 0.3V，小功率锗管 U_{CES} 约为 0.1V。

当晶体管工作于饱和区时，如同一个开关处于闭合状态，相当于短路。

（3）截止区　截止区指 $i_B = 0$ 曲线以下的区域。工作在截止区的晶体管，发射结零偏或反偏，集电结反偏。此时晶体管各极电流均很小（接近或等于零），3 个极之间近似看作断路。

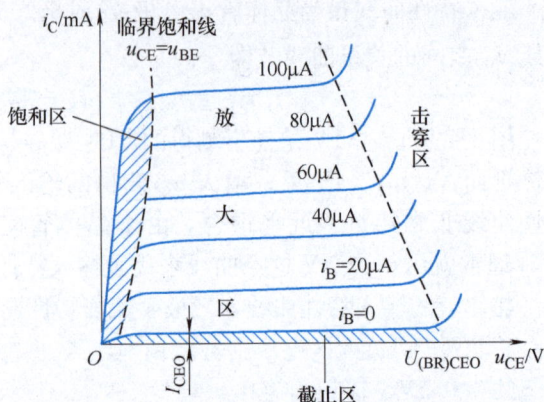

图 4-5　共射输出特性曲线

当晶体管工作于截止区时，集电极和发射极之间压降为电源电压，如同一个开关处于断开状态，相当于断路。

晶体管 3 个工作区域各有其特点，一般情况下，在模拟电子电路中，晶体管主要工作在放大区，处于放大状态；在数字电子电路中，晶体管主要工作在饱和与截止区，起开关作用。

例 4-1　用直流电压表测量某放大电路中某只晶体管各极对地的电位分别是：$V_1 = 2V$，$V_2 = 6V$，$V_3 = 2.7V$。试判断晶体管各对应电极与晶体管管型。

解　本题的已知条件是晶体管 3 个电极的电位，根据晶体管能正常实现电流放大的电位关系：NPN 型管 $V_C > V_B > V_E$，且硅管放大时 U_{BE} 约为 0.7V，锗管 U_{BE} 约为 0.2V；而 PNP 型管 $V_C < V_B < V_E$，且硅管放大时 U_{BE} 约为 -0.7V，锗管 U_{BE} 约为 -0.2V。所以先找电位差绝对值为 0.7V 或 0.2V 的两个电极，若 $V_B > V_E$，则为 NPN 型管；若 $V_B < V_E$，则为 PNP 型管。本例中，V_3 比 V_1 高 0.7V，所以为 NPN 型硅管，③脚是基极，①脚是发射极，②脚是集电极。

四、晶体管的主要参数

晶体管的参数用来表征其性能优劣和适用范围，它是合理选用晶体管的依据。

（1）电流放大系数　静态时，晶体管集电极直流电流 I_C 与基极直流电流 I_B 的比值，称为直流电流放大系数，用 $\bar{\beta}$ 表示，即 $\bar{\beta} = \dfrac{I_C}{I_B}$。当基极回路有信号输入时，集电极电流变化量 Δi_C 与基极电流变化量 Δi_B 的比值，称为交流电流放大系数，用 β 表示，即 $\beta = \dfrac{\Delta i_C}{\Delta i_B}$。一般在频率较低的情况下 $\bar{\beta}$ 与 β 数值相近，在实际应用中，可近似认为 $\bar{\beta} = \beta$，本书中统一用 β 表示。晶体管 β 的值通常为 20～200。晶体管的 β 值太小，电流放大作用差，但 β 值过高，晶体管性能受环境温度影响较大，性能不稳定，晶体管 β 值过高或过低均不适用。

晶体管 β 值的大小会受温度的影响。温度升高，β 值增大。大约温度每升高1℃，β 值增加 $0.5\% \sim 1\%$。这反映在输出特性曲线上，是各条曲线的间距增大并上移。

（2）集电极-基极反向饱和电流 I_{CBO}　I_{CBO} 是晶体管发射极断路，集电极和基极间加上一定反向电压时的电流，称为发射极断路时的集电极-基极反向饱和电流。I_{CBO} 的大小反映了晶体管的热稳定性，受温度变化的影响很大。温度升高，I_{CBO} 增加。室温下，硅管比锗管小2～3个数量级。因此，硅管热稳定性比锗管好。

（3）集电极最大允许电流 I_{CM}　集电极电流 I_C 增加到某一数值，β 将明显下降。一般将 β 下降到正常值2/3时的 I_C 值称为集电极最大允许电流 I_{CM}。当工作电流超过 I_{CM} 时，晶体管不一定会损坏，但它将因 β 的降低而造成输出信号的失真。

（4）集电极-发射极间反向击穿电压 $U_{(BR)CEO}$　指基极断路时，集电极与发射极之间所能承受的最高反向电压。接成共射电路时若超过此值，集电结发生反向击穿。

（5）集电极最大允许耗散功率 P_{CM}　集电极电流流过集电结时要消耗功率而使集电结温度升高，从而会引起晶体管参数变化。P_{CM} 指集电结允许功率损耗的最大值，其大小主要取决于允许的集电结结温。显然，P_{CM} 值与环境温度和晶体管的散热条件有关。使用时应保证 $U_{CE}I_C < P_{CM}$。

五、晶体管管型和引脚的判别

晶体管管型和引脚的判别方法主要有目测和万用表检测两种方法。实际工作中优先采用目测法，在目测不能做出准确判断时，再用万用表进行检测。

晶体管的
开关作用

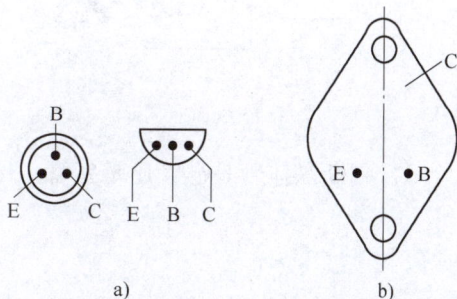

1. 目测法

（1）管型的判别　一般情况下，管型是 NPN 还是 PNP 可从管壳上标注的型号来判别，见附表1。此外国际流行的 9011～9018 系列晶体管，除 9012 和 9015 为 PNP 型管外，其余标号均为 NPN 型管。

（2）引脚的判别　常用的小功率晶体管有金属圆壳封装和塑料封装（扁柱型）等，引脚排列如图 4-6a 所示。大功率晶体管的外形有金属壳封装（半圆柱型，引脚排列见图 4-6b）和塑料封装（扁平、引脚直列）等形式。

对于小功率管，为便于记忆，总结如下。

金属圆壳封装：头向下，脚向上，大开口朝自己，左发射极右集电极。

塑料半圆柱封装：头在上，平面向自己，左起 EBC。

图 4-6　常用晶体管的封装形式和引脚判别
a）小功率管　b）大功率金属封装管

对于大功率管，金属壳扁柱封装按照图 4-6b 所示的引脚排列方式判断即可；塑料扁平封装的引脚排列方式没有统一形式，要使用万用表检测判别。

2. 用万用表电阻档判别

因为晶体管由两个 PN 结组成，利用 PN 结的正向电阻小、反向电阻大的特点，用万用表的电阻档测量 PN 结的正、反向电阻来判别晶体管的类型和引脚。

（1）基极的判别　一般情况下，基极排列在 3 个电极的中间（大功率金属壳扁平型封装除外）。

用指针式万用表的黑表笔接假定的基极，用红表笔分别接触另外两个极。若测得电阻值都较小（约为几百欧至几千欧），将红黑表笔对调，测得电阻值都较大（约为几百千欧以上），这个晶体管就是 NPN 型，最初黑表笔接的就是基极。

用指针式万用表的黑表笔接假定的基极，红表笔分别依次接另外两极。若在两次测量中表针均偏转很大（说明晶体管的 PN 结已通，电阻较小），则黑表笔接的电极为 B 极，同时该管为 NPN 型；反之，将表笔对调（红表笔任接一极），重复以上操作，也可确定晶体管的 B 极，其管型为 PNP 型。用上述方法既判定了晶体管的基极，又判别了晶体管的类型。

数字万用表
测量晶体管

（2）发射极和集电极的判别　发射极和集电极的检测如图 4-7 所示，以 NPN 型管为例，首先确定基极后，假定其余的两只引脚中的一只为集电极，将黑表笔接此引脚，红表笔接假定的发射极，用手指把假定的集电极和已测出的基极捏起来（但不要相碰），记下阻值的读数，然后再做相反的假设，做同样的测试并记下读数。比较两次读数的大小，若前者的读数较小，说明假设是对的，黑表笔接的是集电极，剩下的就是发射极。

指针式万用
表测量晶体管

若需判别的是 PNP 型晶体管，仍用上述方法，但必须把表笔的极性对调一下。

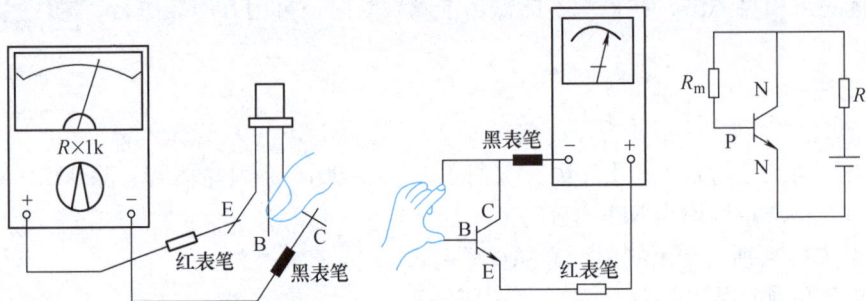

图 4-7　发射极和集电极的检测

（3）判断晶体管是硅管还是锗管　用万用表 $R \times 1k$ 档测量发射极与集电极间的正向电阻，一般硅管为 $3 \sim 10k\Omega$，锗管为 $500 \sim 1000\Omega$。两极间的反向电阻，硅管一般大于 $500k\Omega$，锗管在 $100k\Omega$ 左右。

任务实施

1. 实训设备与器材

电工电子试验台，万用表，电流表，3DG6A、3AX31、9012、9013 型晶体管各 1 个，型号未知的晶体管若干，电阻若干，导线若干。

2. 项目内容和步骤

（1）识读晶体管的型号　根据晶体管上面标注的型号、封装外形，通过目测识别常见类型的晶体管引脚位置，如图 4-8 所示。借助资料，查找 3DG6A、3AX31、9012、9013 型晶

体管的主要参数，并将结果填入表4-2中。

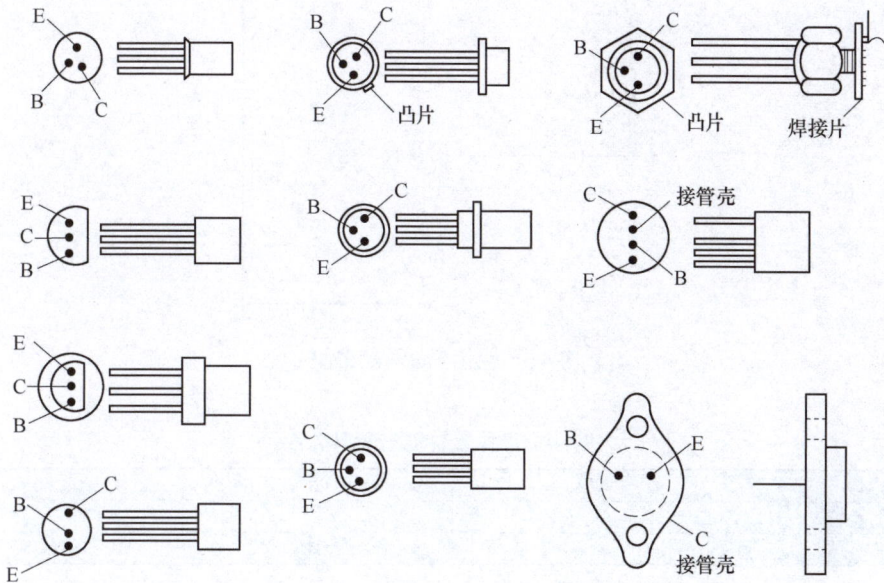

图4-8　典型晶体管的引脚排列图

表4-2　晶体管的参数记录表

型号	参数记录
3DG6A	
3AX31	
9012	
9013	

（2）晶体管的检测　在型号未知的情况下，利用万用表判别晶体管的各引脚及管型。测试两极间正、反向电阻，明确各晶体管的管型与材料，并将测试结果填入表4-3中。

表4-3　晶体管的识别与检测

型号	B、E间阻值		B、C间阻值		C、E间阻值		判断晶体管的管型、材料及好坏
1							
2							
3							
4							

（3）晶体管各极电流关系的验证　按图4-9所示连接电路，图中可调电阻 R_P 为680kΩ，R_C 为2kΩ，调节 R_P，使 I_B 分别为20μA、40μA、60μA。对应测量 I_C、I_E 的值，填入表4-4中。验证晶体管的电流关系。

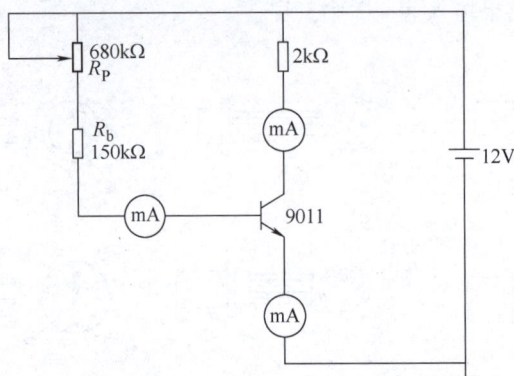

图 4-9 晶体管电流测量图

表 4-4 晶体管各极电流测量表

$I_B/\mu A$	20	40	60
I_C/mA			
I_E/mA			

由以上数据得出：I_E、I_C、I_B 的关系为_____；晶体管 β 值为_____。

（4）记录　将表中数据进行比较分析、讨论，各小组做记录。

任务二　晶体管在汽车电子电路中的应用

📋 任务目标

知识目标

1. 理解基本放大电路的组成及工作原理。
2. 掌握共发射极放大电路的分析方法。
3. 理解汽车电路搭铁探测器的工作分析。

技能目标

1. 能通过静态测试分析电路的静态工作情况。
2. 能通过动态分析计算动态性能指标，理解共射放大电路原理。
3. 能分析晶体管在汽车上的应用实例。

素质目标

1. 培养辩证思维，养成科学严谨、精益求精的职业素养。
2. 培养解决实际问题的能力及科学的逻辑思维能力。

✈ 任务导入

晶体管是最常用的半导体器件之一，它具有电流放大特性和开关特性。放大电路中晶体管是核心，主要利用的是晶体管的放大特性，其任务是将微弱的电信号进行不失真地尽量放大，最后放大到足以推动扬声器或控制其他负载等。本任务主要进行电压放大电路的安装与测试，通过借助仪表对电压、电流进行测量，使学生掌握电压放大电路的工作原理，熟悉其在汽车上的广泛应用，具有分析汽车电路及简单故障的能力。

相关知识

一、共发射极基本放大电路

放大电路是电子设备中应用最普遍的基本单元电路，它的作用是将微弱的电信号放大到足够的程度，以控制较大功率的负载。例如，传感器检测到的信号往往只有毫伏或微伏数量级，晶体管的放大电路能够将从传感器输出的微弱信号进行放大，然后传输到汽车电控单元（ECU）。放大电路通常分为电压放大电路和功率放大电路两部分。本任务主要介绍低频小功率电压放大电路，即共发射极基本放大电路。

1. 共发射极基本放大电路的组成

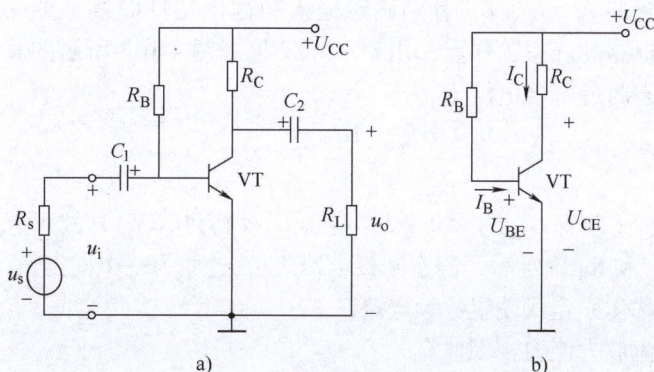

共发射极基本放大电路如图 4-10a 所示，简称共射电路。电路中 u_i 是放大电路的输入电压，u_o 是输出电压。发射极为输入信号 u_i 和输出信号 u_o 的公共端。

共发射极基本放大电路的组成

电路的组成及各元件的作用：

1）晶体管 VT。晶体管 VT 是放大电路的核心元件，起电流放大作用。

图 4-10　共发射极基本放大电路及其直流通路
a）共发射极基本放大电路　b）直流通路

2）直流电源。其作用一是提供晶体管发射结和集电结所需的偏置电压，其接法必须保证发射结加正向偏置电压和集电结加反向偏置电压；二是向电路及负载提供能量。U_{CC} 一般为几伏到几十伏。

3）基极偏置电阻 R_B。偏置电阻 R_P 的作用是控制静态时基极电流的大小，以保证晶体管工作于放大区。R_B 的阻值一般为几十千欧到几百千欧。

4）集电极电阻 R_C。它与电源 U_{CC} 配合，使晶体管的集电结反偏，保证晶体管工作在放大区。同时，将晶体管集电极电流的变化转换为电压的变化，从而实现电压放大。R_C 的阻值一般为几千欧到几十千欧。

5）耦合电容 C_1、C_2。耦合电容又称隔直电容，起传递交流、隔断直流的作用：一方面隔离放大电路与信号源和负载之间的直流通路；另一方面使交流信号在信号源、放大电路、负载之间能顺利地传送。C_1、C_2 一般为几微法至几十微法的电解电容器，在连接电路时，应注意电容器的极性，不能接错。

2. 放大电路中电压、电流正方向及符号的规定

（1）电压、电流正方向的规定　电压的正方向都以输入、输出回路的公共端为负，其他各点为正，如图 4-10 所示；电流方向以晶体管各极电流的实际方向为正方向。

（2）电压、电流符号的规定　晶体管上各极的电流和各极间的电压都是由直流量和交流量叠加而成的，电路处于交、直流并存的状态。

为了便于分析，对各类电流、电压的符号做了统一规定，在使用时要注意区分各个符号的含义：小写字母小写下标（如 u_{be}、i_c）表示交流量，大写字母大写下标（如 U_{BE}、I_C）表示直流量，小写字母大写下标（如 u_{BE}、i_C）表示总量，大写字母小写下标（如 U_{be}、I_c）表示交流量的有效值。

3. 基本放大电路的工作原理

（1）静态工作情况　静态指放大电路没有交流输入信号（$u_i = 0$）时的直流工作状态。静态时，由于直流电源 U_{CC} 的存在，晶体管各极电流和极间电压都是直流值，电容 C_1、C_2 相当于断路，按直流信号在电路中流通的路径可画出电路的直流通路。共射电路的直流通路如图 4-10b 所示。

静态时，晶体管的 I_B、I_C、U_{CE} 分别确定输入和输出特性曲线上的一个点，称为该放大电路的静态工作点，用 Q 表示。根据图 4-10b 所示的直流通路，可求得静态时的基极电流 I_{BQ} 为

$$I_{BQ} = \frac{U_{CC} - U_{BE}}{R_B} \approx \frac{U_{CC}}{R_B}$$

共发射极基本放大电路的直流通路

由于 $U_{CC} \gg U_{BE}$（硅管 U_{BE} 约为 0.7V，锗管 U_{BE} 约为 0.3V），故可忽略不计。显然当 U_{CC} 和 R_B 确定后，静态基极电流 I_{BQ} 就近似为一个固定值，因此常把这种电路称作固定式偏置放大电路。

晶体管具有电流放大能力，因此有

$$I_{CQ} = \beta I_{BQ}$$
$$U_{CEQ} = U_{CC} - I_{CQ} R_C$$

放大电路的静态工作点

例 4-2　在图 4-10 所示共射电路中，已知 $V_{CC} = 20V$，$R_C = 6.2k\Omega$，$R_B = 500k\Omega$，晶体管为 3DG100 型，$\beta = 45$，试求放大电路的静态工作点。

解
$$I_{BQ} \approx \frac{U_{CC}}{R_B} = \frac{20V}{500k\Omega} = 40\mu A$$

$$I_{CQ} = \beta I_{BQ} = 45 \times 0.04mA = 1.8mA$$

$$U_{CEQ} = U_{CC} - I_{CQ} R_C = 20V - 1.8mA \times 6.2k\Omega = 8.84V$$

由此可见，共发射极基本放大电路的静态工作点是由基极偏置电阻决定的，通过调节基极偏置电阻可以使放大电路获得一个合适的静态工作点。

（2）动态工作情况　**放大电路在输入交流信号不为零时的工作状态称为动态。**动态时，在直流电压 U_{CC} 和输入交流电压信号 u_i 的共同作用下，电路中既有直流分量，也有交流分量，电路中各电量将在原来静态值上叠加一个交流分量，共发射极基本放大电路动态分析如图 4-11 所示。此时

$$u_{BE} = U_{BE} + u_{be} = U_{BE} + u_i$$

如果 $U_{BE} > U_{th}$，且 u_i 较小，则晶体管工作在输入特性曲线的线性区域，i_B 随 u_{BE} 的变化而变化，因此，i_B 在静态值 I_B 的基础上叠加变化了的 i_b，即

$$i_B = I_B + i_b$$

共发射极基本
放大电路的作用

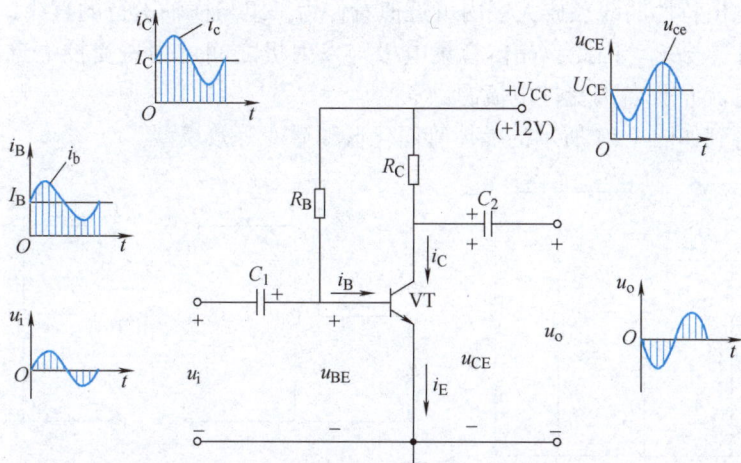

图 4-11　共发射极基本放大电路动态分析

由于晶体管的电流放大作用，则

$$i_C = \beta i_B = \beta(I_B + i_b) = I_C + i_c$$

由图 4-11 可见

$$u_{CE} = U_{CC} - i_C R_C = (V_{CC} - I_C R_C) - i_c R_C = U_{CE} + u_{ce}$$

式中，$u_{ce} = -i_c R_C$，它是叠加在静态值 U_{CE} 上的交流分量。

u_{CE} 中的直流成分 U_{CE} 被耦合电容 C_2 隔断，交流成分 u_{ce} 经 C_2 传送到输出端，成为输出电压，即

$$u_o = u_{ce} = -i_c R_C$$

负号表示 u_o 与 i_c 相位相反。由于 i_c 与 i_b、u_i 相位相同，因此 u_o 与 u_i 相位相反。

1）交流通路及画法。动态时，为了分析交流信号的传输情况，通常需要先画出交流电流所流经的路径，即交流通路。共发射极基本放大电路的交流通路如图 4-12 所示。此时，耦合电容 C_1、C_2 对交流的容抗很小，可视为短路；直流电源的内阻很小，交流信号通过时的压降可忽略，因此

共发射极基本放
大电路的交流通路

直流电源也可视为短路。

2）晶体管的微变等效模型。在低频小信号条件下，工作在放大状态的晶体管在放大区的特性可近似看成是线性的。这时，具有非线性的晶体管可用一线性电路来等效，称为微变等效模型。

当晶体管工作在放大状态时，微小变化的信号 u_i 使晶体管基极电压的变化量 Δu_{be} 只是输入特性曲线中很小的一段，这样 Δi_B 与 Δu_{be} 可近似看作线性关系，因此，晶体管的基极与发射极之间可用交流电阻 r_{be} 等效代替。对于低频小功率管，通常用下式估算

$$r_{be} \approx 300\Omega + (1+\beta)\frac{26\text{mV}}{I_E\text{（mA）}}$$

晶体管的输出特性曲线在放大区内可近似看作为一组与横轴平行的直线，i_c 的大小只受 i_b 的控制，并且 $i_c = \beta i_b$。因此，晶体管集电极与发射极之间可用一受控电流源 βi_b 来等效，即一个受基极电流 i_b 控制的受控电流源。

因此，可得到如图4-13所示的晶体管简化低频微变等效模型。

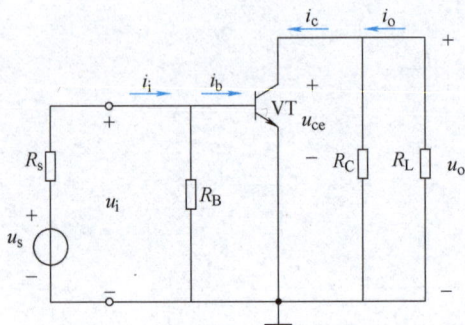

图4-12 共发射极基本放大电路的交流通路

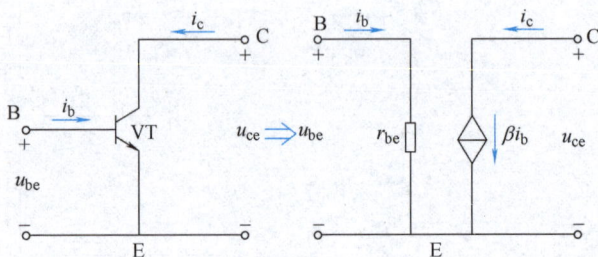

图4-13 晶体管简化低频微变等效模型

3）放大电路的微变等效电路。把图4-12中的晶体管用微变等效模型替换，即得到如图4-14所示的共发射极基本放大电路的微变等效电路。

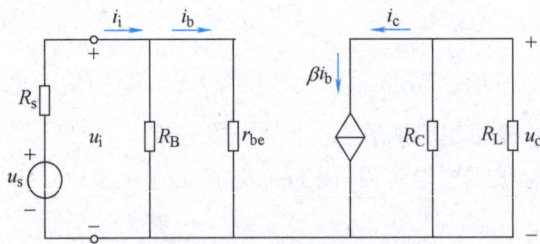

图4-14 共发射极基本放大电路的微变等效电路

微变等效电路的画法

4）放大电路动态性能指标估算。

①电压放大倍数 A_u。从图4-14输入回路可以看出

$$u_i = i_b r_{be}$$

令 $R_L' = R_C /\!/ R_L$，其输出电压为

$$u_o' = -i_c(R_C /\!/ R_L) = -i_c R_L' = -\beta i_b R_L'$$

因此，电压放大倍数为

$$A_u = \frac{u_o'}{u_i} = \frac{-\beta R_L'}{r_{be}}$$

当 $R_L = \infty$ ，即断路时，则

$$A_u = \frac{u_o}{u_i} = \frac{-\beta R_C}{r_{be}}$$

式中负号表示 u_o 与 u_i 相位相反。

②输入电阻。放大电路对信号源（或对前级放大电路）来说，是一个负载，可用一个电阻等效代替。这个电阻就是放大电路的输入电阻 R_i ，即 $R_i = u_i/i_i$ 。它等于从放大电路的输入端看进去的交流等效电阻。从图 4-14 中可以看出，输入电阻 R_i 为 R_B 与 r_{be} 的并联值，实际电路中 R_B 比 r_{be} 大得多，所以输入电阻为

$$R_i = R_B /\!/ r_{be} \approx r_{be}$$

③输出电阻 R_o 。放大电路的输出电阻是从放大电路的输出端看进去的交流等效电阻，它是衡量放大电路带负载能力的一个性能指标。

当 u_s 被短路时，$i_b = 0$ ，则 $i_c = 0$ 。从输出端看进去，只有电阻 R_C ，所以输出电阻为

$$R_o = R_C$$

输出电阻 R_o 的大小反映放大电路带负载能力的强弱。输出电阻 R_o 越小，接入负载 R_L 后，输出电压 u_o 变化越小，电路的带负载能力越强。

例 4-3 放大电路如图 4-10a 所示。其中晶体管为 3DG8，其 β 值为 44，基极偏置电阻 $R_B = 510k\Omega$ ，集电极电阻 $R_C = 6.8k\Omega$ ，负载 $R_L = 6.8k\Omega$ ，$U_{CC} = 20V$ 。求：

1）估算静态工作点。

2）电压放大倍数 A_u 、输入电阻 R_i 和输出电阻 R_o 。

解 1）根据图 4-10b 所示的直流通路，可以得到

$$I_{BQ} = \frac{U_{CC} - U_{BEQ}}{R_B} \approx \frac{U_{CC}}{R_B} = \frac{20V}{510k\Omega} \approx 40\mu A$$

$$I_{CQ} = \beta I_{BQ} = 44 \times 0.04mA = 1.76mA$$

$$U_{CEQ} = U_{CC} - I_{CQ}R_C = 20V - 1.76mA \times 6.8k\Omega \approx 8V$$

2）由图 4-14 所示的共射放大电路的微变等效电路，可以得到

$$r_{be} = 300\Omega + (1+\beta)\frac{26}{I_{EQ}}\frac{(mV)}{(mA)} = 300\Omega + (1+44) \times \frac{26}{1.8}\Omega = 950\Omega = 0.95k\Omega$$

$$A_u = -\beta\frac{R_L'}{r_{be}} = -44 \times \frac{6.8 /\!/ 6.8}{0.95} \approx -157$$

$$R_i \approx r_{be} = 0.95k\Omega$$

$$R_o \approx R_C = 6.8k\Omega$$

二、静态工作点对输出波形的影响

由基本放大电路的工作原理分析可知，加入交流信号后，晶体管各极电压、电流是交、直流叠加值。因此，静态工作点的选择对放大电路的工作有很大的影响。如果选择不当，在

放大电路中将会出现输出电压 u_o 和输入电压 u_i 波形不一致的现象，即非线性失真。工作点选择不当引起的失真如图 4-15 所示。

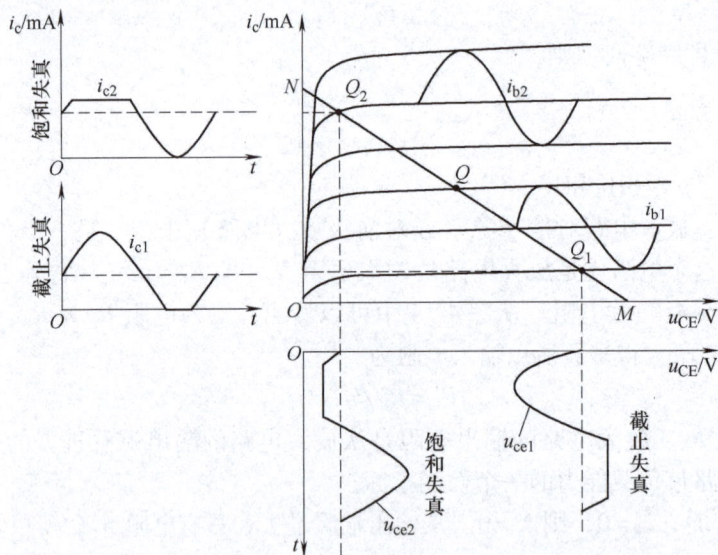

图 4-15 工作点选择不当引起的失真

1）饱和失真。图 4-15 中，若静态工作点设置在 Q_2 点，则集电极电流 I_{CQ} 过大，接近饱和区。当 u_o 按照正弦规律变化时，Q_2 点进入饱和区，造成 i_c 的正半周和 u_{ce} 的负半周出现截顶失真。这种由于晶体管进入饱和区工作而引起的失真称为饱和失真。

2）截止失真。若静态工作点设置在 Q_1 点，则集电极电流 I_{CQ} 过小，接近截止区。由图 4-15 可见，此时 i_c 的负半周和 u_{ce} 的正半周出现截顶失真。这种由于晶体管进入截止区工作而引起的失真称为截止失真。

三、静态工作点的稳定

由上面分析可知，放大电路的静态工作点必须选择适当，以保证不产生非线性失真。但是，放大电路的静态工作点往往因外部因素（如温度变化、电源电压的波动、晶体管的老化等）的变化而变动，从而造成工作点的不稳定，致使放大电路不能正常工作。在这些因素中，影响最大的是温度的变化，因为晶体管的特性和参数对温度的变化非常敏感。因此，在电路结构上采取措施来稳定静态工作点。

1. 分压式射极偏置电路

为了稳定静态工作点，常采用如图 4-16 所示的分压式射极偏置电路。图中，R_{B1} 为上偏置电阻，R_{B2} 为下偏置电阻，R_E 为发射极电阻，C_E 为射极旁路电容，它的作用是使电路的交流信号放大能力不因 R_E 存在而降低。

2. 静态分析

分压式射极偏置电路的直流通路如图 4-16b 所示。当 R_{B1}、R_{B2} 选择适当，使流过 R_{B1} 的电流 $I_1 \gg I_{BQ}$ 时，流过 R_{B2} 的电流 $I_2 = I_1 - I_{BQ} \approx I_1$，则根据分压原理可得基极电位为

分压式偏置
放大电路

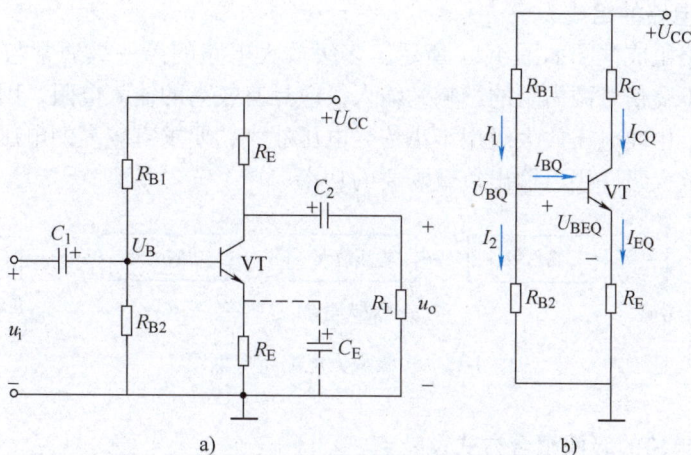

图 4-16　分压式射极偏置电路及其直流通路
a) 分压式射极偏置电路　b) 直流通路

$$U_{B} \approx \frac{R_{B2} U_{CC}}{R_{B1} + R_{B2}}$$

由上式可知，当流过 R_{B1} 的电流 $I_1 \gg I_{BQ}$ 时，U_{BQ} 由 R_{B1}、R_{B2} 分压而定，与晶体管参数无关，几乎不受温度影响。

静态工作点计算如下：

$$I_{CQ} \approx I_{EQ} = \frac{U_{BQ} - U_{BEQ}}{R_{E}} \approx \frac{U_{BQ}}{R_{E}}$$

$$U_{CEQ} = U_{CC} - I_{CQ} R_{C} - I_{EQ} R_{E} \approx V_{CC} - I_{CQ} \left(R_{C} + R_{E} \right)$$

$$I_{BQ} = \frac{I_{CQ}}{\beta}$$

3. 静态工作点的稳定原理

如果温度升高使 I_C 增大，则 I_E 增大，发射极电位 $U_E = I_E R_E$ 升高，结果使 $U_{BE} = U_B - U_E$ 减小，I_B 相应减小，从而限制了 I_C 的增大，使 I_C 基本保持不变，从而达到稳定静态工作点的目的。上述稳定工作点的过程可表示为

$$T（℃）\uparrow \to I_C \uparrow \to I_E \uparrow \to U_E \uparrow \to U_{BE}（= U_B - U_E）\downarrow \to I_B \downarrow \to I_C \downarrow$$

反之，温度下降，其变化过程正好同上相反。

这个过程表明，分压偏置式放大电路的特点就是利用分压器（R_{B1} 和 R_{B2}）获得固定基极 U_{BQ}，再通过电阻 R_E 对电流 I_{CQ}（I_{EQ}）的取样作用，将 I_{CQ} 的变化转换成 U_E 的变化，经负反馈自动调节 U_{BE}，从而达到稳定 Q 点的目的。

四、多级放大电路

实际应用中，放大电路的输入信号都是很微弱的，一般为毫伏级或微伏级。为获得推动负载工作的足够大的电压和功率，需要将多个单级放大电路连接起来组成多级放大电路对输入信号进行连续放大。

1. 多级放大电路的组成

多级放大电路组成框图如图 4-17 所示。多级放大电路的第一级通常与信号源相连，为使输入信号尽量不受信号源内阻的影响，输入级应具有较高的输入电阻，因而常采用高输入电阻的放大电路。中间电压放大级用于小信号电压放大，要求有较高的电压放大倍数。输出级是大信号功率放大级，用以输出负载需要的功率。

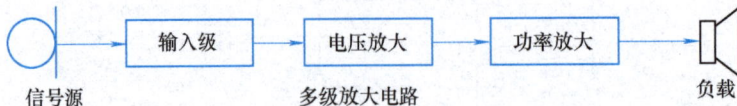

图 4-17　多级放大电路组成框图

2. 多级放大电路的级间耦合方式及特点

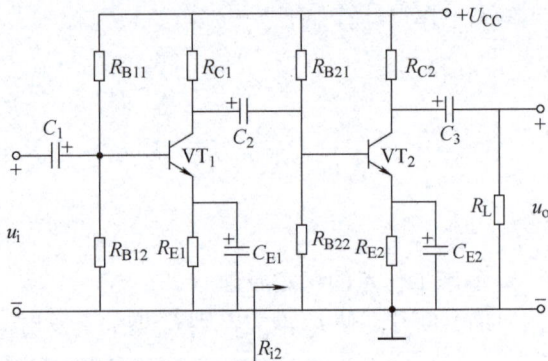

在多级放大电路中，级与级之间的连接方式称为耦合。级间耦合应满足以下要求：一是静态工作点互不影响；二是前级信号能顺利传递到后级，而且传递过程中损耗和失真要尽可能小。

常见的耦合方式有阻容耦合、变压器耦合和直接耦合等。

（1）阻容耦合　阻容耦合多级放大电路如图 4-18 所示。图中，前级的输出电阻通过电容 C_2（称为耦合电容）与后级的输入电阻相连，因而称为阻容耦合。

多级放大电路的级间耦合方式

阻容耦合结构简单，价格低廉，在多级分立元件放大电路中获得广泛应用。由于前、后级之间通过电容相连，所以各级的直流电路互不相通，每一级的静态工作点各自独立，互不影响。但是，它不能放大直流信号和变化缓慢的信号，在集成电路中制造大电容也比较困难，使阻容耦合的应用具有很大的局限性。

（2）变压器耦合　变压器耦合多级放大电路如图 4-19 所示。图中，前级的输出通过变压器与后级的输入端相连，因而称为变压器耦合。

图 4-18　阻容耦合多级放大电路

变压器耦合的最大特点是能够进行阻抗变换，实现负载与放大电路之间的阻抗匹配，使负载获得功率放大。由于变压器隔断了直流，所以各级的静态工作点也是相互独立的。但是，它的频率特性较差，也不能放大直流信号和变化缓慢的信号，因此，应用较少。

（3）直接耦合　直接耦合多级放大电路如图 4-20 所示。图中，前级的输出端直接与后级的输入端相连，因而称为直接耦合。

直接耦合多级放大电路具有良好的频率特性，不但能放大交流，还能放大直流和变化缓慢的信号，所以又称为"直流放大电路"。但由于前级与后级直接相连，因此需要解决静态工作点相互牵制，可能导致的多级放大电路无法正常线性放大的问题，即零点漂移问题。

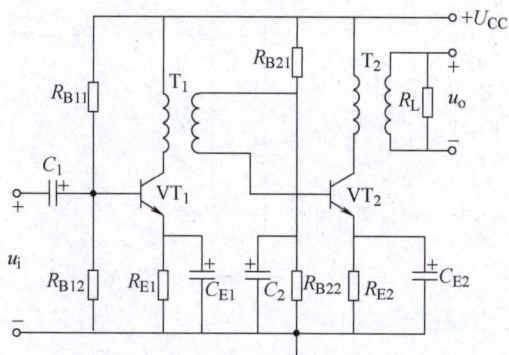

图 4-19　变压器耦合多级放大电路

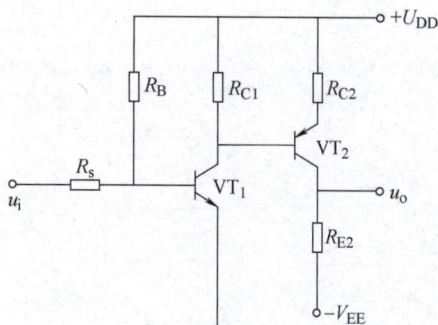

图 4-20　直接耦合多级放大电路

所谓零点漂移，就是放大电路的输入信号为零时，输出端出现偏离静态值而缓慢、无规则变化的输出电压的现象。造成零点漂移的原因有很多，主要原因是晶体管参数随温度变化使各级静态工作点变动。显然，在阻容耦合、变压器耦合的多级放大电路中，这种缓慢变化的漂移电压不会传送到下级放大，但在直接耦合的放大电路中，漂移电压会和有用信号一起直接传送到下一级，经过逐级放大后，在输出端很难区分有用信号和漂移电压，甚至会出现漂移电压"淹没"有用信号的现象，使放大电路无法正常工作。

3. 多级放大电路性能参数的估算

(1) 电压放大倍数　由于前级的输出电压就是后级的输入电压，因此，多级放大电路的电压放大倍数等于各级放大倍数之积。对于 n 级放大电路，有

$$A_u = A_{u1} A_{u2} \cdots A_{un}$$

(2) 输入电阻　多级放大电路的输入电阻 R_i 就是第一级的输入电阻 R_{i1}，即

$$R_i = R_{i1}$$

(3) 输出电阻　多级放大电路的输出电阻 R_o 等于最后一级（第 n 级）放大电路的输出电阻 R_{on}，即

$$R_o = R_{on}$$

五、汽车电子电路中晶体管的应用

1. 汽车电气线路搭铁探测器

汽车在行驶过程中，由于颠簸、振动等原因，会使电气线路与车体发生摩擦而造成绝缘层损坏，出现搭铁（或短路）故障，这就需要及时发现并发出声光报警信号，以提醒驾驶人注意，避免发生事故。汽车电气线路搭铁探测器如图 4-21 所示，它利用的就是晶体管的放大特性。

探测器的原理为：当导线搭铁后，搭铁点就会产生短路电流，短路点向周围发出高频电磁信号，这个信号被由线圈和铁心构成的传感器接收到，并转换成交流电信号输出。交流信号很微弱，经过晶体管 VT_1 放大后，在它的集电极会得到放大了的交流信号，再送入 VT_2 的基极进行放大，使接在 VT_2 集电极的发光二极管闪烁发光，接在发射极的蜂鸣器发出声响。传感器越接近故障点，接收到的信号越强，经过放大后，发光二极管越亮，蜂鸣器发出的声响越强。根据发光二极管和蜂鸣器的声音变化，就能快速找到故障点。

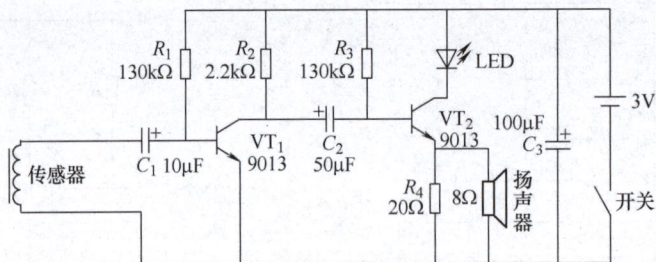

图 4-21　汽车电气线路搭铁探测器

2. 晶体管电压调节器

利用晶体管饱和导通和截止之间状态的转换，将晶体管作为一个电子开关使用，这样的电路一般称为晶体管开关电路。

汽车交流发电机发出的电压随着发动机的转速和负荷会产生波动，发电机输出电压与发电机励磁绕组通过的励磁电流成正比，通过控制励磁线圈电路的通断就可以控制流过的励磁电流平均值的大小，从而使发电机输出电压基本稳定在一个定值。电子调压器利用晶体管的开关作用来控制励磁线圈电路的通断，达到调节电压的目的。

国产 JFT201 型电子调压器适用于 14V、500W 以下的各种交流发电机，如图 4-22 所示。

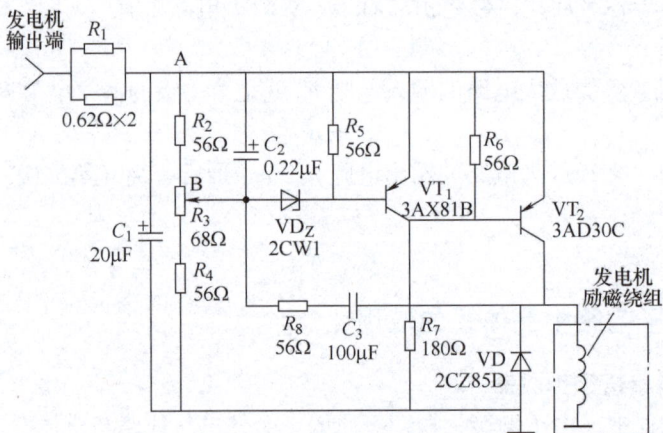

图 4-22　JFT201 型电子调压器

电阻 R_2、R_3、R_4 组成分压电路，B 点电位随着发电机输出电压的变化而变化。在发电机输出电压小于预定调节电压值时，A、B 之间的电压小于稳压二极管 VD_Z 的反向击穿电压，稳压二极管 VD_Z 截止，晶体管 VT_1 基极电流等于零，VT_1 截止。VT_2 的发射极和基极处在电压作用下饱和导通，接通励磁线圈，发电机正常发电。当发电机输出电压升高，达到预定调节值时，AB 之间的电压大于稳压二极管 VD_Z 的反向击穿电压，稳压二极管 VD_Z 导通，晶体管 VT_1 基极流过电流，VT_1 饱和导通，同时 VT_1 将 VT_2 的发射极和基极短路，使 VT_2 截止，断开励磁线圈，发电机输出电压下降。

当发电机输出电压稍低于调节值时，稳压二极管 VD_Z 恢复到截止状态，VT_1 由导通变为截止，使 VT_2 导通。如此反复，使发电机的输出电压维持在规定的调整值附近。

任务实施

1. 实训设备与器材

电工电子试验台、可调直流稳压电源、数字万用表、晶体管、电阻、电容、开关、导线若干。

2. 项目内容和步骤

（1）电压放大电路的安装与静态测试　按图 4-23 所示安装单管电压放大电路。用跨接线短接输入端，闭合开关 S_1，调节 R_P，用万用表电流档、电压档分别测量各级电流值和电压值，填入表 4-5，并与计算值相比较。改变 R_P 的值，重复测量电流值、电压值。其中 $R_{B1} = 75k\Omega$，$R_{B2} = 25k\Omega$，$R_C = 2k\Omega$，$R_E = 1k\Omega$，$\beta = 50$。

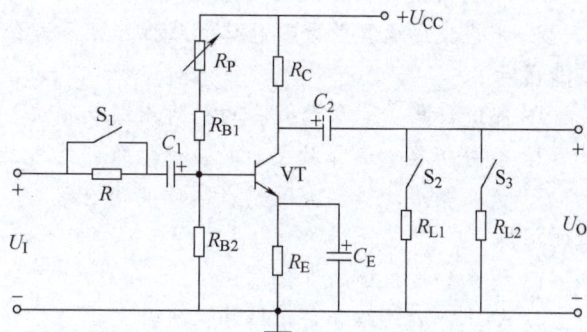

图 4-23　单管电压放大电路

表 4-5　单管电压放大电路静态电压、电流测量记录表

	I_B		I_C		I_E		U_{CE}	
	$R_P = 0$	$R_P = 20k\Omega$	$R_P = 0$	$R_P = 20k\Omega$	$R_P = 0$	$R_P = 20k\Omega$	$R_P = 0$	$R_P = 20k\Omega$
测量值								
计算值								

（2）电压放大电路动态测试　闭合开关 S_1，调节 R_P 使 $I_{CQ1} = 1mA$，加入输入电压 $U_i = 10mV$、$f = 1kHz$。当开关 S_2、S_3 分别为以下 3 种情况时，用交流毫伏表测量并计算有关数据，将数据填入表 4-6 内，并用示波器观察输出电压波形，读出其周期、频率及电压峰-峰值。其中 $R_{L1} = 2k\Omega$，$R_{L2} = 5.6k\Omega$。

表 4-6　单管电压放大电路输出电压观测记录表

条件 $I_{CQ1} = 1mA$	测量值				计算值
	U_O	T	f	U_{P-P}	A_u
S_2、S_3 均断开					
S_2 闭合、S_3 断开					
S_2 断开、S_3 闭合					

任务三　汽车充电系统电压监视器电路的分析

任务目标

知识目标
1. 掌握集成运算放大器的基础知识。
2. 掌握集成运算放大器电路的线性应用和非线性应用。

技能目标
1. 能进行集成运算放大器的引脚识别及测试。
2. 会分析集成运算放大器的应用电路，能进行电路的测试。
3. 能用集成运算放大器构成简单实用电路。

素质目标
1. 树立科技报国的责任意识。
2. 培养辩证思维和科学精神，提升文化自信。

任务导入

随着电子技术的不断发展，分立元件的多级放大电路已经被集成在一块半导体芯片内，构成了集成运算放大器（简称集成运放）。集成运算放大器具有高放大倍数和高可靠性、低成本、小尺寸的优点，因此应用范围十分广泛。

作为基本运算单元，集成运算放大器首先应用于电子模拟计算机上，可以完成加、减、乘、除、微分、积分等数学运算。集成运算放大器除了有运算能力外，还有放大能力，因此在汽车温度传感器、压力传感器中获得了广泛的应用。另外，集成运算放大器被用作电压比较器时，被大量用于汽车电喷发动机、汽车充电系统等汽车电子电路中。

相关知识

一、集成运算放大器简介

1. 集成运算放大器的结构

集成运算放大器是一个高放大倍数的直接耦合多级放大电路。为了便于使用，运算放大器常被制成集成电路。集成运算放大器的结构框图及符号如图4-24所示。

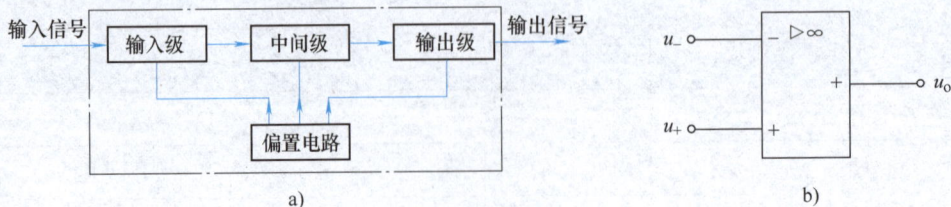

图4-24　集成运算放大器的结构框图及符号
a）结构框图　b）符号

集成运算放大器一般由输入级、中间级、输出级和偏置电路 4 部分组成。

（1）输入级　对于高增益的直接耦合放大电路，提高质量的关键在于输入级，因此要求其输入电阻大，能有效抑制漂移。集成运算放大器的输入级通常采用差动放大电路，差动放大电路由两个完全对称的共发射极单管放大电路组成。电路中，VT_1、VT_2 型号相同，特性一致，各电阻阻值对应相等。信号从两个晶体管的基极输入，集电极输出，构成双端输入、双端输出的差动放大电路。当电路变化时，虽然两管分别出现了零漂，但因电路对称，因而相互抵消，即零点漂移得到抑制。

（2）中间级　中间级主要进行电压放大，要求有较高的电压放大倍数，一般由共发射极电路构成。

（3）输出级　输出级与负载相连，应具有较大的输出电压、较高的的输出功率和较低的输出电阻，因此，一般由射极输出器构成。

（4）偏置电路　偏置电路的作用是给集成运算放大器各级提供合适的静态工作点。

2. 理想集成运算放大器的特点

（1）集成运算放大器的理想化特性　在实际应用中，为了简化分析，通常把集成运放看作一个理想化的运算放大器，称为理想集成运放，其理想化特性为：开环电压放大倍数为无穷大，即 $A_{ud} \to \infty$；输入电阻为无穷大，即 $R_i \to \infty$；输出电阻为零，即 $R_o \to 0$，共模抑制比 $K_{CMR} \to \infty$。

集成运放的电路符号如图 4-24b 所示，它有同相和反相两个输入端和一个输出端。u_+ 是集成运放的同相输入端，由此端输入信号时，输出信号与输入信号的相位相同；u_- 是集成运放的反相输入端，由此端输入信号时，输出信号与输入信号的相位相反。

（2）集成运放的传输特性　集成运放输出电压与输入电压之间的关系称为电压传输特性。集成运放的电压传输特性如图 4-25 所示。电压传输特性是由 3 段直线组成的折线，其中倾斜的直线段，输出电压随输入电压呈线性变化，称为线性

图 4-25　集成运放的电压传输特性

区。在该区内运放具有放大功能，该区称为放大区。两条水平的直线组成了非线性区，在该区间内输出电压不随输入电压变化，达到饱和，$+U_{om}$ 和 $-U_{om}$ 为正负饱和值，非线性区也称为饱和区。

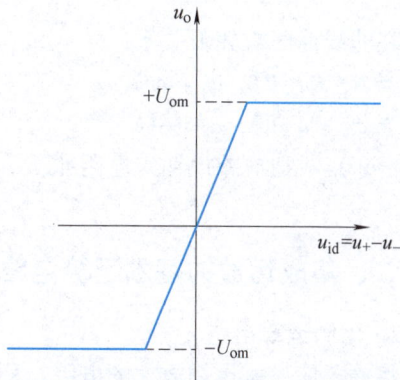

理想集成运放既可以工作在线性区，也可以工作在非线性区，但特点不同。

1）理想集成运放工作在线性区的特点。要使集成运放工作在线性区，必须使其工作在闭环状态，并引入深度负反馈。在理想的线性区，其输出信号随输入信号呈线性变化，曲线的斜率为电压放大倍数，输出信号和输入信号的关系为

$$u_o = A_{od}(u_+ - u_-)$$

①对于理想集成运放，因为开环差模电压放大倍数为无穷大，所以当输出电压为有限值时，差模输入电压 $u_{id} = u_+ - u_- = u_o/A_{od} \approx 0$，即 $u_+ \approx u_-$。

上式表明，理想集成运放同相输入端和反相输入端的电位近似相等，

集成运放的电压传输特性

即两输入端为近似短路状态，并称为"虚短"。

②由于理想集成运放 $R_{id} \to \infty$，两输入端几乎没有输入电流，即两输入端都接近于断路状态，称为虚假断路，简称"虚断"。即 $i_+ = i_- \approx 0$。

理想集成运放的电压、电流及"虚短""虚断"示意图如图 4-26 所示。

虚短和虚断

2）理想集成运放工作在非线性区的特点。电路工作于开环状态或加有正反馈时，工作于非线性区。在非线性区，输出电压不随输入电压线性增长，而将达到饱和，其传输特性如图 4-25 的水平直线段所示。

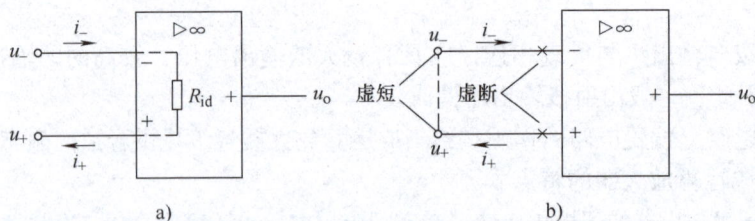

图 4-26　理想集成运放的电压、电流及"虚短""虚断"示意图

a）理想集成运放的电压、电流　b）理想集成运放的"虚短""虚断"

在非线性区有如下关系：

当 $u_+ > u_-$ 时，$u_o = +U_{om}$；

当 $u_+ < u_-$ 时，$u_o = -U_{om}$。

由于集成运放差模输入电阻很大，在非线性应用时，输入电流为零，仍有"虚断"的特征。

二、集成运放的基本运算电路

1. 比例运算电路

将输入信号按比例放大的电路，称为比例运算放大电路。按输入信号加入不同输入端的方式不同，可分为反相比例运算电路和同相比例运算电路。

反相比例运算电路

（1）反相比例运算电路　反相比例运算电路如图 4-27 所示，输入信号 u_i 经电阻 R_1，同相输入端经 R_P 接地。R_P 称为直流平衡电阻，使集成运放两个输入端的外接电阻相等，确保其处于平衡对称的状态。

根据集成运放工作在线性区的两个重要特点（"虚短"与"虚断"）可知：

因为 $u_+ = u_- = 0$（因为 $u_+ = 0$，所以"虚地"），$i_1 = i_f$，所以

$$i_1 = \frac{u_i - u_-}{R_1} = \frac{u_i}{R_1}$$

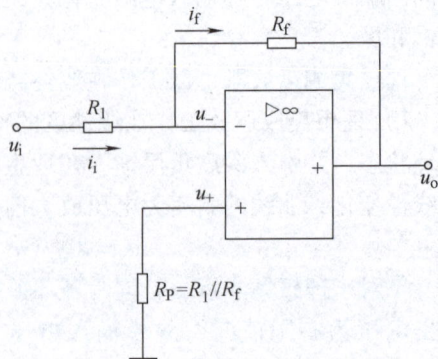

图 4-27　反相比例运算电路

$$i_f = \frac{u_- - u_o}{R_f} = -\frac{u_o}{R_f}$$

得

$$u_o = -\frac{R_f}{R_1}u_i = A_{uf}u_i$$

由上式可以看出，反相比例运算电路的输出电压 u_o 与输入电压 u_i 成比例运算关系，其比例系数称为电压放大倍数 A_{uf}。A_{uf} 仅取决于外接电阻 R_f 和 R_1 的比值。式中的负号表示 u_o 和 u_i 反相。

当 $R_1 = R_f$ 时，$A_{uf} = -1$，$u_0 = -u_i$，这种反相比例运算电路称为反相器。

同相比例运算电路

（2）同相比例运算电路 同相比例运算电路如图 4-28 所示，输入信号 u_i 经 R_2 从集成运放同相输入端输入，输出信号经 R_f 和 R_1 分压后反馈到反相输入端。

根据"虚短"和"虚断"的概念可知：$u_+ = u_- = u_i$；$i_+ = i_- = 0$；$i_1 = i_f$。

> **提示**：虚短不能认为是两个输入端短路，虚断也不能认为是两个输入端开路。

由图 4-28 可得以下关系式

$$i_1 = \frac{0 - u_-}{R_1} = -\frac{u_i}{R_1}$$

$$i_f = \frac{u_- - u_o}{R_f} = \frac{u_i - u_o}{R_f}$$

根据 $i_1 = i_f$，有

$$u_o = \left(1 + \frac{R_f}{R_1}\right)u_i$$

即闭环电压放大倍数为

$$A_{uf} = \frac{u_o}{u_i} = 1 + \frac{R_f}{R_1}$$

可以看出：u_o 与 u_i 成比例关系，改变比例系数，即改变 R_f/R_1，即可改变 u_o 的值。由于输入、输出电压的极性相同且成比例关系，故称为同相比例运算电路。

当 R_1 断开或 R_f 短路时，$A_{uf} = 1$，$u_o = u_i$，即输出电压与输入电压大小相等，相位相同，这种电路称为电压跟随器。电压跟随器如图 4-29 所示。

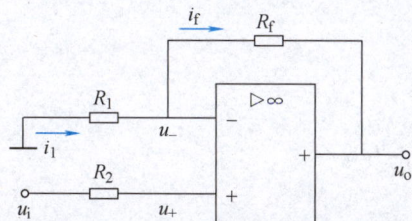

图 4-28 同相比例运算电路

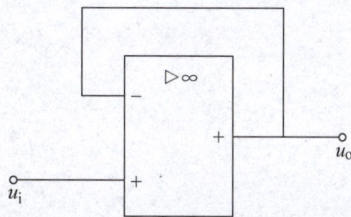

图 4-29 电压跟随器

2. 加法运算电路

（1）反相加法电路　加法运算又称为求和运算。在反相比例运算电路的基础上增加若干个输入支路便组成了反相加法电路，也称为反相加法器，如图 4-30 所示。

根据理想集成运放"虚短""虚断"的特性，$i_+ = i_- = 0$ 和 $u_+ = u_-$，所以可得

反相输入加法运算电路

$$i_1 = \frac{u_{i1}}{R_1}, \quad i_2 = \frac{u_{i2}}{R_2}, \quad i_f = \frac{0 - u_o}{R_f}$$

$$i_f = i_1 + i_2$$

可求得

$$\frac{u_{i1}}{R_1} + \frac{u_{i2}}{R_2} = \frac{0 - u_o}{R_f}$$

$$u_o = -\left(\frac{R_f}{R_1}u_{i1} + \frac{R_f}{R_2}u_{i2}\right)$$

当 $R_1 = R_2 = R_f$ 时，$u_o = -(u_{i1} + u_{i2})$。

上式表明，图 4-30 所示电路的输出电压 u_o 为各输入电压信号之和，式中负号表示输出电压与输入电压相位相反。

如果在图 4-30 所示的输出端接一级反相器，可消去负号，从而实现常规的加法运算。

（2）同相加法电路　同相加法电路如图 4-31 所示，输入信号 u_{i1} 和 u_{i2} 都加到同相输入端，反相输入端通过电阻 R 接地。

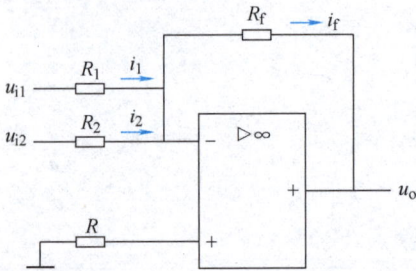

图 4-30　反相加法电路

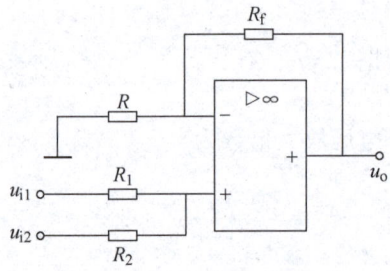

图 4-31　同相加法电路

下面应用叠加定理进行分析。

设 u_{i1} 单独作用，$u_{i2} = 0$，根据"虚短"和"虚断"的性质有

$$u_+' = u_{i1}\frac{R_2}{R_1 + R_2}$$

$$u_o' = \left(1 + \frac{R_f}{R}\right)\frac{R_2}{R_1 + R_2}u_{i1}$$

设 u_{i2} 单独作用，$u_{i1} = 0$，则

$$u''_+ = u_{i2} \frac{R_1}{R_1 + R_2}$$

$$u''_o = \left(1 + \frac{R_f}{R}\right) \frac{R_1}{R_1 + R_2} u_{i2}$$

两者叠加得　　$u_o = u'_o + u''_o = \left(1 + \frac{R_f}{R}\right) \frac{R_1 R_2}{R_1 + R_2} \left(\frac{u_{i1}}{R_1} + \frac{u_{i2}}{R_2}\right)$

若取 $R_1 = R_2$，$R = R_f$，则　$u_o = u_{i1} + u_{i2}$

上式表明，输出电压为两输入电压之和。

3. 减法运算电路

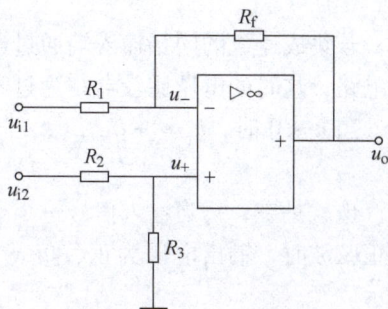

减法运算电路是实现若干个输入信号相减功能的电路，如图 4-32 所示。输入信号 u_{i1} 和 u_{i2} 分别加到集成运放的反相输入端和同相输入端上。

因 $i_- = 0$，u_- 为 u_{i1} 和 u_o 共同作用的结果，应用叠加定理得

$$u_- = u_{i1} \frac{R_f}{R_1 + R_f} + \frac{R_1}{R_1 + R_f} u_o$$

根据分压公式有

$$u_+ = u_{i2} \frac{R_3}{R_2 + R_3}$$

因为 $u_+ = u_-$，故

$$u_o = \left(1 + \frac{R_f}{R_1}\right) \frac{R_3}{R_2 + R_3} u_{i2} - \frac{R_f}{R_1} u_{i1}$$

当 $R_1 = R_2$，$R_3 = R_f$ 时，$u_o = \frac{R_f}{R_1}(u_{i2} - u_{i1})$。

图 4-32　减法运算电路

可见，其输出电压 u_o 与两个输入电压的差值（$u_{i2} - u_{i1}$）成正比，故称为减法运算电路，又称为差值放大电路。

三、电压比较器

在开环状态或外接正反馈时，由于集成运放的开环放大倍数很高，输入信号即使很小，也足以使集成运放工作在非线性工作状态，此时输出为正饱和值或负饱和值，u_o 和 u_i 不再保持线性关系。集成运放处于非线性工作状态时的电路统称为非线性应用电路。这种电路大量地被用于信号比较、信号转换和信号发生以及自动控制系统和测试系统中。

电压比较器是用来对输入电压信号（被测信号）与另一个电压信号（或基准电压信号）进行比较，并根据结果输出高电平或低电平的一种电子电路。在自动控制中，常通过电压比较电路将一个模拟信号与基准信号相比较，并根据比较结果决定执行机构的动作。各种越限报警器就是利用这一原理工作的。

1. 单值电压比较器

开环工作的运算放大器是最基本的单值电压比较器，其电路如图 4-33a 所示。图中，运

放的同相输入端接参考电压 U_{REF}，反相输入端接输入电压 u_i。当 $u_i > U_{REF}$ 时，输出电压 $u_o = -U_{om}$；当 $u_i < U_{REF}$ 时，输出电压 $u_o = +U_{om}$；当 $u_i = U_{REF}$ 时，u_o 发生跳变，其传输特性如图 4-33b 所示。

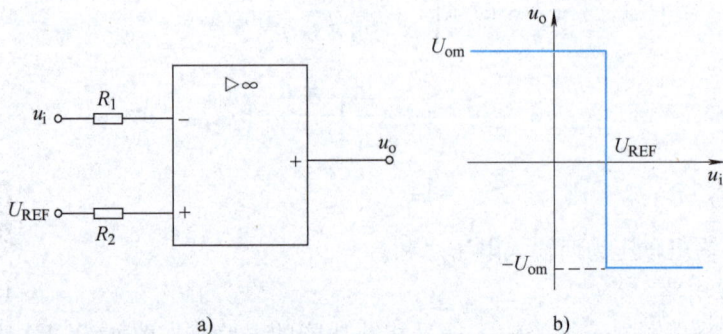

图 4-33 单值电压比较器及其传输特性

a）单值电压比较器电路 b）传输特性

若集成运放的同相输入端通过电阻 R_2 接地，则参考电压 $U_{REF} = 0$，组成如图 4-34a 所示的电路，这时的电压比较器称为过零比较器。

当 $u_i < 0$ 时，$u_o = +U_{om}$；

当 $u_i > 0$ 时，$u_o = -U_{om}$。

也就是说，每当输入信号过零点时，输出信号就发生跳变。当过零比较器的输入信号 u_i 为正弦波时，输出电压为正、负宽度相同的矩形波。正弦波转换成方波波形图如图 4-34b 所示。

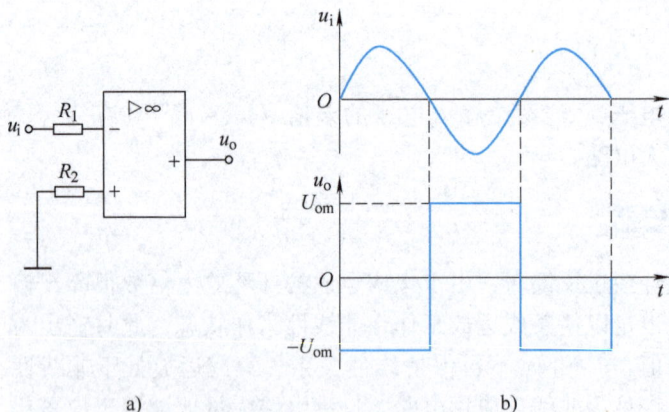

图 4-34 过零比较器

a）电路 b）正弦波转换成方波波形图

2. 窗口比较器

单值电压比较器在输入电压单一方向变化时，输出电压只翻转一次。为了检测出输入电压是否在两个给定电压之间，可采用窗口比较器。窗口比较器如图 4-35a 所示。窗口比较器又称为双限比较器。

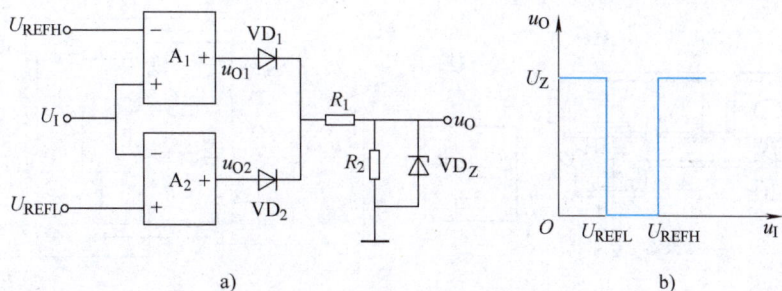

图 4-35 窗口比较器

a）原理图 b）电压传输特性曲线

当 $u_I > U_{REFH}$ 时，运放 A_1 输出 $u_{O1} = +U_{om}$，A_2 输出 $u_{O2} = -U_{om}$，VD_1 导通，VD_2 截止。当 $|-U_{om}| > U_Z$ 时，VD_Z 反向击穿，$u_O = +U_Z$。

当 $u_I < U_{REFL}$ 时，运放 A_1 输出 $u_{O1} = -U_{om}$，A_2 输出 $u_{O2} = +U_{om}$，VD_1 截止，VD_2 导通，当 $|-U_{om}| > U_Z$ 时，VD_Z 反向击穿，$u_O = +U_Z$。

当 $U_{REFL} < u_I < U_{REFH}$ 时，$u_{O1} = u_{O2} = -U_{om}$，$VD_1$、$VD_2$ 均截止，$u_O = 0$。

通过以上分析，可画出窗口比较器的传输特性曲线，如图 4-35b 所示。

图中，R_1、R_2、VD_Z 构成限流限幅电路。R_2 经 R_1 将 $+U_{om}$ 分压，要保证 VD_Z 反向击穿，则 U_{R2} 取值应略大于 U_Z，即

$$U_Z < U_{R2} = \frac{R_2}{R_1 + R_2} U_{om}$$

R_1 具有降压、限流的作用。

四、集成运放在汽车中的应用举例

1. 压敏电阻式进气压力传感器

为了确定喷油时间和最佳点火时刻，在汽车上必须对空气流量进行测量，进气压力传感器就是用于测量空气流量的主要传感器之一。压敏电阻式进气压力传感器的结构示意图和工作原理如图 4-36 所示。

由图 4-36 可知，该传感器主要由压力转换元件和集成运放组成，压力转换元件由硅膜片和附着在硅膜片上的 4 个应变电阻组成，其中应变电阻接成电桥电路。当其阻值随压力而改变时，电桥失去平衡，输出与硅膜片两侧压差成正比的电压。集成运放是一个差动放大器，用来放大电桥输出的信号。

进气量的测量原理是：进气压力通过进气口作用到压力转换元件上，使应变电阻的阻值发生改变，电桥输出电压信号。由于电桥输出电压一般很小，因此需要经过放大电路进行放大。该信号经过差动放大器放大后送给电子控制器 ECU 计算出进气量的大小。

2. 汽车充电系统电压监视器电路

汽车充电系统电压监视器电路如图 4-37 所示，图中各部分电路的作用如下：

（1）滤波稳压电路（图中点画线线框部分）为比较器 A_1、A_2 提供基准电压，电压值为稳压管 VD_Z 的稳定电压。

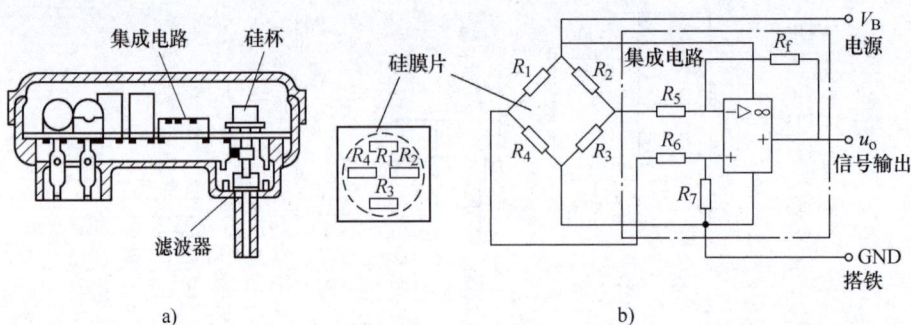

图 4-36　压敏电阻式进气压力传感器

a）结构示意图　b）工作原理

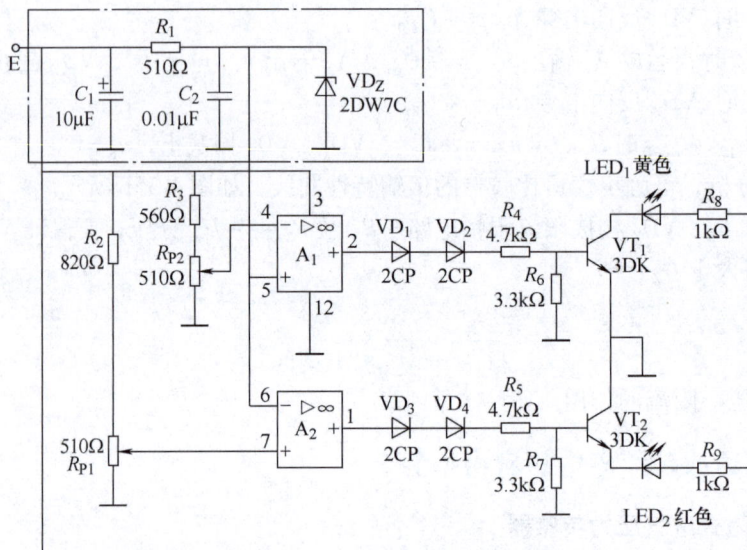

图 4-37　汽车充电系统电压监视器电路

（2）分压电路　将电源充电系统电压分压后形成 A_1、A_2 的输入信号。

（3）比较器 A_1、A_2　将输入信号与基准电压进行比较。比较器 A_1、A_2 的功能是监视汽车充电系统的电压，当电压过低（小于 12V）或过高（大于 14.5V）时，报警器发出警告。

（4）驱动电路 VT_1、VT_2　为驱动警报器工作。

（5）警报器 LED_1、LED_2　充电系统电压异常时发出警告。

汽车充电系统电压监视器电路的工作原理简述如下：

1）当充电系统电压大于 14.5V 时，$V_4 > V_5$，$V_7 > V_6$，$V_2 = 0$，$V_1 = V_{CC}$（电源电压）。此时 VT_1 截止，VT_2 导通，LED_1 不亮，LED_2 发光，指示电压过高。

2）当充电系统电压低于 12V 时，$V_4 < V_5$，$V_7 < V_6$，$V_1 = 0$，$V_2 = V_{CC}$（电源电压）。此时 VT_1 导通，VT_2 截止，LED_1 发光，LED_2 不亮，指示电压过低。

3）当充电系统电压为 12～14.5V 时，$V_4 > V_5$，$V_7 < V_6$，$V_1 = V_2 = 0$。此时 VT_1、VT_2 截止，LED_1、LED_2 不亮，指示电压正常。

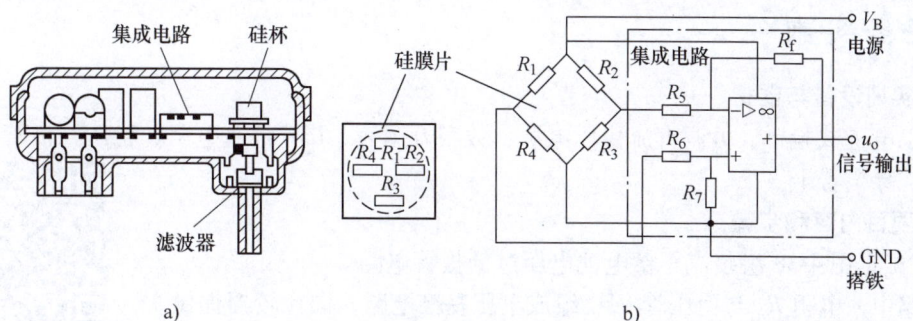

图 4-36 压敏电阻式进气压力传感器

a) 结构示意图 b) 工作原理

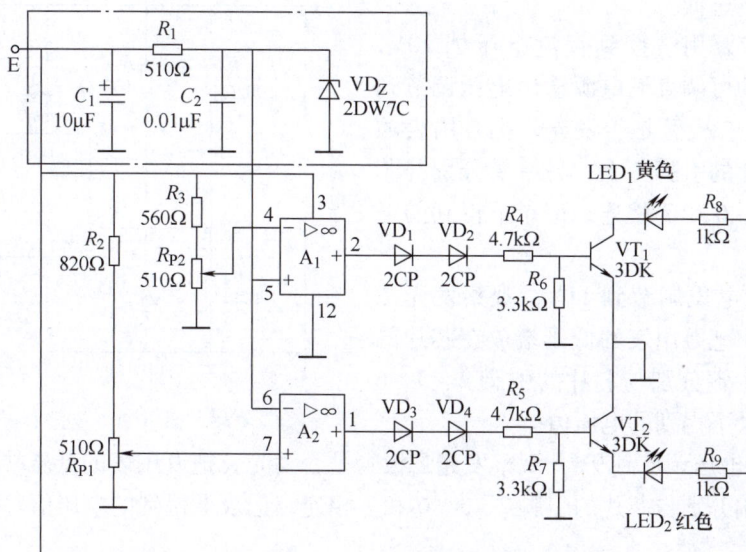

图 4-37 汽车充电系统电压监视器电路

（2）分压电路 将电源充电系统电压分压后形成 A_1、A_2 的输入信号。

（3）比较器 A_1、A_2 将输入信号与基准电压进行比较。比较器 A_1、A_2 的功能是监视汽车充电系统的电压，当电压过低（小于 12V）或过高（大于 14.5V）时，报警器发出警告。

（4）驱动电路 VT_1、VT_2 为驱动警报器工作。

（5）警报器 LED_1、LED_2 充电系统电压异常时发出警告。

汽车充电系统电压监视器电路的工作原理简述如下：

1）当充电系统电压大于 14.5V 时，$V_4 > V_5$，$V_7 > V_6$，$V_2 = 0$，$V_1 = V_{CC}$（电源电压）。此时 VT_1 截止，VT_2 导通，LED_1 不亮，LED_2 发光，指示电压过高。

2）当充电系统电压低于 12V 时，$V_4 < V_5$，$V_7 < V_6$，$V_1 = 0$，$V_2 = V_{CC}$（电源电压）。此时 VT_1 导通，VT_2 截止，LED_1 发光，LED_2 不亮，指示电压过低。

3）当充电系统电压为 12 ~ 14.5V 时，$V_4 > V_5$，$V_7 < V_6$，$V_1 = V_2 = 0$。此时 VT_1、VT_2 截止，LED_1、LED_2 不亮，指示电压正常。

任务实施

1. 实训设备与器材

电工电子试验台、可调直流稳压电源、数字万用表、LM741、电阻、稳压二极管、发光二极管、导线若干。

2. 项目内容和步骤

1) 根据图 4-38 组装汽车蓄电池电压过低报警电路。

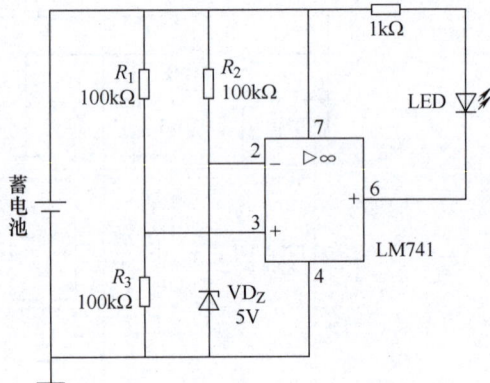

电路中，电阻 R_2 与稳压管 VD_Z 组成电压基准电路，向比较器提供 5V 的基准电压。电阻 R_1、R_3 组成分压电路，中间点作为电压监测点。当蓄电池电压高于 10V 时，比较器输出电压为 12V，发光二极管不发光，指示电压正常；当蓄电池电压低于 10V 时，比较器输出电压为零，发光二极管发光，指示电压过低。

2) 把数字万用表拨到直流电压档 20V，把替代蓄电池的可调直流电源输出电压调节到 12V，观察发光二极管是否发光，把万用表的低压端放在芯片的引脚 4 上，另一端分别与芯片的引脚 2、3、6 和 7 相连，记录下得到的电压值，见表 4-7。

3) 把电源电压调节到 11V，观察发光二极管是否发光，把万用表的低压端放在芯片的引脚 4 上，另一端分别与芯片的引脚 2、3、6和 7 相连，记录下得到的电压值。

图 4-38　蓄电池电压过低报警电路

4) 把电源电压调节到 9V，观察发光二极管是否发光，把万用表的低压端放在芯片的引脚 4 上，另一端分别与芯片的引脚 2、3、6 和 7 相连，记录下得到的电压值。

表 4-7　汽车蓄电池电压过低报警电路检测记录表

电源电压	U_{24}	U_{34}	U_{64}	U_{74}	二极管是否发光
20					
11					
9					

知识拓展

我国集成运放电路发展现状

集成电路在通信中应用广泛，诸如通信卫星、手机、雷达等，我国自主研发的北斗卫星导航系统就是其中典型的案例。北斗卫星导航系统是我国具有自主知识产权的卫星定位系统，与美国 GPS、俄罗斯 GLONASS、欧盟 GALILEO 系统并称为全球 4 大卫星导航系统。它的研究成功，打破了卫星定位导航应用市场由国外垄断的局面。

小　结

1. 晶体管具有电流放大作用，是一种电流控制器件，有 NPN、PNP 两大类。$I_E = I_B + I_C$，它的输入特性曲线与二极管类似，输出特性曲线分饱和、放大、截止 3 个区，NPN 型晶体管的 3 种工作状态见表4-8。

表4-8　NPN 型晶体管的 3 种工作状态

	外加偏置	电压 u_{BE}	电流 I_C	电压 u_{CE}
放大状态	发射结正偏 集电结反偏	硅管 0.6~0.7V 锗管 0.2~0.3V	$\Delta i_C \approx \beta \Delta i_B$（受控） i_B 一定时，i_C 恒流	$u_{CE} > u_{BE}$ $u_{CE} > 1V$
饱和状态	发射结正偏 集电结正偏	硅管 $u_{BE} \geqslant 0.7V$ 锗管 $u_{BE} \geqslant 0.3V$	$\Delta i_C \neq \beta \Delta i_B$ i_C 不随 u_{CE} 的增加而增大	$u_{CE} \leqslant u_{BE}$ 硅管 $U_{CES} \approx 0.3V$ 锗管 $U_{CES} \approx 0.1V$
截止状态	发射结零偏或反偏 集电结反偏	$u_{BE} \leqslant 0$ （或 $u_{BE} \leqslant U_{th}$）	$i_B \approx 0$ $\beta i_B \approx 0$ $i_C \approx I_{CEO}$	$U_{CE} \approx V_{CC}$

2. 晶体管主要参数有极间反向饱和电流 I_{CBO}、I_{CEO}；电流放大系数 $\bar{\beta}$、β；极限参数 $U_{(BR)CEO}$、$U_{(BR)CBO}$、I_{CM}、P_{CM} 等。温度升高，反向饱和电流增加，反向击穿电压下降，β 值增大。选用时，应选 β 在几十至一百多倍，反向饱和电流尽量小的晶体管。

3. 放大电路的组成应遵循 4 条基本原则：要保证晶体管有合适的静态工作点，处于放大工作状态，要使变化的信号能输入、能输出且基本不失真。

4. 放大电路定量分析的主要任务是：静态分析，确定放大电路的静态工作点；动态分析，确定电压放大倍数、输入电阻和输出电阻等。

5. 放大电路静态工作点的稳定直接影响到放大电路的性能，分压式射极偏置电路可以克服温度和其他因素对工作点的影响，提高电路的稳定性。

6. 多级放大电路一般由 3 级组成：输入级、中间级、输出级，各自担负不同的任务。多级放大电路常用的耦合方式有阻容耦合、直接耦合、变压器耦合等。

7. 集成运算放大器实际上是高增益直接耦合多级放大电路。集成运放在低频工作时，可将其视为理想运放。在应用中常把集成运算放大器特性理想化：$A_{od} \rightarrow \infty$，$R_{id} \rightarrow \infty$，$R_{od} = 0$，$K_{CMR} \rightarrow \infty$。理想的集成运放有两个工作区域，即线性区和非线性区。

8. 采用深度负反馈组态是集成运放线性应用的必要条件，具有"虚短"（$u_+ = u_-$）、"虚断"（$i_+ = i_-$）特性，这是分析集成运放线性电路最重要的基本概念。

9. 集成运放工作在开环状态或引用正反馈工作在非线性区域。集成运放工作在非线性区可用来作为信号的电压比较器，即对模拟信号进行幅值大小的比较，在集成运放的输出端则以高电平或低电平来反映比较的结果。集成运放非线性应用时输出只有高电平 $+U_{om}$ 和低电平 $-U_{om}$ 两种状态。

习　题

一、填空题

1. 晶体管具有电流放大作用的实质是利用_____电流实现对_____电流的控制。晶体管具有电流放大作用的外部条件是发射结_____偏置，集电结_____偏置。

2. 晶体管型号 3CG4D 是_____型_____频_____功率管。晶体管的 3 个电极分别称为_____极、_____极和_____极。它们分别用字母_____、_____和_____来表示。

3. 温度升高时，晶体管的电流放大系数 β _____，反向饱和电流 I_{CBO} _____，正向结电压 U_{BE} _____。

4. 有两只晶体管，A 管，$\beta = 200$，$I_{CEO} = 200\mu A$；B 管，$\beta = 80$，$I_{CEO} = 10\mu A$，其他参数大致相同，一般应选用_____管。

5. 晶体管工作在放大区，如果基极电流从 $10\mu A$ 变化到 $20\mu A$，集电极电流从 $1mA$ 变为 $1.99mA$，则交流电流放大系数 β 约为_____。

6. 共射基本放大电路的电压倍数为负值，说明输出信号与输入信号相位相差_____。

7. 放大电路未输入信号时的状态称为_____，其在特性曲线上对应的点为_____；由于放大电路的静态工作点不合适，进入晶体管的非线性区而引起的失真称为_____，包括_____和_____两种。

8. 放大电路的输入电阻越大，放大电路向信号源索取的电流越_____，输入电压就越_____；输出电阻越小，负载对输出电压的影响越_____，放大电路的负载能力就越_____。

9. 多级放大电路常用的级间耦合方式有_____、_____和_____3 种形式。在多级放大电路中，后级的输入电阻是前级的_____，前级的输出电阻可视为后级的_____。

10. 对于某两级放大电路，若第一级电压增益为 40dB，第二级电压放大倍数为 10 倍，则两级总电压放大倍数为_____倍，总电压增益为_____dB。

11. 集成运算放大器是一种采用_____耦合方式的放大电路。理想的集成运放电路输入阻抗为_____，输出阻抗为_____。

12. 理想的集成运放有两个工作区域，_____区和_____区。集成运放线性应用时，具有_____和_____特性。

二、选择题

1. NPN 型硅晶体管各电极对地电位分别为 $V_C = 9V$，$V_B = 0.7V$，$V_E = 0$，由此可判别该晶体管的工作状态为（　　）。

  A. 饱和状态　　　　B. 放大状态　　　　C. 截止状态　　　　D. 已损坏

2. 用万用表测处于放大状态的一只 NPN 型晶体管，测得 1、2、3 电极对地电位分别为 $V_1 = 2V$，$V_2 = 5V$，$V_3 = 2.3V$，则 1、2、3 电极的名称分别是（　　）。

  A. C、B、E　　　　B. E、C、B　　　　C. B、E、C

3. 晶体管用作开关时，工作在（　　）。

  A. 放大区　　　　B. 饱和区　　　　C. 截止区　　　　D. 饱和区或截止区

4. 测得晶体管的电流方向、大小如图 4-39 所示，则可判断 3 个电极为（　　）。

  A. ①基极 B，②发射极 E，③集电极 C

  B. ①基极 B，②集电极 C，③发射极 E

  C. ①集电极 C，②基极 B，③发射极 E

  D. ①发射极 E，②基极 B，③集电极 C

5. 放大电路设置静态工作点的目的是（　　）。

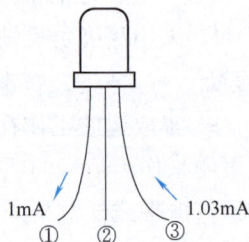

1mA　　　　　　1.03mA
①　　②　　③

图 4-39　选择题 4 图

A. 提高输入电阻　　B. 提高放大能力　　C. 降低输出电阻　　D. 实现不失真放大

6. 对直流通路而言，放大电路中的电容应视为（　　）。

A. 直流电源　　　　B. 断路　　　　　C. 短路

7. 电路的静态指输入交流信号（　　）时的电路状态。

A. 幅值不变　　　　B. 频率不变　　　C. 幅值为零

8. 将基本共射电路中 $\beta = 50$ 的晶体管换成 $\beta = 100$ 的晶体管，其他参数不变，电路不会产生失真，则电压放大倍数为（　　）。

A. 约为原来的1/2　B. 基本不变　　　C. 约为原来的2倍　D. 约为原来的4倍

9. 为了放大变化缓慢的微弱信号，放大电路应采用（　　）耦合方式；为了实现阻抗变换，放大电路应采用（　　）耦合方式。

A. 直接　　　　　　B. 阻容　　　　　C. 变压器　　　　D. 光电

10. 某晶体管的极限参数为 $U_{(BE)CEO} = 30V$，$I_{CM} = 20mA$，$P_{CM} = 100mW$，当晶体管工作电压 $U_{CE} = 10V$ 时，I_C 不得超过（　　）mA。

A. 20　　　　　　　B. 100　　　　　　C. 10　　　　　　D. 30

11. 用集成运放构成功能电路，欲达到 $A_u = -50$ 的目的，应选用（　　）电路。

A. 反相输入放大电路　　　B. 同相输入放大电路　　　C. 差分输入放大电路

三、判断题

1. 晶体管由两个 PN 结组成，能用两个二极管连接起来充当晶体管使用。（　　）

2. 发射结处于正向偏置的晶体管，一定是工作在放大状态。（　　）

3. 晶体管电流放大系数 β 值越大越好。（　　）

4. 阻容耦合多级放大电路各级的 Q 点相互独立，它只能放大交流信号（　　）。

5. 利用微变等效电路，可以很方便地分析计算小信号输入时的静态工作点。（　　）

6. 固定偏置共射极放大电路中，若晶体管 β 增大一倍，电压放大倍数将相应增大一倍。（　　）

7. 当比较器的同相输入端电压大于反相输入端电压时，输出端电压为 $+U_{om}$。（　　）

8. 理想的集成运放电路输入电阻为无穷大，输出电阻为零。（　　）

四、计算题

1. 晶体管各电极实测数据如图 4-40 所示。回答以下问题：

1）各只晶体管是 PNP 型还是 NPN 型？

2）是锗管还是硅管？

3）晶体管是否损坏（指出哪个结已断路或短路）？若未损坏，那么处于放大、截止和饱和中的哪一种工作状态？

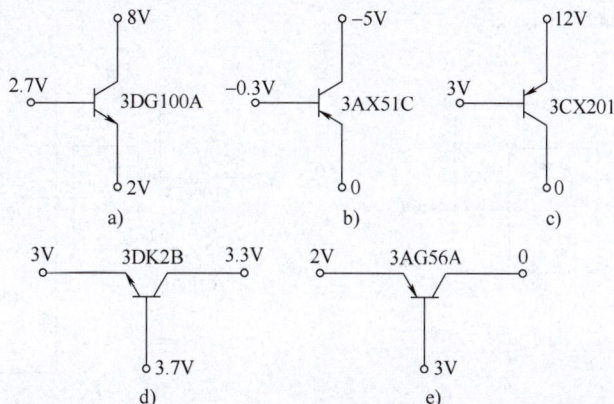

图 4-40　计算题 1 图

2. 在电路中测得放大电路中 4 个晶体管各引脚的电位如图 4-41 所示，试判断这 4 个晶体管的引脚（E、B、C），它们是 NPN 型还是 PNP 型？是硅管还是锗管？

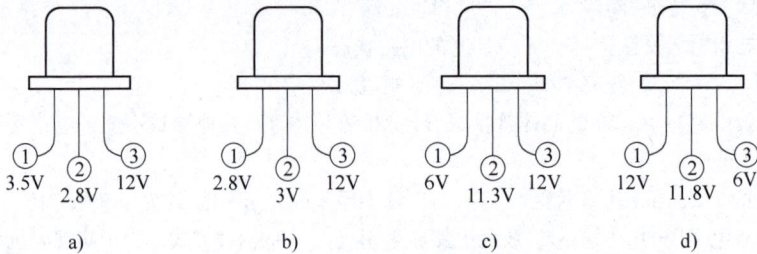

①	②	③
3.5V	2.8V	12V
a)		

①	②	③
2.8V	3V	12V
b)		

①	②	③
6V	11.3V	12V
c)		

①	②	③
12V	11.8V	6V
d)		

图 4-41　计算题 2 图

3. 在图 4-42 所示的电路中，已知 $\beta = 50$，其他参数见图。计算并回答下列问题：

1）估算 Q 点；

2）计算放大电路 R_i 和 R_o，空载时的电压放大倍数 A_u，以及接负载电阻 $R_L = 4k\Omega$ 后的电压放大倍数 A_u'；

3）当 $U_{CEQ} = 8V$ 时（可调 R_B 的阻值），I_{CQ} 和 R_B 的阻值为多大？

4. 电路如图 4-43 所示，若电路参数为 $V_{CC} = 24V$，$R_C = 2k\Omega$，R_L 断路，晶体管 $\beta = 100$，$U_{BE} = 0.7V$。

1）欲将 I_C 调至 1mA，问 R_B 应调至多大？求此时的 A_u；2）在调整静态工作点时，如果不小心把 R_B 调至零，这时晶体管是否会损坏？为什么？如果会损坏，为避免损坏，电路上可采取什么措施？

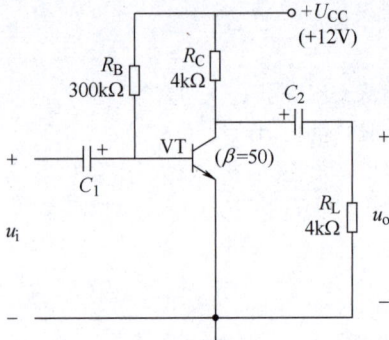

图 4-42　计算题 3 图

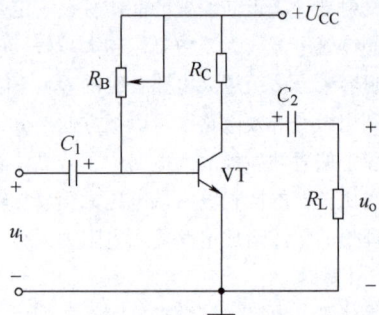

图 4-43　计算题 4 图

5. 在图 4-44 所示电路中，当 $u_i = 1V$ 时，$u_o = -10V$，试求电阻 R_f 的值。

6. 求图 4-45 所示电路的 U_o。

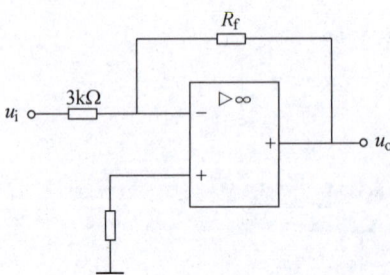

图 4-44　计算题 5 图

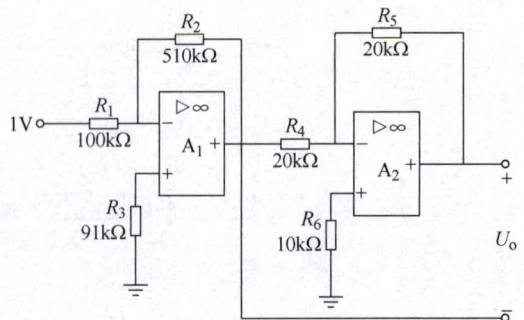

图 4-45　计算题 6 图

项目五　数字电路及其在汽车上的应用

项目描述

该项目主要介绍汽车散热器水位过低报警电路和汽车转向闪光灯电路的设计制作。通过本项目的学习，应掌握数字电路基础知识，能够分析汽车电子电路中数字电路的应用实例，能对汽车常见电路故障现象进行检修。

任务一　汽车散热器水位过低报警电路的设计

任务目标

知识目标

1. 理解常用数制的表示及转换方法。
2. 掌握常用的逻辑门电路的逻辑符号、真值表和逻辑表达式。
3. 理解组合逻辑电路的特点。
4. 掌握组合逻辑电路分析和设计的方法与步骤。
5. 了解常用的组合逻辑电路及其在汽车上的应用。

技能目标

1. 能识别常用的集成门电路芯片。
2. 能够分析组合逻辑电路的功能，并能根据要求进行组合逻辑电路的设计。
3. 学会常用组合逻辑电路及其应用。

素质目标

1. 树立成本意识和质量意识，注重职业素养。
2. 提升团队协作能力，树立集体意识。

任务导入

在电子设备中，通常把电路分为模拟电路和数字电路两类。前者涉及模拟信号，即连续变化的物理量，例如在24h内某室内温度的变化量；后者涉及数字信号，即断续变化的物理量，例如一系列断续变化的电压脉冲。人们把用来传输、控制或变换数字信号的电子电路称为数字电路。随着计算机科学与技术突飞猛进地发展，数字电路在汽车电子电路中的应用越来越广泛。

相关知识

一、数字信号

在汽车电子电路中，电信号主要有两类：一类是连续变化的信号，例如热敏电阻式冷却液温度传感器的输出信号是随着冷却液温度变化而连续变化的信号，这类信号称为模拟信号；另一类用电平的高低来表示，也可以用脉冲的有无来表示，只要能区分出两个相反的状态即可，例如光电式曲轴位置传感器输出的信号，这类信号称为数字信号。数字信号与模拟信号的特性不同。典型的模拟信号和数字信号如图 5-1 所示。

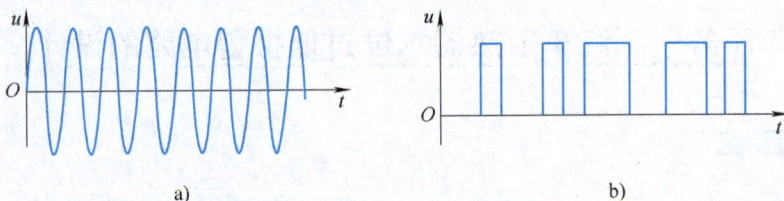

模拟信号和
数字信号

图 5-1　模拟信号和数字信号

a）模拟信号　b）数字信号

汽车上传递的电信号大部分是数字信号。传递的信息经常是有或无，开或关等非此即彼的关系。这种关系被称为二值逻辑。

在二值逻辑中用数字 1 或 0 代表两个状态，与之对应的是晶体管的开或关，或者电平的高或低，处理数字信号的电路就是数字电路。由于数字电路处理的是状态交换，所以对元件精度要求不高，易于集成，成本不高，使用方便。

二、数制与码制

数制是数的表示方法，常用的数制有二进制数和十进制数两种。二进制数是数字电路中应用最广泛的一种数制表示方法，十进制数是人们日常生活中最熟悉的数制表示方法。

数字电路只处理 1 或 0 两种状态，所以在数字电路中广泛采用二进制。二进制包括二进制数和二进制数码，二进制数表示电路状态和数量大小，二进制数码不仅表示数量大小，还可以表示一定的信息，称为代码。

1. 数制

（1）十进制数　人们日常生活中最常用的是十进制数。十进制数的特点是：基数是 10，任何数字由 0~9 共 10 个数码按一定的规律排列而成，计数遵循"逢十进一"的进位规律。不同的位具有不同的权重，这称为位权。

在十进制数中，数码处于不同位置时，它代表的数值是不同的，这是因为不同的数位有不同的位权。

十进制数的权展开式：$(5555)_{10} = 5 \times 10^3 + 5 \times 10^2 + 5 \times 10^1 + 5 \times 10^0$

$$(209.04)_{10} = 2 \times 10^2 + 0 \times 10^1 + 9 \times 10^0 + 0 \times 10^{-1} + 4 \times 10^{-2}$$

由上式可见，同样的数码在不同的数位上代表的数值不同，其中 10^3、10^2、10^1、10^0 称为十进制的权。各数位的权是 10 的幂。

（2）二进制数　二进制数码为 0 或 1；基数是 2。运算规律：逢二进一，即 $1+1=10$。二进制数的权展开式：

$(101.01)_2 = 1 \times 2^2 + 0 \times 2^1 + 1 \times 2^0 + 0 \times 2^{-1} + 1 \times 2^{-2} = (5.25)_{10}$

其中 2^2、2^1、2^0、2^{-1}、2^{-2} 称为二进制的权，各数位的权是 2 的幂。

加法规则：$0+0=0$，$0+1=1$，$1+0=1$，$1+1=10$；

乘法规则：$0 \cdot 0=0$，$0 \cdot 1=0$，$1 \cdot 0=0$，$1 \cdot 1=1$。

数制的转换

（3）二进制数与十进制数的相互转换　二进制数转换为十进制数的方法是将二进制数按位值展开后相加，就得到等值的十进制数。

十进制数转换为二进制数的方法是：整数部分采用基数连除法，先得到的余数为低位，后得到的余数为高位。小数部分采用基数连乘法，先得到的整数为高位，后得到的整数为低位。

所以　$(44.375)_{10} = (101100.011)_2$

采用基数连除、连乘法，可将十进制数转换为任意的 N 进制数。

2. 码制

用以表示文字、符号等信息的二进制数码称为代码。建立这种代码与文字、符号或其他特定对象之间——对应关系的过程，称为编码。

二 – 十进制编码是用 4 位二进制数来表示十进制数中的 0 ~ 9 这 10 个数码，简称 BCD 码。

用 4 位自然二进制数码来表示一位十进制数时，因各位的权值依次为 8、4、2、1，故称 8421 BCD 码。几种常见的二 – 十进制码见表5-1。

表5-1　几种常见的二-十进制码

十进制数码	8421 码	余3码	格雷码	2421 码	5421 码
0	0000	0011	0000	0000	0000
1	0001	0100	0001	0001	0001
2	0010	0101	0011	0010	0010
3	0011	0110	0010	0011	0011
4	0100	0111	0110	0100	0100
5	0101	1000	0111	1011	1000

（续）

十进制数码	8421 码	余 3 码	格雷码	2421 码	5421 码
6	0110	1001	0101	1100	1001
7	0111	1010	0100	1101	1010
8	1000	1011	1100	1110	1011
9	1001	1100	1000	1111	1100

三、常用逻辑门电路

逻辑指事物的因果关系，或者说条件和结果的关系，这些因果关系可以用逻辑运算来表示，也就是用逻辑代数来描述。事物往往存在两种对立的状态，在逻辑代数中可以抽象地表示为 0 和 1，称为逻辑 0 状态和逻辑 1 状态。

数字电路的输出信号和输入信号之间具有一定的逻辑关系，即因果关系，因此数字电路又称逻辑电路。逻辑电路的基本单元有两个：门电路和触发器。这里介绍门电路。

逻辑电路中实现基本和常用逻辑运算的电子电路称为逻辑门电路，简称门电路。基本门电路有与门、或门和非门。常用的复合门电路有与非门、或非门、与或非门、异或门和同或门等。

1. 与门

只有决定事物结果的全部条件同时具备时，结果才发生，这种因果关系称为与逻辑关系。与逻辑控制电路如图 5-2 所示。开关 A 与 B 串联在回路中，两个开关都闭合时，灯亮。若其中任意一个开关断开，灯就不亮。这里开关 A、B 的闭合与灯亮的关系称为逻辑与，也称逻辑乘。

与逻辑关系

与逻辑表达式为 $Y = A \cdot B = AB$

若将开关接通记作 1，断开记作 0；灯亮记作 1，灯灭记作 0，则可将逻辑变量和函数的各种取值的可能性用表 5-2 所示的真值表来表示。真值表是用来描述逻辑电路的输入和输出逻辑变量间逻辑关系的表格。

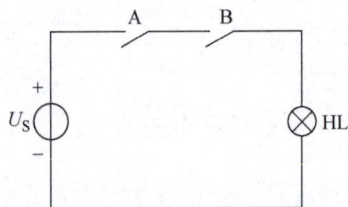

图 5-2 与逻辑控制电路

表 5-2 与逻辑真值表

输　　入		输　　出
A	B	Y
0	0	0
0	1	0
1	0	0
1	1	1

实现与逻辑的电路称为与门电路。图 5-3a 所示是一种由二极管组成的与门电路，图中 A、B 为输入端，Y 为输出端。根据二极管导通和截止条件，当输入端全为高电平（逻辑 1）时，二极管 VD_1 和 VD_2 都导通，则输出端为高电平（逻辑 1）；若输入端有 1 个或 1 个以上为低电平（逻辑 0），则对应的二极管导通，输出端电压被下拉为低电平（逻辑 0）。即，与逻辑关系遵循的逻辑规律为"全 1 出 1，有 0 出 0"。与门电路的逻辑符号如图 5-3b 所示。

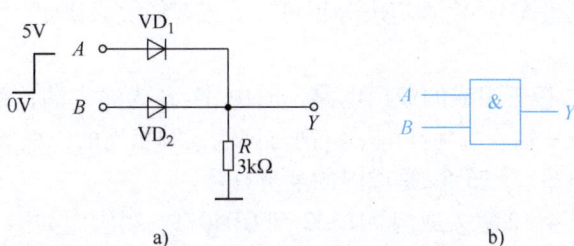

二极管与
门电路

图 5-3 与门电路及逻辑符号

a）电路 b）逻辑符号

常见的与门集成电路芯片有 4 – 2 输入与门 74LS08 和 CD4081，它的内部有 4 个相同的 2 端输入与门，每一个与门都可以单独使用，电源电压为 + 5V，共有 14 个引脚。常用与门集成电路引脚图如图 5-4 所示。

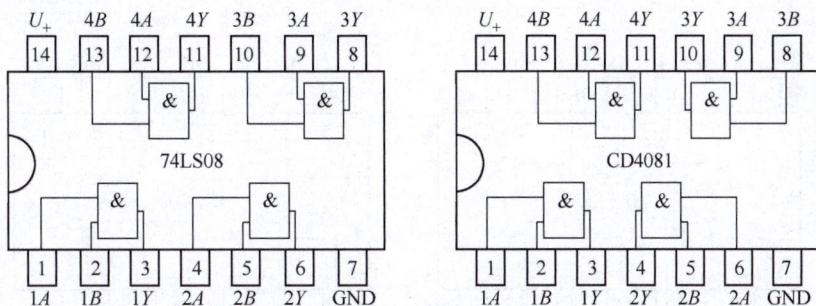

图 5-4 常用与门集成电路引脚图

2. 或门

在决定事物结果的诸条件中只要有一个或者几个条件具备，该事件就会发生。这种因果关系称为逻辑或关系。如图 5-5 a 所示，开关 A 与 B 并联在回路中，开关 A 或 B 只要有一个闭合时灯就亮，只有 A、B 都断开时，灯才不亮，这种逻辑关系就称为逻辑或，也称为逻辑加，或逻辑表达式为 $Y = A + B$。

或逻辑关系

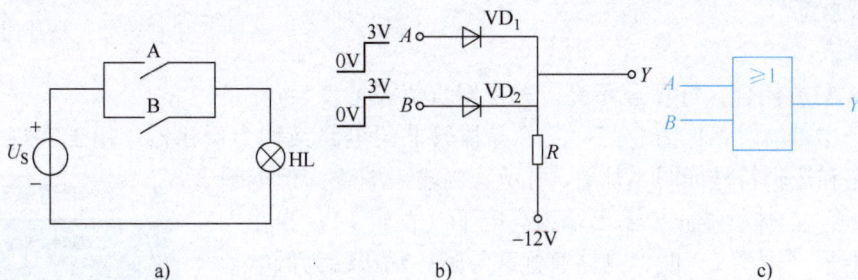

图 5-5 或逻辑控制电路及或门逻辑电路、逻辑符号

a）或逻辑控制电路 b）或门逻辑电路 c） 或门逻辑符号

或逻辑的真值表见表 5-3。由真值表分析可知，或逻辑关系满足"有 1 出 1，全 0 出 0"的逻辑规律。

图 5-5b 所示是由二极管组成的或门电路，图中 A、B 为输入端，Y 为输出端。显然，只要任一输入端为高电平，则与该输入端相连的二极管就导通，使输出 Y 为高电平。图 5-5c 是或门的逻辑符号。

常见的或门电路有 4－2 输入或门 74LS32 和 CD4071，引脚图如图 5-6 所示。

二极管或门电路

表 5-3　或逻辑真值表

输　　入		输　　出
A	B	Y
0	0	0
0	1	1
1	0	1
1	1	1

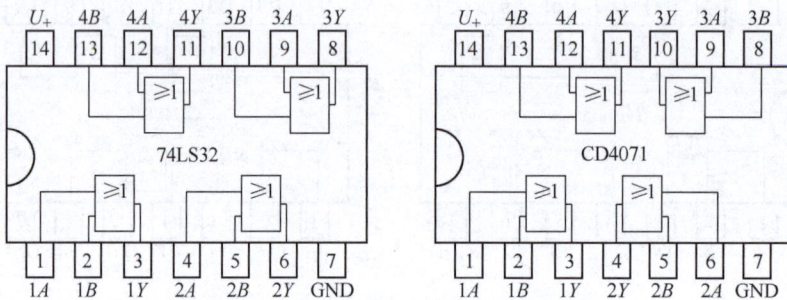

图 5-6　常用或门集成电路引脚图

3. 非门

只要条件具备了，结果便不会发生；而条件不具备时，结果一定发生。这种逻辑关系称为逻辑非，也称为逻辑求反。非就是反，就是否定。非逻辑可用图 5-7a 所示电路来表示，开关 A 与灯泡 Y 并联，开关闭合时，灯灭；开关断开时，灯亮。这种逻辑关系就是非逻辑，即"事情的结果和条件呈相反状态"。

非逻辑关系与非门电路

非逻辑表达式为　$Y = \bar{A}$

开关 A 只要闭合，灯 Y 就不亮。非逻辑真值表见表 5-4。

实现非逻辑的电路称为非门电路。晶体管非门电路又称为反相器，用于实现非逻辑功能，其电路和逻辑符号如图 5-7b、c 所示。当输入端 A 为低电平（逻辑 0）时，晶体管截止，输出端为高电平（逻辑 1）；当输入端 A 为高电平（逻辑 1）时，晶体管饱和导通，输出端为低电平（逻辑 0）。非门的逻辑规律是"有 0 出 1，有 1 出 0"。

常用的非门集成电路芯片有六反相器 74LS04 和 CD4069，引脚图如图 5-8 所示。

表 5-4　非逻辑真值表

输　　入	输　　出
A	Y
0	1
1	0

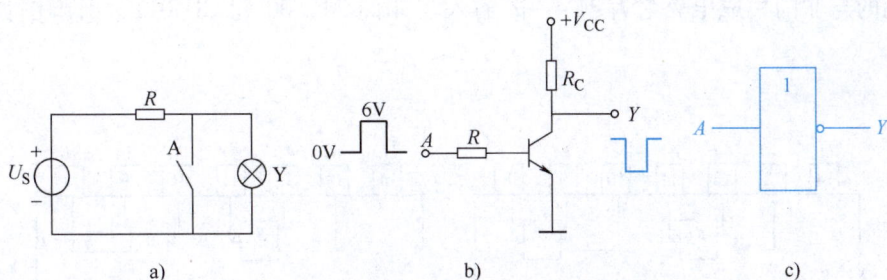

图 5-7 非逻辑控制电路及非门逻辑电路、逻辑符号

a）非逻辑控制电路 b）非门逻辑电路 c）非门逻辑符号

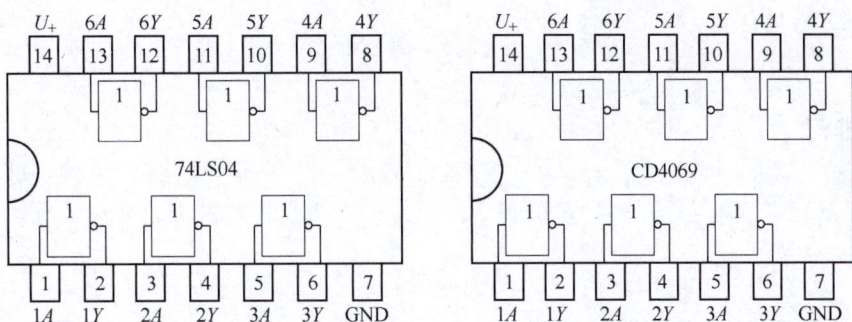

图 5-8 常用非门集成电路引脚图

4. 与非门

由与、或、非 3 种基本门电路可以组合成多种复合门。最简单的复合门是与非门和或非门。在与门后串接一个非门就构成了与非门。与非门逻辑结构及逻辑符号如图 5-9 所示。与非门的逻辑表达式为 $Y = \overline{AB}$。

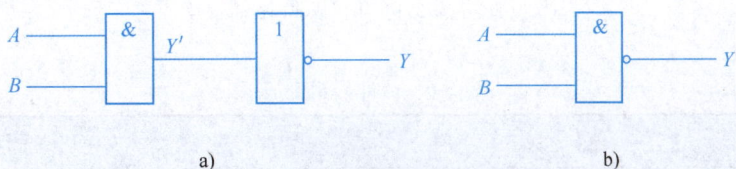

图 5-9 与非门逻辑结构及逻辑符号

a）与非门逻辑结构 b）与非门逻辑符号

与非门的真值表见表 5-5，其逻辑功能可归纳为"有 0 出 1，全 1 出 0"。

表 5-5 与非门的真值表

输 入		与非门
A	B	$Y = AB$
0	0	1
0	1	1
1	0	1
1	1	0

常用的与非门集成电路芯片有 4 – 2 输入与非门 74LS00 和 CD4011，引脚图如图 5-10 所示。

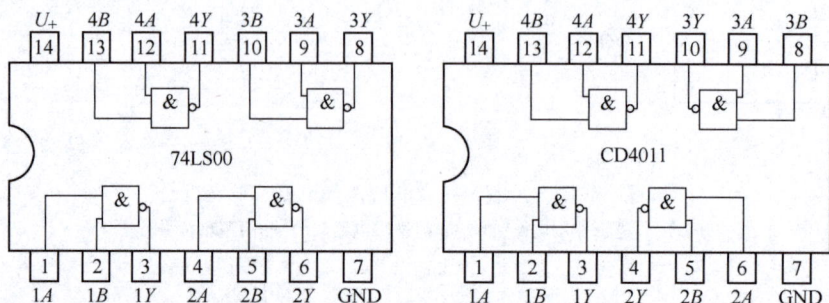

图 5-10　常用与非门集成电路引脚图

5. 或非门

将或门的输出端和非门的输入端直接相连，便组成了或非门电路，如图 5-11 所示。或非门的真值表见表 5-6。或非门的逻辑表达式为 $Y = \overline{A + B}$，其逻辑功能可归纳为"有 1 出 0，全 0 出 1"。

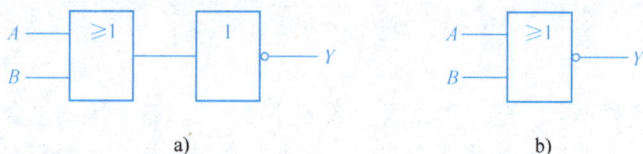

图 5-11　或非门逻辑结构及逻辑符号
a) 或非门逻辑结构　b) 或非门逻辑符号

表 5-6　或非门真值表

输　　入		或非门
A	B	$Y = \overline{A + B}$
0	0	1
0	1	0
1	0	0
1	1	0

常见的或非门集成电路芯片有 4 – 2 输入或非门 74LS02 和 CD4001，引脚图如图 5-12 所示。

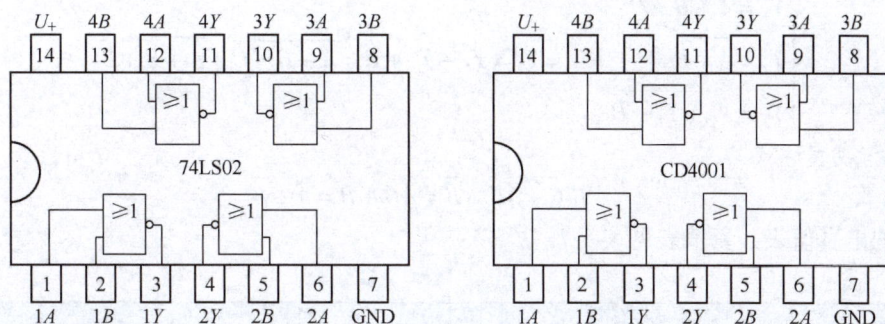

图 5-12　常用或非门集成电路引脚图

四、组合逻辑电路

1. 组合逻辑电路的组成和表示

组合逻辑电路由各种门电路按一定的逻辑功能要求组合连接而成，它和时序逻辑电路共同构成数字电路。其特点是任一时刻的电路输出信号仅取决于该时刻的输入信号，而与信号作用前电路原来所处的状态无关。组合逻辑电路的框图如图 5-13 所示，图中 $X_1 \sim X_n$ 代表输入变量，$Y_1 \sim Y_m$ 代表输出变量。

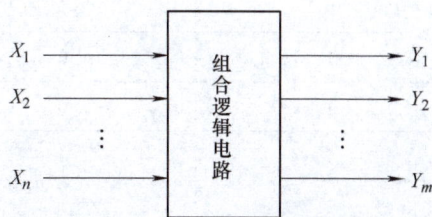

图 5-13　组合逻辑电路的框图

2. 组合逻辑电路的分析方法

组合逻辑电路的分析是根据已知的组合逻辑电路，确定其输入与输出之间的逻辑关系，验证和说明此电路逻辑功能的过程。分析方法一般按以下步骤进行：

1）根据给定的逻辑电路图写出输出端的逻辑函数表达式。

2）对所得到的表达式进行化简和变换，得到最简式。

3）根据最简式列出真值表。

4）分析真值表，确定电路的逻辑功能。

组合逻辑电路分析

例 5-1　试分析组合逻辑电路的功能，电路如图 5-14 所示。

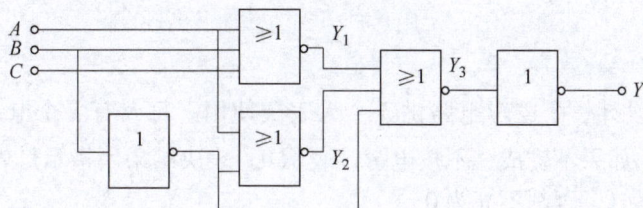

图 5-14　例 5-1 逻辑图

解　1）根据已知电路，写出输出端的逻辑表达式，并进行化简。

$$\begin{cases} Y_1 = \overline{A + B + C} \\ Y_2 = \overline{\overline{A} + \overline{B}} \\ Y_3 = \overline{Y_1 + Y_2 + \overline{B}} \end{cases} \Rightarrow Y = \overline{Y_3} = Y_1 + Y_2 + \overline{B} = \overline{A + B + C} + \overline{\overline{A} + \overline{B}} + \overline{B}$$

最简与或表达式

$$Y = \overline{A}\,\overline{B}\,\overline{C} + \overline{A}B + \overline{B} = \overline{A}B + \overline{B} = \overline{A} + \overline{B}$$

2）列出真值表，真值表见表 5-7。

表 5-7　组合逻辑电路真值表

输　入			输　出
A	B	C	Y
0	0	0	1
0	0	1	1
0	1	0	1
0	1	1	1
1	0	0	1
1	0	1	1
1	1	0	0
1	1	1	0

3）分析确定电路的逻辑功能。电路的输出 Y 只与输入 A、B 有关，而与输入 C 无关。Y 和 A、B 的逻辑关系为：A、B 中只要有一个为 0，$Y = 1$；A、B 全为 1 时，$Y = 0$。所以 Y 和 A、B 的逻辑关系为与非运算的关系。

3. 组合逻辑电路的设计方法

组合逻辑电路的设计与分析正好相反，根据给定的功能要求，采用某种设计方法，得到满足功能要求且最简单的组合逻辑电路。基本设计步骤如下：

1）分析设计要求，确定全部输入变量和输出变量，根据设计要求列真值表。

2）根据真值表，写出输出函数表达式。

3）对输出函数表达式进行化简。用公式法或卡诺图法都可以。

4）根据最简输出函数表达式，画逻辑电路图。

组合逻辑电路的设计

例 5-2　试设计一个逻辑电路供 3 个人表决使用。每人有 1 个电键，如果赞成，就按电键，表示为 1；如果不赞成，不按电键，表示 0。表决结果用指示灯表示。若多数赞成，则指示灯亮，输出为 1，否则不亮为 0。

解　设计步骤：

1）分析命题，列真值表。设输入 A、B、C 为 3 人，赞成按键为 1，否则为 0；输出为指示灯，灯亮为 1，否则为 0。其真值表见表 5-8。

表 5-8　表决器真值表

输　　入			输　　出
A	B	C	Y
0	0	0	0
0	0	1	0
0	1	0	0
0	1	1	1
1	0	0	0
1	0	1	1
1	1	0	1
1	1	1	1

2）由真值表写出输出表达式

$$Y = \overline{A}BC + A\overline{B}C + AB\overline{C} + ABC$$

3）用卡诺图化简，如图 5-15a 所示，得到最简输出逻辑表达式为

$$Y = AB + BC + AC$$

4）画逻辑图，如图 5-15b 所示。

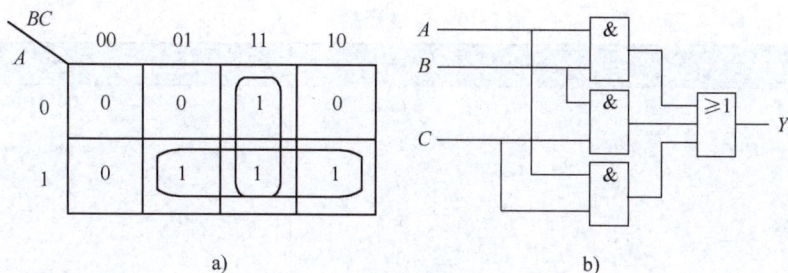

图 5-15　3 人表决器逻辑图

a）化简卡诺图　b）逻辑图

4. 常用的组合逻辑电路

组合逻辑电路在数字系统中应用非常广泛，为了实际工程应用的方便，常把某些具有特定逻辑功能的组合电路设计成标准化电路，并制造成中小规模集成电路产品，常见的有编码器、译码器、数据选择器、数据分配器、运算器等。

（1）加法器　在数字系统（如计算机）中，运算器中的加法器是最重要也是最基本的运算单元。计算器中的加、减、乘、除等运算都是化作若干加法运算进行的。加法器包括半加器和全加器两种。

1）半加器。半加器是实现两个一位二进制数相加求和，并向高位进位的逻辑电路。半加器的特点是不考虑来自低位的进位。半加器有两个输入端：加数 A_i 和被加数 B_i；两个输出端：本位和 S_i 和向高位的进位 C_i。根据二进制加法运算规律列出真值表，见表 5-9。

根据真值表写出逻辑表达式

半加器

$$S_i = \overline{A_i} B_i + A_i \overline{B_i} = A_i \oplus B_i$$

$$C_i = A_i B_i$$

由逻辑表达式画出逻辑图如图 5-16a 所示，逻辑符号如图 5-16b 所示。

表 5-9　半加器的真值表

A_i	B_i	S_i	C_i
0	0	0	0
0	1	1	0
1	0	1	0
1	1	0	1

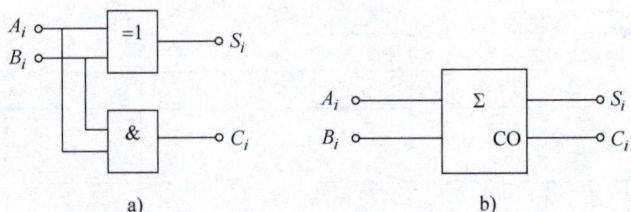

图 5-16　半加器逻辑图及符号

a）半加器逻辑图　b）半加器符号

2）全加器。全加器是实现两个一位二进制数相加，同时考虑低位相本位的进位的电路。全加器有 3 个输入端：加数A_i、被加数B_i 和低位进位C_{i-1}；两个输出端：本位和S_i 和向高位的进位C_i。根据二进制加法运算规律列出真值表，见表 5-10。

表 5-10　全加器的真值表

A_i	B_i	C_{i-1}	S_i	C_i
0	0	0	0	0
0	0	1	1	0
0	1	0	1	0
0	1	1	0	1
1	0	0	1	0
1	0	1	0	1
1	1	0	0	1
1	1	1	1	1

根据真值表写出逻辑表达式

$$S_i = \overline{A_i}\,\overline{B_i}\,C_{i-1} + \overline{A_i} B_i\,\overline{C_{i-1}} + A_i\,\overline{B_i}\,\overline{C_{i-1}} + A_i B_i\,C_{i-1}$$

$$C_i = \overline{A_i} B_i\,C_{i-1} + A_i\,\overline{B_i}\,C_{i-1} + A_i B_i\,\overline{C_{i-1}} + A_i B_i\,C_{i-1}$$

对逻辑函数式进行化简得

$$S_i = A_i \oplus B_i \oplus C_{i-1}$$

$$C_i = A_i B_i + (A_i \oplus B_i)\,C_{i-1}$$

由逻辑表达式画出逻辑图如图 5-17a 所示，逻辑符号如图 5-17b 所示。

单个半加器或全加器只能实现两个 1 位二进制数相加。要完成多位二进制数相加，需使用多个全加器进行相连。图 5-18 所示为 4 位集成并行进位加法芯片 74HC283 的引脚图和逻辑符号。

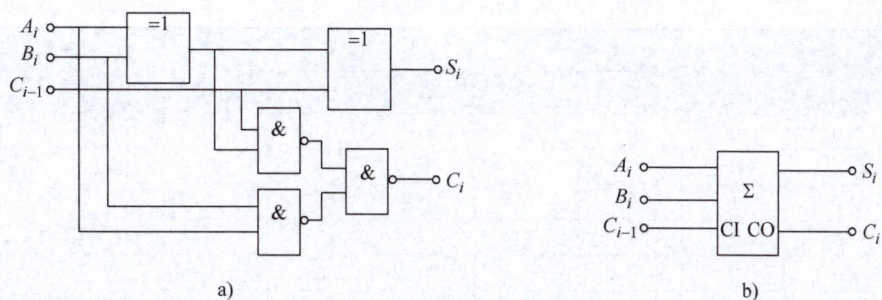

图 5-17 全加器逻辑图及符号

a）全加器逻辑图　b）全加器符号

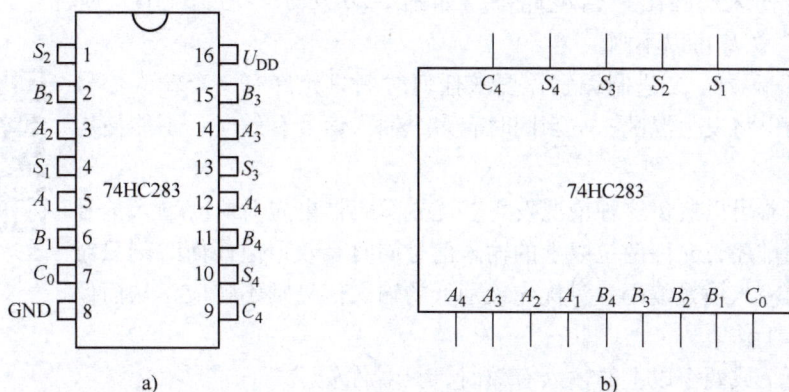

图 5-18 74HC283 的引脚图和逻辑符号

a）引脚图　b）逻辑符号

（2）编码器　编码器是将某些具有特定意义的输入信号编成相应的若干位二进制数码的器件，通常有二进制编码器、BCD 码编码器及优先编码器。

1）二进制编码器。用 n 位二进制代码对 $M = 2^n$ 个信号进行编码的电路称为二进制编码器。

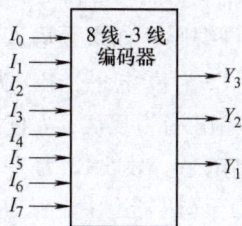

图 5-19 所示为 3 位二进制编码器的逻辑图，有 8 个输入端，3 个输出端，所以也称为 8 线-3 线编码器。其真值表见表 5-11。从表 5-11 可以看出，当某一个输入端为高电平时，输出与该输入对应的数码。

根据真值表写出逻辑表达式为

$$Y_3 = \overline{\overline{I_4}\,\overline{I_5}\,\overline{I_6}\,\overline{I_7}}$$

$$Y_2 = \overline{\overline{I_2}\,\overline{I_3}\,\overline{I_6}\,\overline{I_7}}$$

$$Y_1 = \overline{\overline{I_1}\,\overline{I_3}\,\overline{I_6}\,\overline{I_7}}$$

二进制编码器

图 5-19 3 位二进制编码器的逻辑图

表5-11 3位二进制编码器的真值表

输　入								输　出		
I_0	I_1	I_2	I_3	I_4	I_5	I_6	I_7	Y_3	Y_2	Y_1
1	0	0	0	0	0	0	0	0	0	0
0	1	0	0	0	0	0	0	0	0	1
0	0	1	0	0	0	0	0	0	1	0
0	0	0	1	0	0	0	0	0	1	1
0	0	0	0	1	0	0	0	1	0	0
0	0	0	0	0	1	0	0	1	0	1
0	0	0	0	0	0	1	0	1	1	0
0	0	0	0	0	0	0	1	1	1	1

　　根据逻辑表达式画出逻辑电路图，如图 5-20 所示。当 $I_1 \sim I_7$ 均取值为 0 时，输出 $Y_3Y_2Y_1 = 000$，故 I_0 可以不画。

　　2）优先编码器。二进制编码器要求任何时刻只允许有一个输入信号有效，否则输出将发生混乱——当同时有多个输入信号有效时，不能使用二进制编码器。

　　优先编码器可以避免这种情况发生。优先编码器事先对所有输入信号进行优先级别排序，允许两位以上的输入信号同时有效；但任何时刻只对优先级最高的输入信号编码，对优先级别低的输入信号则不响应，从而保证编码器可靠工作。

优先编码器

　　如果有两个或两个以上的输入有效时，只对优先级最高的输入信号进行编码的编码器称为优先编码器。其优点是当有两个或两个以上的输入有效时，输出不会发生混乱，广泛应用于计算机的优先中断系统、键盘编码系统中。

　　图 5-21 所示为 8 线-3 线优先编码器 74LS148 的引脚图和逻辑符号。其中 $\overline{I_0} \sim \overline{I_7}$ 为 8 个输入信号端，A_2、A_1、A_0 为 3 个输出端，$\overline{EI}$ 为输入选通端，EO 为输出使能端，GS 为片优选编码输出端。

　　$\overline{EI}$ 为输入选通端，为高电平时，禁止编码，输出端 $A_2A_1A_0 = 111$，$\overline{GS}$ 和 EO 均为高电平。$\overline{EI}$ 为低电平时，允许编码，如果无输入信号，则输出端 $A_2A_1A_0 = 111$，且 $\overline{GS}$ 为高电平，EO 为低电平；如果有输入信号，则输出端为反码，$\overline{I_7}$ 优先权最高，$\overline{GS}$ 为低电平，EO 为高电平。表 5-12 为 74LS148 功能真值表。

　　（3）译码器　译码是编码的逆操作，就是把二进制代码转换成高、低电平信号输出。实现译码的电路称为译码器。译码器同时也是数据分配器，即将单个数据由多路端口输出。常用的译码器有变量译码器、码制变换译码器和显示译码器。

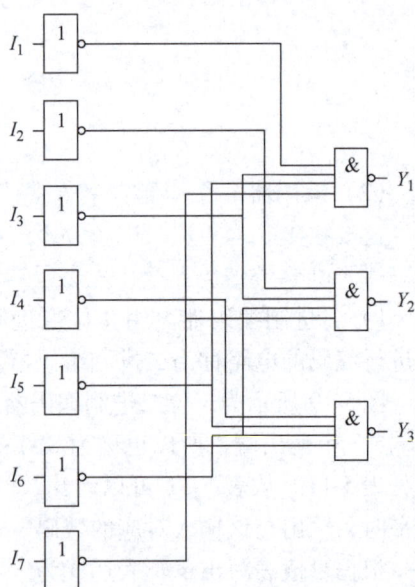

图 5-20　3 位二进制编码器的逻辑图

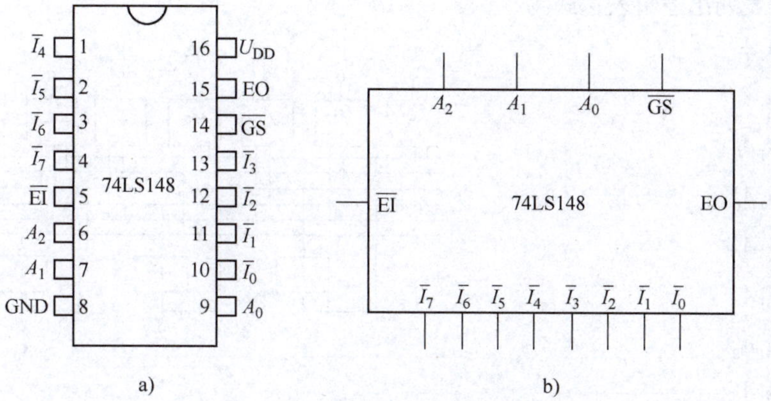

图 5-21　74LS148 的引脚图和逻辑图

a）74LS148 的引脚图　b）74LS148 的逻辑图

表 5-12　74LS148 功能真值表

输　　　入									输　　出				
$\overline{EI}$	$\overline{I_0}$	$\overline{I_1}$	$\overline{I_2}$	$\overline{I_3}$	$\overline{I_4}$	$\overline{I_5}$	$\overline{I_6}$	$\overline{I_7}$	A_2	A_1	A_0	$\overline{GS}$	EO
1	×	×	×	×	×	×	×	×	1	1	1	1	1
0	1	1	1	1	1	1	1	1	1	1	1	1	0
0	×	×	×	×	×	×	×	0	0	0	0	0	1
0	×	×	×	×	×	×	0	1	0	0	1	0	1
0	×	×	×	×	×	0	1	1	0	1	0	0	1
0	×	×	×	×	0	1	1	1	0	1	1	0	1
0	×	×	×	0	1	1	1	1	1	0	0	0	1
0	×	×	0	1	1	1	1	1	1	0	1	0	1
0	×	0	1	1	1	1	1	1	1	1	0	0	1
0	0	1	1	1	1	1	1	1	1	1	1	0	1

1）二进制译码器。如果译码器输入的二进制代码为 N 位，输出的信号个数为 2^N，这样的译码器称为二进制译码器，也称为 N 线-2^N 线译码器。表 5-13 为 3 位二进制译码器的真值表，有 3 位输入，8 位输出，又称为 3 线-8 线译码器。

表 5-13　3 位二进制译码器的真值表

输　入			输　　出							
A_2	A_1	A_0	Y_0	Y_1	Y_2	Y_3	Y_4	Y_5	Y_6	Y_7
0	0	0	1	0	0	0	0	0	0	0
0	0	1	0	1	0	0	0	0	0	0
0	1	0	0	0	1	0	0	0	0	0
0	1	1	0	0	0	1	0	0	0	0
1	0	0	0	0	0	0	1	0	0	0
1	0	1	0	0	0	0	0	1	0	0
1	1	0	0	0	0	0	0	0	1	0
1	1	1	0	0	0	0	0	0	0	1

根据真值表列出逻辑表达式为

$$\begin{cases} Y_0 = \overline{A_2}\,\overline{A_1}\,\overline{A_0} \\ Y_1 = \overline{A_2}\,\overline{A_1}\,A_0 \\ Y_2 = \overline{A_2}\,A_1\,\overline{A_0} \\ Y_3 = \overline{A_2}\,A_1\,A_0 \\ Y_4 = A_2\,\overline{A_1}\,\overline{A_0} \\ Y_5 = A_2\,\overline{A_1}\,A_0 \\ Y_6 = A_2\,A_1\,\overline{A_0} \\ Y_7 = A_2\,A_1\,A_0 \end{cases}$$

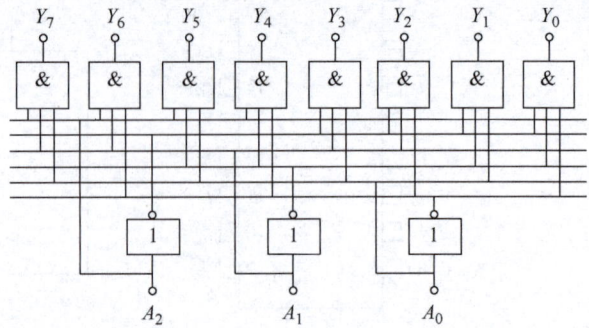

图 5-22　3 位二进制译码器逻辑电路图

其逻辑电路图如图 5-22 所示。

集成二进制译码器 74LS138 引脚图和逻辑图如图 5-23 所示。

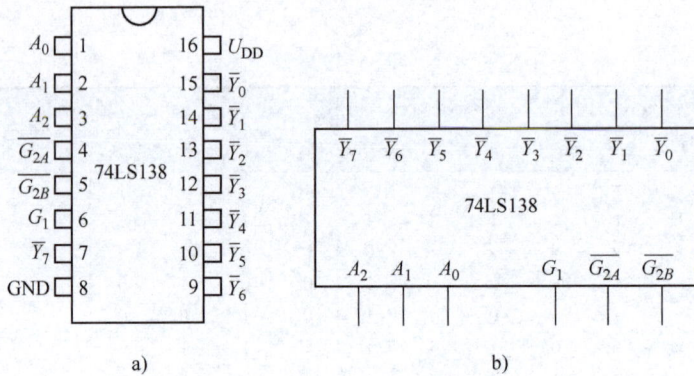

图 5-23　74LS138 引脚图和逻辑图

a) 74LS138 引脚图　b) 74LS138 逻辑图

有 3 个代码输入端 A_2、A_1、A_0 和 3 个控制输入端 G_1、$\overline{G_{2A}}$、$\overline{G_{2B}}$，也称片选端，8 个输出端为 $\overline{Y_0} \sim \overline{Y_7}$，有效输出电平为低电平。表 5-14 为 74LS138 的真值表，从表中可知，片选控制端 $G_1 = 1$，$\overline{G_{2A}} = \overline{G_{2B}} = 0$ 时，译码器工作，允许译码；否则，译码器停止工作，输出端全部为高电平。

表 5-14　74LS138 的真值表

输　入					输　出							
G_1	$\overline{G_{2A}} + \overline{G_{2B}}$	A_2	A_1	A_0	$\overline{Y_7}$	$\overline{Y_6}$	$\overline{Y_5}$	$\overline{Y_4}$	$\overline{Y_3}$	$\overline{Y_2}$	$\overline{Y_1}$	$\overline{Y_0}$
0	×	×	×	×	1	1	1	1	1	1	1	1
×	1	×	×	×	1	1	1	1	1	1	1	1
1	0	0	0	0	1	1	1	1	1	1	1	0
1	0	0	0	1	1	1	1	1	1	1	0	1
1	0	0	1	0	1	1	1	1	1	0	1	1
1	0	0	1	1	1	1	1	1	0	1	1	1
1	0	1	0	0	1	1	1	0	1	1	1	1
1	0	1	0	1	1	1	0	1	1	1	1	1
1	0	1	1	0	1	0	1	1	1	1	1	1
1	0	1	1	1	0	1	1	1	1	1	1	1

2）显示译码器。用来驱动各种显示器件，从而将用二进制代码表示的数字、文字、符号翻译成人们习惯的形式直观地显示出来的电路，称为显示译码器。

数码显示器是用来显示数字、文字和符号的器件。显示器的种类很多，其中常用的显示器件有 LED 发光二极管显示器、LCD 液晶显示器。下面介绍 LED 发光二极管显示器。

LED 发光二极管显示器又称为 LED 数码管，由 7 段发光二极管构成"8"，另外还有一个小数点发光二极管。按照高、低电平的驱动方式，分为共阴极和共阳极两种，如图 5-24 所示。

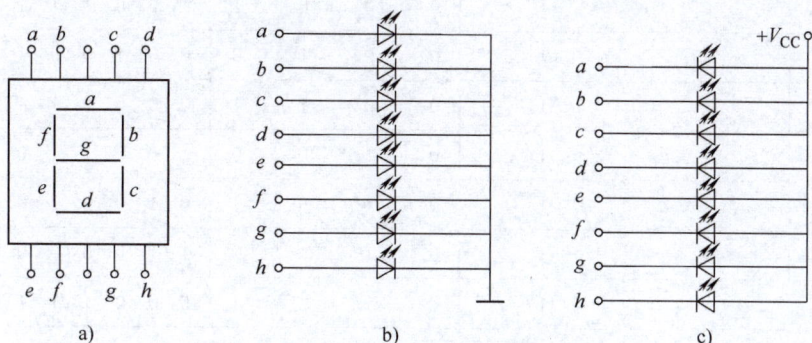

图 5-24　LED 数码管外形图及结构图
a）外形　b）共阴极　c）共阳极

通常采用译码器进行驱动，常用的译码驱动器有 74LS47（共阳极译码驱动器）和 74LS48（共阴极译码驱动器）。74LS47 是 BCD-7 段数码管译码器/驱动器，74LS47 用于将 BCD 码转化成数码块中的数字，通过它解码，可以直接把数字转换为数码管的显示数字。74LS47 输出低电平有效。图 5-25 所示为 74LS47 译码器的引脚图，图 5-26 所示为 74LS47 译码器的驱动电路，表 5-15 为 74LS47 的真值表。

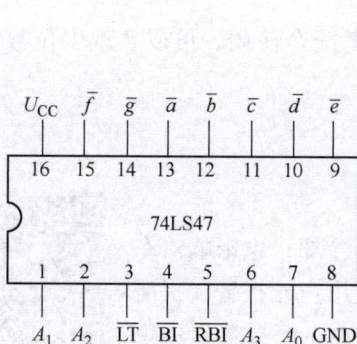

图 5-25　74LS47 译码器的引脚图

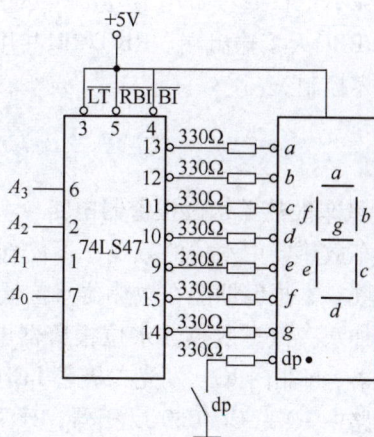

图 5-26　74LS47 译码器的驱动电路

表 5-15　74LS47 的真值表

$\overline{LT}$	$\overline{RBI}$	$\overline{BI}/\overline{RBO}$	A_3	A_2	A_1	A_0	a	b	c	d	e	f	g	说明
0	×	1	×	×	×	×	0	0	0	0	0	0	0	试灯
×	×	0	×	×	×	×	1	1	1	1	1	1	1	灭灯
1	0	1	0	0	0	0	1	1	1	1	1	1	1	灭零
1	1	1	0	0	0	0	0	0	0	0	0	0	1	0
1	×	1	0	0	0	1	1	0	0	1	1	1	1	1
1	×	1	0	0	1	0	0	0	1	0	0	1	0	2
1	×	1	0	0	1	1	0	0	0	0	1	1	0	3
1	×	1	0	1	0	0	1	0	0	1	1	0	0	4
1	×	1	0	1	0	1	0	1	0	0	1	0	0	5
1	×	1	0	1	1	0	1	1	0	0	0	0	0	6
1	×	1	0	1	1	1	0	0	0	1	1	1	1	7
1	×	1	1	0	0	0	0	0	0	0	0	0	0	8
1	×	1	1	0	0	1	0	0	0	1	1	0	0	9

该集成显示译码器设有多个辅助控制端，其功能如下：

1）试灯输入端$\overline{LT}$。当$\overline{LT}=0$，且$\overline{BI}/\overline{RBO}=1$时，无论其他输入端状态如何，所有输出端均为 0，显示数字 8。该输入端用于检查数码管各段是否正常发光。

2）$\overline{BI}$灭灯输入端。当$\overline{BI}=0$时，无论其他输入端状态如何，所有输出端均为 1，使共阳极数码管熄灭。

3）$\overline{RBI}$灭零输入端。当$\overline{LT}=\overline{BI}=1$，$\overline{RBI}=0$时：若输入端$A_3A_2A_1A_0=0000$，则 7 段全暗，不显示；若输入端$A_3A_2A_1A_0\neq0000$，正常显示。

4）$\overline{RBO}$灭零输出端。$\overline{RBO}$和$\overline{BI}$共用一个引脚，两者配合使用，可以实现多位数码管显示的灭零控制。

五、逻辑电路在汽车电路中的应用

1. 汽车散热器水位报警器电路

汽车散热器中水位的减少，不仅直接影响发动机的冷却，也影响汽车正常行驶。本报警器能在散热器水位低于正常水位时发出声光报警，提醒驾驶人加水。汽车散热器水位报警器电路如图 5-27 所示，该报警器由铜棒探测器、6 非门 IC、发光二极管 LED、压电陶瓷片 HTD、电源等组成。

水箱水位过低报警器

电路中 IC 为 CD4069 反相器，HTD 为压电陶瓷蜂鸣器。散热器中放一根铜丝为传感器，一般选用直径为 2mm 的漆包线。铜线的下端置于最低水位处，且不能与散热器体接触，散热器体搭铁。

当散热器水位符合要求时，铜线浸在水中，由于散热器体搭铁和水的导电作用，使

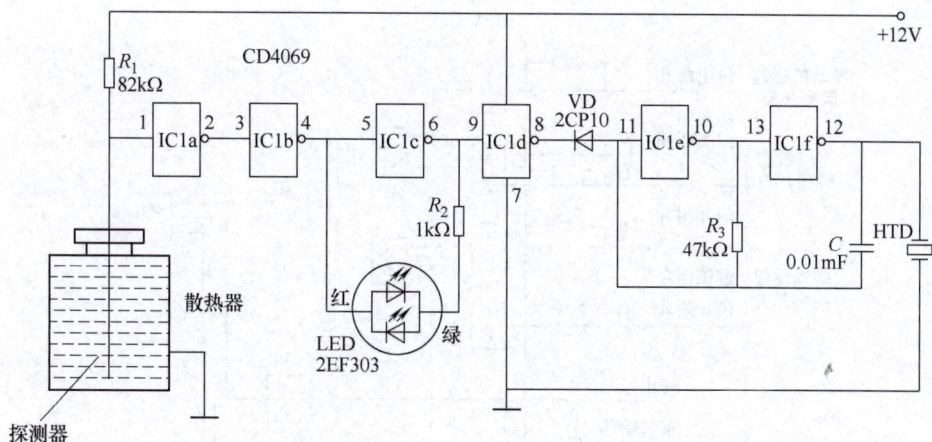

图 5-27　散热器水位报警器电路

CD4069 的 1 脚为低电平，2 脚为高电平，4、5 脚为低电平，6、9 脚为高电平，绿色 LED 发光，指示水位正常。由于二极管的钳位作用，11 脚被固定在低电平，蜂鸣器不鸣叫。

当散热器水位低于最低水位时，铜线离开冷却液悬空，使得 CD4069 的 1 脚为高电平，2 脚为低电平，4、5 脚为高电平，6、9 脚为低电平，红色 LED 发光，指示水位低于最低限制水位。同时，8 脚为高电平，使二极管截止，IC1e 和 IC1f 组成的振荡器工作，蜂鸣器发出鸣叫音，提醒驾驶人加冷却液。

2. 门锁控制电路分析

现代轿车都装有门锁装置，是为了开关车门以及发生异常情况时提醒驾驶人注意而设计的。图 5-28 所示为门锁控制电路。在开关的控制下，该电路产生门锁控制信号驱动执行机构动作，完成门锁的开关动作。

电路由非门、与门、或门和与非门电路组成。输入信号包括：发动机钥匙检测开关，钥匙插入点火开关内为闭合，拔出为断开；车门状态检测开关，车门打开为闭合，车门关闭为断开；解锁位置检测开关，处于解锁位置为闭合，处于锁止位置为断开；车门钥匙的锁止位置和解锁位置；车内门锁控制开关的锁止位置和解锁位置。

在正常情况下，当驾驶人拔出发动机钥匙，准备锁车时，发动机钥匙检测开关断开，非门 a 输入高电平，输出低电平。与门 c、g 均输出低电平，控制解锁信号 A 的或门 l 的状态完全由车门钥匙或车内门锁控制开关实现控制。当车门钥匙旋向锁止位置时，非门 h 输入低电平，输出高电平；控制锁止信号的或门 m 输出高电平，发出锁止信号 B。

相反，当车门钥匙旋向解锁位置时，非门 i 输入低电平，输出高电平；控制解锁信号的或门 l 输出高电平，发出解锁信号 A。与此相似，当车内门锁控制开关被扳向锁止或解锁位置时，或门 m 或 l 也会发出相应的锁止信号 B 和解锁信号 A。

当车门未关好，准备锁车时，由于车门状态检测开关中的一个必为闭合状态，与非门 b 有一个输入为低电平，所以输出为高电平，相应地使与门 c、g 均输出高电平，控制或门 l 输出高电平，发出解锁信号 A，使车门无法锁止，提醒驾驶人车门未关好。

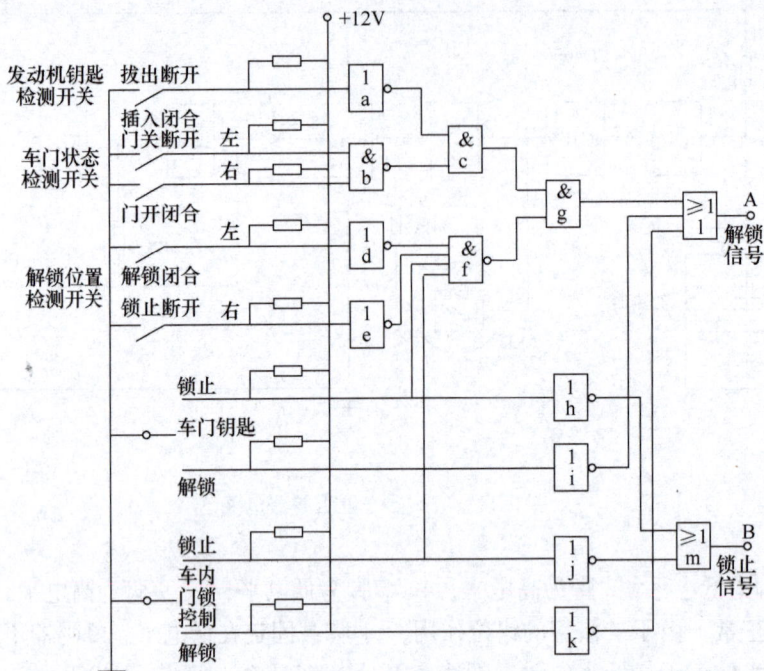

图 5-28　门锁控制电路

当解锁时，如果解锁装置没有到位，开关断开，解锁位置检测开关输入为高电平，非门 d、e 中有一个输出为低电平，或门 f 输出为高电平，与门 g 输出为高电平，或门 l 输出为高电平，发出解锁信号 A，使解锁过程到位。

当驾驶人将发动机钥匙遗忘在点火开关内，准备锁车时，发动机钥匙检测开关闭合，非门 a 输入低电平，输出高电平，使与门 c、g 均输出高电平（其他开关均正常），或门 l 输出高电平，发出解锁信号 A，不能锁止车门，提醒驾驶人钥匙遗忘在车内。

🕐 任务实施

1. 实训设备与器材

电工电子试验台、74LS04、电阻、电容、拨动开关、发光二极管、蜂鸣器、导线若干。

2. 项目内容和步骤

1）汽车散热器水位报警器电路的搭建。利用给出的实验器材，在电工电子实验台上搭建汽车散热器水位报警器电路，如图 5-29 所示，使用双控开关 S 模拟散热器水位，注意电路连接的正确性。

2）用导线按照示意图连接成完整电路，注意连接前先断开电源开关。检查无误后，闭合电源开关，仔细观察实训现象，并做好相关记录，见表 5-16。

3. 注意事项

1）插接集成芯片时，认清标记，不得插反；注意芯片引脚顺序。

2）电源电压为 +5V，注意电源极性。

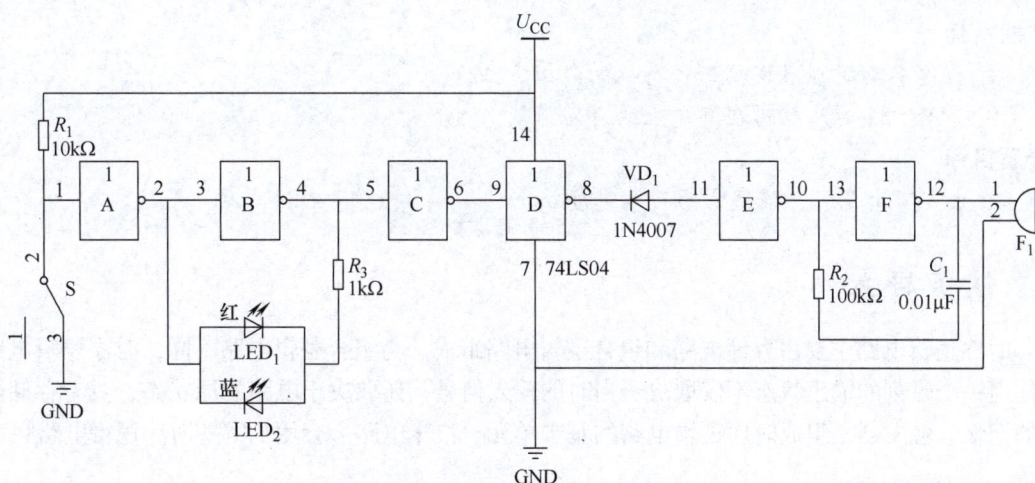

图 5-29　汽车散热器水位报警器电路

表 5-16　实验记录

	散热器水位正常	水箱水位低
开关 S		
蓝色 LED$_2$		
红色 LED$_1$		
蜂鸣器		

3）TTL 集成门电路闲置输入端妥善处理。根据门电路逻辑功能，与门和与非门闲置输入端处理方法如下：①悬空；②接高电平，即通过限流电阻与电源相连接；③与使用的输入端并联使用。

或门和或非门闲置输入端处理方法如下：①接地；②接低电平，即通过限流电阻与GND 相连接。

4）输出端不允许并联；不允许直接接地和接高电平，以免烧坏芯片。

任务二　汽车转向灯闪光控制器的设计

📋 任务目标

知识目标

1. 掌握常用触发器的结构、逻辑功能。

2. 了解常用时序逻辑电路的功能和特点。

3. 理解 555 时基电路的结构和工作原理。

技能目标

1. 学会各种类型触发器工作特性的分析方法。
2. 学会 555 时基电路在汽车上的应用。

素质目标

养成实事求是、严谨认真的科学态度。

任务导入

时序逻辑电路主要由存储电路和组合逻辑电路组成。与组合逻辑电路不同，时序逻辑电路在任何一个时刻的输出状态不仅取决于当时的输入信号，还取决于电路的原状态，具有存储电路的记忆。触发器是组成时序逻辑电路的基本单元。汽车电路上会用到哪些时序逻辑电路呢？

相关知识

一、触发器

1. 触发器及触发器的类型

数字电路中除了门电路之外，还有触发器电路。触发器是能够存储一位二进制数码的电路，它是由逻辑门电路通过一定的方式组合而成的。触发器在某一时刻的输出不仅和当时的输入状态有关，而且与之前的电路状态有关。即当输入信号消失后，触发器的状态被记忆，直到再输入信号后它的状态才可能变化。

触发器具有两个基本特征：

1）触发器具有两个稳定状态，分别称为"0"状态和"1"状态。在没有外界信号作用时，触发器维持原来的稳定状态不变，即触发器具有记忆功能。

2）在一定的外界信号作用下，触发器可以从一个稳定状态转变到另一个稳定状态。转变的过程称为翻转。

触发器起到信息的接收、存储和传输的作用，按照功能可分为 RS 触发器、JK 触发器、D 触发器等。在汽车电路中应用较多的主要有 RS 触发器、D 触发器等。

2. 基本 RS 触发器

基本 RS 触发器由两个与非门交叉连接组成，逻辑结构图如图 5-30a 所示，电路中有两个输入端 $\overline{R}$、$\overline{S}$ 和两个输出端 Q 和 $\overline{Q}$，其中 $\overline{R}$ 称为置 0 端，$\overline{S}$ 称为置 1 端，字母上的非号表示低电平触发有效，两个输出端 Q 和 $\overline{Q}$ 的状态是相反的，触发器有两个稳定的状态：0 状态和 1 状态，输入信号消失后，所置成的状态能够保持不变。基本 RS 触发器的逻辑符号如图 5-30b 所示。

基本 RS 触发器

在数字电路中，当 $Q=0$、$\overline{Q}=1$ 时，称触发器处于 0 状态（复位状态）；当 $Q=1$、$\overline{Q}=0$ 时，称触发器处于 1 状态（置位状态）。即用 Q 端的状态代表触发器的状态。基本 RS 触发器的逻辑功能为：

1）当 $\overline{R}=0$、$\overline{S}=1$ 时，触发器输出 $Q=0$，$\overline{Q}=1$，这种状态称为触发器置 0 或复位。

2）当 $\overline{R}=1$、$\overline{S}=0$ 时，触发器输出 $Q=1$，$\overline{Q}=0$，这种状态称为触发器置 1 或置位。

3）当 $\overline{R}=1$、$\overline{S}=1$ 时，触发器保持原有状态不变，即原来的状态被触发器存储起来，这体现了触发器具有记忆能力。

4）当 $\overline{R}=0$、$\overline{S}=0$ 时，触发器输出 $Q=\overline{Q}=1$，违反了 Q 和 $\overline{Q}$ 状态必须相反的规定；并且由于与非门延迟时间不可能完全相等，在两输入端的 0 同时撤除后，将不能确定触发器是处于 1 状态还是 0 状态。所以触发器不允许出现这种情况，这种情况下触发器的状态称为"不定"状态。

常以真值表的形式反映触发器从原状态向新状态转移的规律。Q^n 为触发器接收输入信号之前的状态，也就是触发器原来的稳定状态，称为现态；Q^{n+1} 为触发器接收输入信号之后所处的新的稳定状态，称为次态。基本 RS 触发器的功能真值表见表 5-17。

图 5-30　与非门组成的基本 RS 触发器

a）RS 触发器的逻辑结构图

b）RS 触发器的逻辑符号

表 5-17　基本 RS 触发器的功能真值表

输　　入		输　　出		逻辑功能
$\overline{R}$	$\overline{S}$	Q^n	Q^{n+1}	
0	1	0 1	0	置0
1	0	0 1	1	置1
1	1	0 1	0 1	保持
0	0	0 1	不允许出现	禁用

可见，触发器的次态 Q^{n+1} 不仅与输入状态有关，而且与现态 Q^n 有关，所以把 Q^n 当作一个输入变量引入真值表。

基本 RS 触发器具有以下特点：

1）触发器的次态不仅与输入信号状态有关，而且与触发器的现态有关。

2）电路具有两个稳定状态，即 0 状态和 1 状态。在无外来触发信号作用时，电路将保持原状态不变。

3）在外加触发信号有效时，电路可以触发翻转，实现置 0 或置 1。该电路为低电平有效。

4）在稳定状态下两个输出端的状态和必须是互补关系，即有约束条件。

3. 同步 RS 触发器

基本 RS 触发器的输出状态直接受输入信号控制，只要输入信号变化，输出就随之变化。在实际应用中，一个数字系统常包括多个触发

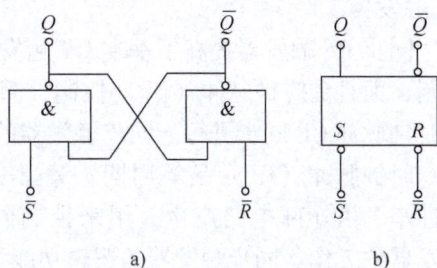

同步 RS 触发器

器，希望各触发器能按一定的时间节拍协调一致地工作，这就要求系统能有一个控制信号（称为时钟脉冲）来控制各触发器的翻转，翻转到什么状态由 R、S 决定，这就是同步 RS 触发器。

同步 RS 触发器提高了基本 RS 触发器的抗干扰能力，工作状态不仅受输入端（R、S）控制，而且受时钟脉冲（CP）控制，简称同步触发器。所谓同步就是指触发器状态的改变与时钟脉冲 CP 同步进行。同步触发器的逻辑结构图和逻辑符号如图 5-31 所示。

时钟脉冲（CP）是等周期、等幅度的脉冲串，由外部电路产生，用来控制同步触发器的工作。同步触发器的逻辑功能为：

1）当脉冲为高电平（即 CP = 1 期间，触发器接收输入信号，开始工作。

2）当脉冲为低电平（即 CP = 0）期间，触发器不工作。

同步触发器的功能真值表见表 5-18。

同步触发器的特点是：

1）时钟电平控制。在 CP = 1 期间接收输入信号，CP = 0 时状态保持不变，与基本 RS 触发器相比，对触发器状态的转变增加了时间控制。

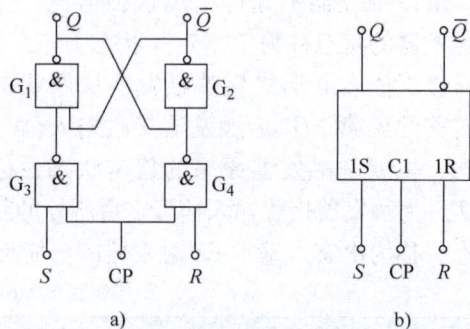

图 5-31　同步触发器的逻辑结构图和逻辑符号
a）同步触发器逻辑结构图
b）同步触发器逻辑符号

表 5-18　同步触发器的功能真值表

CP	R	S	Q^{n+1}	说明
0	×	×	×	禁止工作
1	0	0	Q^n	保持
1	0	1	1	置1
1	1	0	0	置0
1	1	1	×	不定

2）R、S 之间有约束。不能允许出现 R 和 S 同时为 1 的情况，否则会使触发器处于不确定的状态。

4. JK 触发器

JK 触发器是主从式 JK 触发器，是一种功能较齐全、应用广泛的触发器。主从 JK 触发器的逻辑结构图和逻辑符号如图 5-32 所示，图中 CP 是下降沿触发有效。它由两个同步触发器和一个非门组成，其中同步触发器中的一个称为"主触发器"，另一个称为"从触发器"，非门使加到这两个触发器的时钟信号反相。输入信号 J、K 位于主触发器的输入端，输出

JK 触发器

信号 Q、$\bar{Q}$ 从触发器输出，并将 Q、$\bar{Q}$ 端的状态作为一对附加的控制信号接回到主触发器的输入端。

JK 触发器的逻辑功能为：

1）当 $J = 1$、$K = 0$ 时，CP 信号到来后，触发器置 1。

2）当 $J = 0$、$K = 1$ 时，CP 信号到来后，触发器置 0。

3）当 $J = K = 0$ 时，CP 信号不能使触发器翻转，因而主从触发器的状态均保持不变。

4）当 $J = K = 1$ 时，CP 信号到来后，触发器翻转。

JK 触发器的功能真值表见表 5-19。

主从 JK 触发器的逻辑功能与 RS 触发器的逻辑功能基本相同，不同之处是 JK 触发器没有约束条件，这时，每输入一个时钟脉冲后，触发器向相反的状态翻转一次。

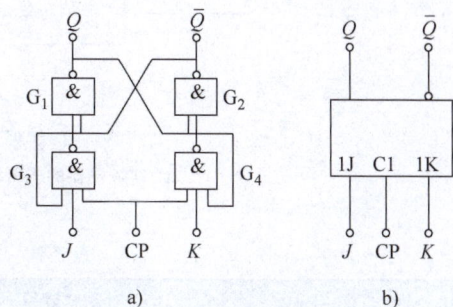

图 5-32　JK 触发器的逻辑结构图和逻辑符号
a) JK 触发器逻辑结构图
b) JK 触发器逻辑符号

表 5-19　JK 触发器的功能真值表

J	K	Q^n	Q^{n+1}	说明
0	0	0	0	保持
0	0	1	1	
0	1	0	0	置 0
0	1	1	0	
1	0	0	1	置 1
1	0	1	1	
1	1	0	1	翻转
1	1	1	0	

5. D 触发器

D 触发器是由 JK 触发器演变来的，它是只有一个输入信号端的 JK 触发器。D 触发器只有一个触发输入端 D，通常为边沿触发器，分为上升沿触发和下降沿触发两种。它的状态只取决于时钟脉冲触发边沿到来前控制信号 D 端的状态，因此，逻辑关系非常简单。

D 触发器

D 触发器的逻辑功能为：

1）当 $D = 1$ 时，相当于 $J = 1$、$K = 0$ 的条件，此时，不管触发器原来的状态如何，CP 脉冲到来后，触发器总是置于 1。

2）当 $D = 0$ 时，相当于 $J = 0$、$K = 1$ 的条件，此时，不管触发器原来的状态如何，CP 脉冲到来后，触发器总是置于 0。

D 触发器的逻辑结构图和逻辑符号如图 5-33 所示，其功能真值表见表 5-20。

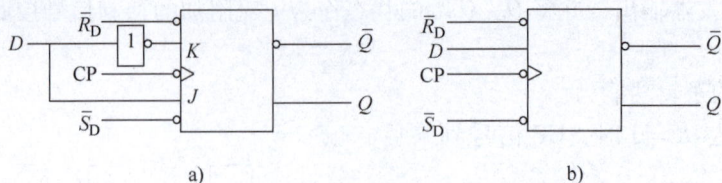

图 5-33　D 触发器的逻辑结构图和逻辑符号

a) D 触发器的逻辑结构图　b) D 触发器的逻辑符号

表 5-20　D 触发器功能真值表

D	Q^n	Q^{n+1}	功能说明
0	0	0	
0	1	0	输出状态与 D 状态相同
1	0	1	
1	1	1	

D 触发器的特性方程为：$Q^{n+1} = D$。

二、常用的时序逻辑电路

因为触发器具有记忆功能，即具有时序逻辑的特征，所以可以组成各种时序逻辑电路。常见的时序逻辑电路有寄存器、计数器和分频器等。

1. 寄存器

在数字电路中，用来存放二进制数据或代码的电路称为寄存器。寄存器是由具有存储功能的触发器组合起来构成的。一个触发器可以存储 1 位二进制代码，存放 n 位二进制代码的寄存器，需用 n 个触发器来构成。寄存器按照功能的不同，可分为数码寄存器和移位寄存器两大类。具有接收数码、寄存数码、输出数码和清除数码功能的寄存器称为数码寄存器。这类寄存器根据接收数码的方式不同，可分为双拍接收和单拍接收两种类型。数码寄存器只能并行送入数据，需要时也只能并行输出。移位寄存器是一种不仅能存储数码，还能使寄存的数码移位的寄存器。移位指寄存器中所存放的数码可以在移位脉冲作用下逐次左移或右移。移位寄存器可分成单向移位寄存器和双向移位寄存器两种。

移位寄存器

图 5-34 所示为集成双向移位寄存器 74LS194 的引脚图和逻辑功能示意图。其中 $D_0 \sim D_3$ 为并行输入端，$Q_0 \sim Q_3$ 为并行输出端，D_{SR} 为右移串引输入端，D_{SL} 为左移串引输入端；M_1、M_0 为操作模式控制端；$\overline{CR}$ 为直接无条件清零端；CP 为时钟脉冲输入端。

74LS194 的真值表见表 5-21。

2. 计数器

能够记忆输入脉冲个数的电路称为计数器，可用作分频、定时和运算。计数器按各触发器翻转情况的不同，分为同步计数器和异步计数器；按数制的不同，分为二进制、十进制和任意进制计数器；按计数过程中数字的增减，分为加法计数器、减法计数器和可逆计数器。一般来说，几个状态构成一个计数循环，就称为几进制计数器。但二进制计数器例外，n 位

的二进制计数器共有 2^n 个状态，如 $2^3 = 8$ 个状态，故也称为八进制计数器。

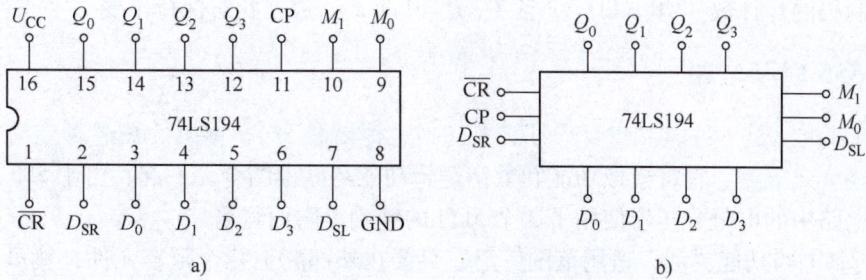

图 5-34　74LS194 的引脚图和逻辑功能示意图

a）引脚排列图　b）逻辑功能示意图

表 5-21　74LS194 的真值表

$\overline{CR}$	M_1	M_0	CP	工作状态
0	×	×	×	异步清零
1	0	0	×	保　持
1	0	1	↑	右　移
1	1	0	↑	左　移
1	1	1	×	并行输入

图 5-35 所示为 4 位二进制同步加法计数器 74LS161 的引脚图和逻辑功能示意图。$\overline{CR}$ 为清零端，$\overline{LD}$ 为置数端，T、P 为工作状态控制端，$D_0 \sim D_3$ 为并行数据输入端，C 为进位信号输出端，$Q_0 \sim Q_3$ 为状态输出端。

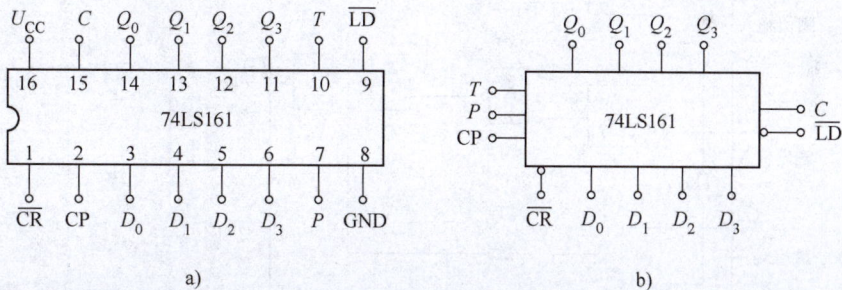

图 5-35　74LS161 的引脚图和逻辑功能示意图

a）引脚排列图　b）逻辑功能示意图

表 5-22 为 74LS161 的真值表。

表 5-22　74LS161 的真值表

$\overline{CR}$	$\overline{LD}$	T	P	C	Q_0	Q_1	Q_2	Q_3	C
0	×	×	×	×	0	0	0	0	0
1	0	×	×	↑	D_3	D_2	D_1	D_0	
1	1	1	1	↑	计数				
1	1	0	×	×	保持				
1	1	×	0	×	保持				0

$\overline{CR}=0$ 时异步清零；$\overline{CR}=1$、$\overline{LD}=0$ 时同步置数。$\overline{CR}=\overline{LD}=1$ 且 $T=P=1$ 时，按 4 位自然二进制码同步计数；$\overline{CR}=\overline{LD}=1$ 且 $T\cdot P=0$ 时，计数器状态保持不变。

三、555 时基电路

555 时基电路是一种能够产生定时信号（或称时钟信号），能够完成各种定时或延时功能的中规模集成电路。它将模拟功能和数字逻辑功能巧妙地结合在一起，由于 555 时基电路内部集成电路中的电阻分压器使用了 3 个 5kΩ 的精确电阻而得名。

555 时基电路功能灵活，适用范围广泛，只要在外部配上几个阻容元件，就可以构成性能稳定而准确的方波发生器、单稳态触发器和施密特触发器、多谐振荡器电路等。555 时基电路在电子测量与报警以及仪器仪表等汽车电子电路中得到了广泛的应用，如汽车转向灯闪光器、刮水器间隙控制器、汽车防盗报警器、前照灯自动变光器等电路中都应用了 555 时基电路。

1. 555 时基电路的基本结构

555 时基电路的原始产品是 NE555，后来出现了 LM555、XR555、CA555 等，统称为 555 时基电路。它们的等效电路、形式和内阻值略有不同，但基本结构并无根本差别。555 时基电路逻辑结构及逻辑符号如图 5-36 所示。

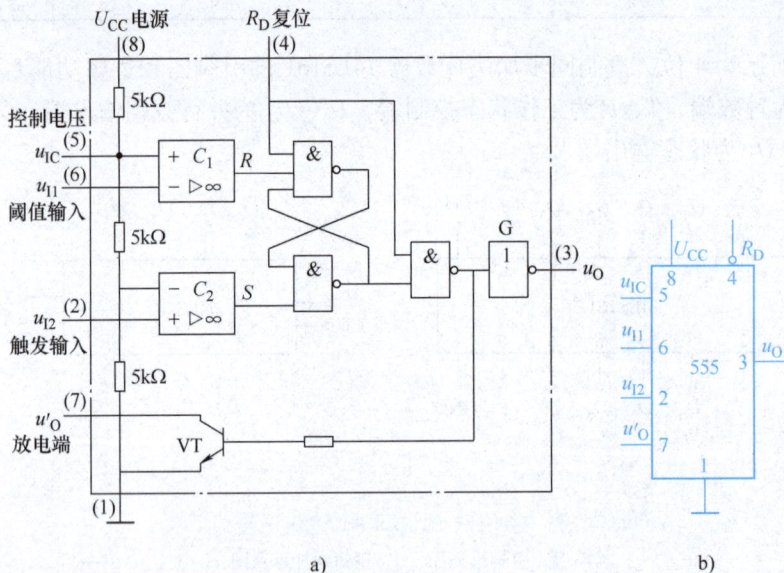

图 5-36　555 时基电路逻辑结构及逻辑符号
a）逻辑结构图　b）逻辑符号

555 时基电路含有两个电压比较器 C_1、C_2，一个与非门组成的基本 RS 触发器，一个放电晶体管 VT 以及由 3 个 5kΩ 的电阻组成的分压器。

2. 555 时基电路的工作原理

当 5 脚悬空时，比较器 C_1、C_2 的比较电压分别为 $\frac{2}{3}U_{CC}$ 和 $\frac{1}{3}U_{CC}$。

555 定时器
的工作原理

1）当 $u_{I1} > \dfrac{2}{3}U_{CC}$、$u_{I2} > \dfrac{1}{3}U_{CC}$ 时，比较器 C_1 输出低电平，C_2 输出高电平，基本 RS 触发器被置 0，放电晶体管 VT 导通，输出端为低电平。

2）当 $u_{I1} < \dfrac{2}{3}U_{CC}$、$u_{I2} < \dfrac{1}{3}U_{CC}$ 时，比较器 C_1 输出高电平，C_2 输出低电平，基本 RS 触发器被置 1，放电晶体管 VT 截止，输出端为高电平。

3）当 $u_{I1} < \dfrac{2}{3}U_{CC}$、$u_{I2} > \dfrac{1}{3}U_{CC}$ 时，比较器 C_1 输出高电平，C_2 输出高电平，即基本 RS 触发器 $R = 1$，$S = 1$，触发器状态不变，电路也保持原状态不变。

由上述分析可得 555 时基电路的功能表，见表 5-23。

表 5-23　555 时基电路的功能表

2 脚 （触发输入端）	6 脚 （阈值输入端）	4 脚 （外部复位端）	3 脚 （输出端 u_O）	7 脚 （放电端 u_O'）
×	×	0	0	接地
$< \dfrac{1}{3}V_{CC}$	$< \dfrac{2}{3}V_{CC}$	1	1	断路
$> \dfrac{1}{3}V_{CC}$	$< \dfrac{2}{3}V_{CC}$	1	不变	不变
$> \dfrac{1}{3}V_{CC}$	$> \dfrac{2}{3}V_{CC}$	1	0	接地

四、555 时基电路的典型应用

1. 555 时基电路构成的多谐振荡器及其在汽车上的应用

555 时基电路构成的多谐振荡器如图 5-37a 所示，R_1、R_2 和 C_1 是外接定时元件，决定输出矩形脉冲的振荡频率和振荡周期，引脚 6、2 连接起来，引脚 5 u_{IC} 对地接电容 C，晶体管集电极引脚 7 接 R_1、R_2 连接点。

接通电源前电容 C 上无电荷，所以接通电源瞬间，C 来不及充电，$u_C = 0$、$u_O = 1$，晶体管 VT 截止。随着电容 C 充电，u_C 缓慢上升，当 u_C 上升到 $\dfrac{2}{3}U_{CC}$ 时，内部触发器翻转，$u_O = 0$，晶体管 VT 饱和导通，使电容 C

555 定时器构成多谐振荡器

通过 R_2 放电。随着电容 C 放电，u_C 不断下降。当 u_C 下降到 $\dfrac{1}{3}U_{CC}$ 时，触发器翻转，$u_O = 1$，VT 截止。随后电容 C 又开始充电，进入下一个循环，于是在输出端 3 脚产生了矩形脉冲。电路的工作波形如图 5-37b 所示。

（1）汽车转向灯闪光器　555 时基电路构成的汽车转向灯闪光器如图 5-38 所示。利用 555 时基电路的输出端 3 接继电器 K 的线圈，使继电器按多谐振荡频率进行工作，继电器的触点接到转向灯的电源回路中，控制电源的通断，使转向灯按一定频率闪烁。闪光器的灯亮时间由 C_1 的充电时间决定：$t_{灯亮} = t_{C1充} \approx 0.7(R_A + R_{D1})C_1$（式中 R_{D1} 为二极管 VD_1 的正向电阻）。闪光器的灯灭时间由 C_1 的放电时间决定：$t_{灯灭} = t_{C1放} \approx 0.7R_BC_1$。闪光器的灯亮、灯

灭周期即多谐振荡器的振荡周期为：$T = t_{C1充} + t_{C1放} \approx 0.7 (R_A + R_B + R_{D1}) C_1$。信号灯的闪烁频率为 $f = \dfrac{1}{T} \times 60$（次/min）。通过适当选择 R_A、R_B 和 C_1 的值，即可取得一定的闪烁频率。

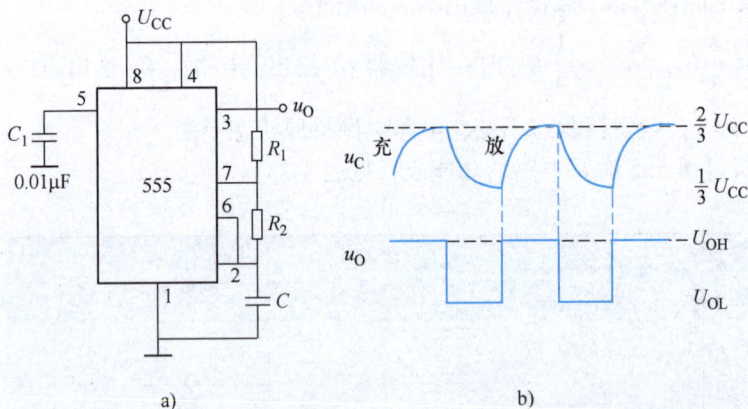

图 5-37　555 时基电路构成的多谐振荡器及工作波形

a）555 时基电路构成的多谐振荡器　b）工作波形

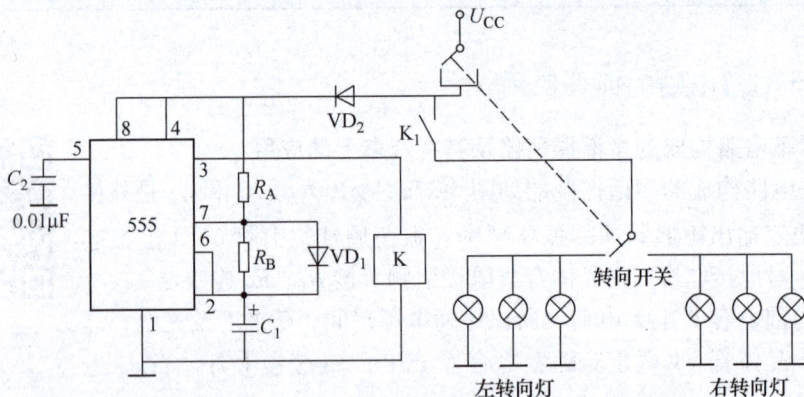

图 5-38　555 时基电路构成的汽车转向灯闪光器

（2）汽车防盗报警器　汽车防盗报警是为了防止车辆被盗而设计的报警装置，电路如图 5-39 所示。

防盗报警电路由触发、延时、报警等单元组成，闭合 S_1 接通电源，报警器进入警戒状态。这时安装在车门上的磁控开关 S_{zc} 吸合，VT_1 的 B、E 极短路，晶体管截止，致使以后部分均不工作。车门打开时，磁控开关 S_{zc} 失去磁力的吸引而断开，VT_1 导通，复合管 VT_2、VT_3 因获得偏流而导通，并向 VT_4 提供偏流。VT_4 导通，使 555 时基电路组成的多谐振荡器对地接通而工作，引脚 3 输出频率为 1kHz 的脉冲电流，经 R_7 触发晶闸管导通，汽车电喇叭便发出较响亮的警告声。

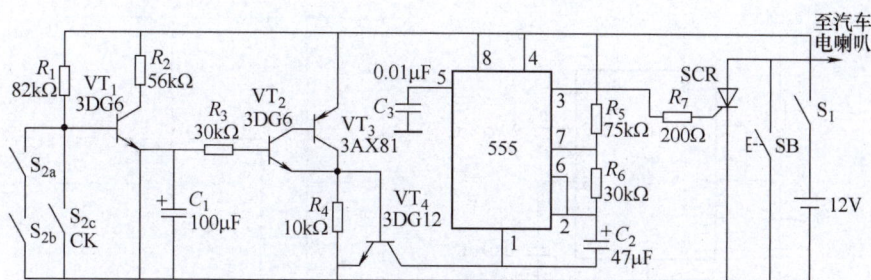

图 5-39　555 时基电路构成的汽车防盗报警器

即使关了车门，响声也会继续，因为 VT$_1$ 导通的同时 C$_1$ 充电，车门关闭后，VT$_1$ 截止，但 C$_1$ 仍然通过电阻 R$_3$ 放电，继续维持 VT$_2$、VT$_3$、VT$_4$ 组成的电子开关的导通，直到 C$_1$ 放电完毕。所以改变 C$_1$、R$_3$ 的值，可以延长或缩短报警时间；改变 R$_5$、R$_6$、C$_2$ 的值，可调节报警声的长短和间歇时间。

如果想控制双门，可按图 5-39 所示将 S$_{2a}$、S$_{2b}$ 两只磁控开关串联。SB 是汽车本身的电喇叭按钮，晶闸管的阳极应接在电喇叭一端。

2. 555 时基电路构成的单稳态触发器及应用

单稳态触发器具有以下特点：第一，有一个稳定状态和暂稳状态；第二，在外来触发脉冲的作用下，能够由稳定状态翻转到暂稳状态；第三，暂稳状态维持一段时间以后，将自动返回到稳定状态，暂稳状态时间的长短与触发脉冲无关，仅取决于电路的参数。

555 定时器构成的
单稳态触发器

555 时基电路构成的单稳态触发器如图 5-40a 所示，R、C 是定时元件，u$_1$ 是输入触发信号，下降沿有效，接到 555 时基电路的引脚 2，引脚 3 接 u$_o$ 输出信号。

在没有触发信号时，电路工作在稳态。即 u$_1$ 是高电平时，u$_o$ = 0，VT 饱和导通。接通电源后，电路自动达到稳定状态。当 u$_1$ 下降沿到来时，电路被触发，u$_o$ = 1，VT 截止，电容 C 开始充电，在 u$_C$ 上升到 $\frac{2}{3}U_{CC}$ 以前，电路保持暂态不变。随着电容 C 的充电，当 u$_C$ 上升到 $\frac{2}{3}U_{CC}$ 时，触发器翻转，u$_o$ = 0，VT 饱和导通，暂态结束。电容通过 VT 放电，C 放电结束后，电路回到稳定状态，等待下一个触发脉冲。555 时基电路构成的单稳态触发器工作波形如图 5-40b 所示。

汽车上 555 发动机转速表实际上就是一个单稳态触发器，其中 L$_{IG}$ 是点火线圈一次绕组，P$_0$ 是断电器触点，A 为指示发动机转速的电流表，其电路如图 5-41 所示。

每当断电器触点断开而产生一个脉冲时，通过和 VD$_{Z1}$ 钳位限幅，由耦合器触发 555 时基电路。在 555 时基电路输出端引脚 3 输出高电平期间，VD$_{Z2}$ 反向截止，由 R$_5$ 和 R$_P$ 供给电流表 A 电流。单脉冲过后，555 时基电路输出端为低电平，VD$_{Z2}$ 将 R$_5$ 提供的电流旁路，不再经过电位器 R$_P$ 和电流表 A。因此，电流表通过的电流平均值与断电器触点 P$_0$ 所产生的脉冲频率成正比，这就可以用电流表 A 来指示发动机的转速。

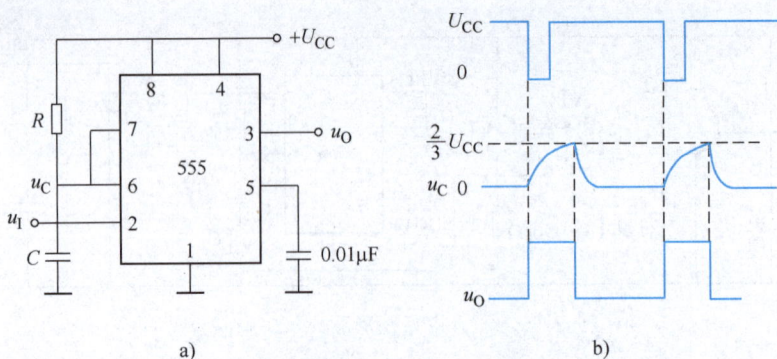

a)　　　　　　　　　b)

图 5-40　555 时基电路构成的单稳态触发器及工作波形
a）555 时基电路构成的单稳态触发器　b）工作波形

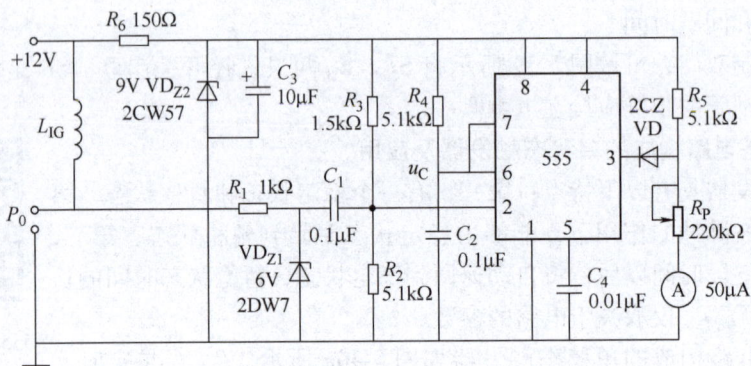

图 5-41　555 发动机转速表

3. 555 时基电路构成的施密特触发器及应用

图 5-42 所示为 555 时基电路构成的施密特触发器及工作波形。施密特触发器一个最重要的特点就是能够把变化非常缓慢的输入脉冲波形，整形成为适合于数字电路需要的矩形脉冲。

将 555 时基电路的引脚 6 和 2 接在一起，作为信号的输入端，引脚 7 通过电阻 R 接电源 U_{DD}，成为输出端 u_{O1}，输出电平可以通过改变 U_{DD} 进行调节，引脚 3 接信号输出端 u_{O2}。

555 定时器构成
施密特触发器

汽车前照灯自动变光器主要由光电检测电路、施密特触发器及开关电路组成。其电路如图 5-43 所示。它能使汽车在夜间会车距离 100～150m 时，把远光灯自动转换成近光灯。会车后自动恢复到远光灯照明，从而避免或减少夜间会车时的交通事故，提高汽车行驶的安全性。

汽车前照灯自动变光器采用光敏电阻作为光电检测元件，光敏电阻在黑暗的情况下阻值很大。当有光照射时，阻值迅速降低。光敏电阻安装在汽车头部且在本车前照灯照射不到的部位，当汽车前方没有会车车辆时，光敏电阻没有光照射，阻值很大，晶体管 VT 的基极处于低电位，晶体管截止，555 定时器的引脚 2、6 为低电平，引脚 3 输出为高电平，继电器 K

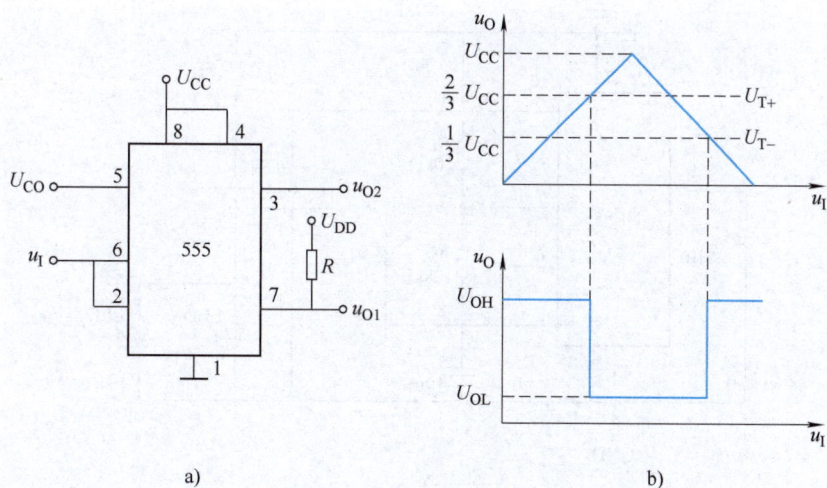

图 5-42　555 时基电路构成的施密特触发器及工作波形

a）555 时基电路构成的施密特触发器　b）工作波形

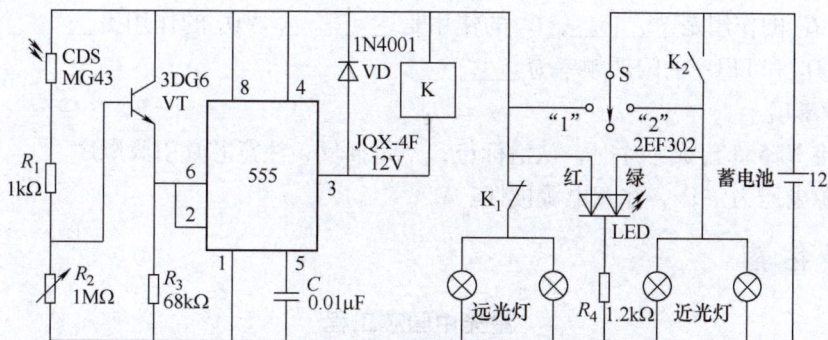

图 5-43　汽车前照灯自动变光器

不吸合，动断触点 K_1 导通，红色 LED 灯发光，指示远光灯发光。当会车时，光敏电阻因受光照，阻值迅速降低，晶体管 VT 的基极电位升高，晶体管导通，555 定时器的引脚 2、6 为高电平，引脚 3 输出为低电平，继电器 K 吸合，动断触点 K_1 断开，动合触点 K_2 闭合，绿色 LED 灯发光，指示近光灯发光，进行会车。

任务实施

1. 实训设备与器材

电工电子试验台、NE555、电阻、电容、发光二极管、二极管、继电器、导线若干。

2. 项目内容和步骤

1）汽车转向灯闪光控制器电路的搭建。利用给出的实验器材，在电工电子实验台上搭建汽车转向灯闪光控制器的电路，如图 5-44 所示，使用 LED 模拟汽车转向灯，注意电路连接的正确性。

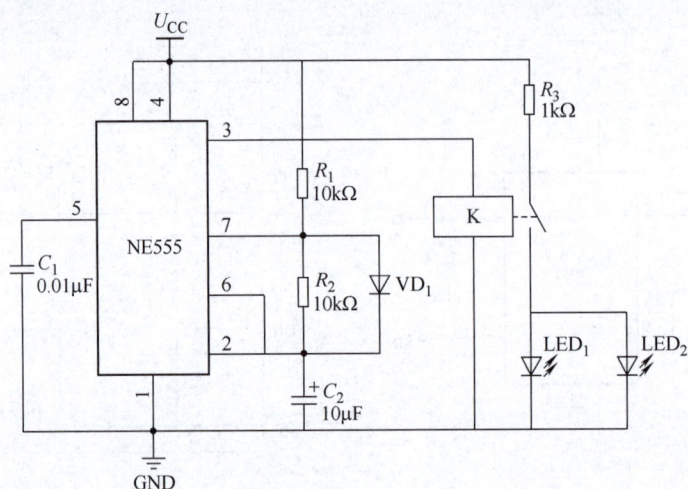

图 5-44　汽车转向灯闪光控制器电路

2）用导线按照示意图连接成完整电路，注意连接前先断开电源开关。检查无误后，闭合电源开关，仔细观察实训现象，并做好相关记录。

电路中 C_1 的作用是_____，C_2 的作用是_____，VD_1 的作用是_____。当接通电源后，LED_1 和 LED_2 的闪烁频率为_____。

3. 注意事项

1）插接 NE555 集成芯片时，认清标记，不得插反；注意芯片引脚顺序。

2）电源电压为 +5V，注意电源极性。

知识拓展

星光中国芯工程

"星光中国芯工程"是以数字多媒体芯片为突破口，将"中国芯"打入国际市场的战略工程，由中星微电子启动和承担。从 1999 年成立至今，经过 20 多年的努力，"星光中国芯工程"突破芯片设计的 15 个核心技术、申请 3000 多项国内外技术专利，形成了完整的"数字多媒体""应用处理器""智能安防""传感网物联网""人工智能"五大芯片技术体系；提出推动信息处理能力持续提升的"智能摩尔之路"，推出了基于这一技术路线的 XPU 多核异构智能处理器芯片技术架构。"星光"已经成为国际知名的 IC 品牌。

小　结

1. 数字信号的数值相对于时间的变化过程是跳变的、间断性的。对数字信号进行传输、处理的电子电路称为数字电路。数制是数的表示方法，常用的数制有二进制数和十进制数两种。日常生活中使用十进制，但在数字电路中基本上使用二进制。利用权展开式可将任意进制数转换为十进制数。将十进制数转换为二进制数的方法是除 2 倒取余法。二－十进制编码是用 4 位二进制数码代表 1 位十进制数码，简称 BCD 码，最常用的是 8421BCD 码。

2. 逻辑电路中实现基本和常用逻辑运算的电子电路称为逻辑门电路，简称门电路。基本门电路有与门、或门和非门。常用的复合门电路有与非门、或非门、与或非门、异或门和同或门等。

3. 组合逻辑电路由各种门电路按一定的逻辑功能要求组合连接而成，它和时序逻辑电路共同构成数字电路。其特点是任一时刻的电路输出信号仅取决于该时刻的输入信号，而与信号作用前电路原来所处的状态无关。

4. 组合逻辑电路的分析步骤：逻辑图→写出逻辑表达式→逻辑表达式化简→列出真值表→逻辑功能描述。组合逻辑电路的设计步骤：列出真值表→写出逻辑表达式或画出卡诺图→逻辑表达式化简和变换→画出逻辑图。常见的有编码器、译码器、数据选择器、数据分配器、运算器等。

5. 时序逻辑电路主要由存储电路和组合逻辑电路组成。与组合逻辑电路不同，时序逻辑电路在任何一个时刻的输出状态不仅取决于当时的输入信号，还取决于电路的原状态，具有存储电路的记忆。

6. 触发器是组成实训逻辑电路的基本单元。触发器有两个稳定状态，在外界信号作用下，可以从一个稳态转变为另一个稳态；无外界信号作用时状态保持不变。因此，触发器可以作为二进制存储单元使用。在汽车电路中应用较多的主要有 RS 触发器、D 触发器等。因为触发器具有记忆功能，即具有时序逻辑的特征，所以可以组成各种时序逻辑电路。常见的时序逻辑电路有寄存器、计数器和分频器等。

7. 555 时基电路是一种将模拟功能和逻辑功能巧妙结合在一起的混合型集成电路，外接少量阻容电路便能构成施密特触发器、单稳态触发器、多谐振荡器等电路，可以用来产生脉冲信号、定时、整形等，在汽车电路中应用非常广泛。

习　题

一、填空题

1. 数字信号只有两种状态：_____电平、_____电平。通常把这两种状态用两个符号来表示，即_____和_____。

2. 二进制数只有_____和_____两种数码，计数基数是_____。

3. $(138)_{10}$ 转换成二进制数是_____，十进制数 37 用 8421BCD 码表示为_____。

4. 555 时基电路有_____个触发输入端，_____个输出端，当 u_{I1} _____ $\dfrac{2}{3}U_{CC}$，u_{I2} _____ $\dfrac{1}{3}U_{CC}$ 时，555 时基电路保持原来状态不变。

5. 触发器具有_____个稳定的输出状态。其输出状态由_____和触发器的_____共同决定。

二、判断题

1. 十进制数 123 的 8421BCD 码是 11011。（　　）

2. 二进制数整数部分最低位的权值为 2^1。（　　）

3. 因为 $A(A+B)=A$，所以 $A+B=1$。（　　）

4. 触发器具有记忆功能。（　　）

5. 触发器的特点是在任一时刻的输出状态只取决于该时刻触发器的输入信号，与触发器原来的状态无

关。（　　　）

三、选择题

1. 完成"有 1 出 1，全 0 出 0"的逻辑关系是（　　　）。

A. 与　　　　　　　B. 或　　　　　　　C. 与非　　　　　　　D. 或非

2. $Y = AB$ 实现的逻辑关系是（　　　）。

A. 与　　　　　　　B. 或　　　　　　　C. 与非　　　　　　　D. 不确定

3. 在逻辑代数中，$A + \bar{A} =$（　　　）。

A. 1　　　　　　　B. 0　　　　　　　C. A　　　　　　　D. 不确定

4. 同步 RS 触发器的"同步"是指（　　　）。

A. R、S 两个信号同步　　　　　　　B. Q^{n+1} 与 S 同步

C. Q^{n+1} 与 CP 同步　　　　　　　D. Q^{n+1} 与 R 同步

5. 触发器的记忆功能是指触发器在触发信号撤除后，能保持（　　　）。

A. 触发信号不变　　　B. 初始状态不变　　　C. 输出状态不变　　　D. 时钟脉冲不变

四、问答题与计算题

1. 用逻辑代数证明下列不等式。

（1）$A + \bar{A}B = A + B$　　　　（2）$ABC + A\bar{B}C + AB\bar{C} = AB + AC$

（3）$A + A\bar{B}\bar{C} + \bar{A}CD + (\bar{C} + \bar{D})E = A + CD + E$

2. 试分析图 5-45 所示逻辑电路的功能。

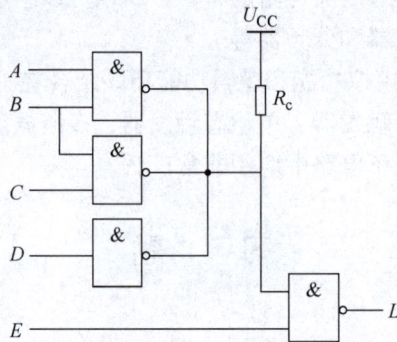

图 5-45　计算题 2 图

3. 多谐振荡器的特点是什么？两个暂稳态持续时间如何计算？振荡频率如何计算？

4. 将下列十进制数转换为二进制数和 8421BCD 码。

（1）43　　（2）127　　（3）254.25　　（4）2.718

附　　录

附录 A　半导体器件型号命名方法

第一部分	第二部分		第三部分				第四部分	第五部分
用阿拉伯数字表示器件的电极数目	用汉语拼音字母表示器件的材料和极性		用汉语拼音字母表示器件的类别				用阿拉伯数字表示登记顺序号	用汉语拼音字母表示规格号
符号 意义	符号	意义	符号	意义	符号	意义		
2　二极管	A B C D Z	N 型，锗材料 P 型，锗材料 N 型，硅材料 P 型，硅材料 化合物或合金材料	P V W C Z L S N U K X G	小信号管 检波管 电压调整管和电压基准管 变容管 整流管 整流堆 隧道管 噪声管 光电器件 开关管 低频小功率晶体管 ($f_a < 3\text{MHz}$, $P_C < 1\text{W}$) 高频小功率晶体管 ($f_a \geqslant 3\text{MHz}$, $P_C < 1\text{W}$)	D A T Y B J H F	低频大功率晶体管 ($f_a < 3\text{MHz}$, $P_C \geqslant 1\text{W}$) 高频大功率晶体管 ($f_a \geqslant 3\text{MHz}$, $P_C \geqslant 1\text{W}$) 闸流管 体效应管 雪崩管 阶跃恢复管 混频管 限幅管	—	—
3　三极管	A B C D E	PNP 型，锗材料 NPN 型，锗材料 PNP 型，硅材料 NPN 型，硅材料 化合物或合金材料						

附录 B　国产硅半导体整流二极管主要参数

部标型号	旧型号	额定正向整流电流 I_F/A	正向压降平均值 U_F/V	反向电流 I_R/μA			不重复正向浪涌电流 I_{SUR}/A	工作频率 f/kHz	最高结温 T_{JM}/℃	散热器规格或面积
				125℃	140℃	50℃				
2CZ50		0.03	≤1.2	80			0.6			—
2CZ51		0.05				5	1			
2CZ52A ~ H	2CP10 ~ 20	0.10		100	—		2		150	
2CZ52C ~ K	2CP21 ~ 28	0.30					6			
2CZ54B ~ G	2CP33A ~ 1	0.50	≤1.0				10			
2CZ55C ~ M	2CZ11A ~ J	1				10	20	3		60mm × 60mm × 1.5mm 铝板
2CZ56C ~ K	2CZ12A ~ H	3			1000	20	65			80mm × 80mm × 1.5mm 铝板
2CZ57C ~ M	2CZ13B ~ K	5	≤0.8				105		140	100cm²
2CZ58	2CZ10	10			1500	30				200cm²
2CZ59	2CZ20	20			2000	40				400cm²
2CZ60	2CZ50	50			4000	50				600cm²

注：部标硅半导体整流二极管最高反向工作电压 U_{RM} 规定：

分档标志	A	B	C	D	E	F	G	H	J	K	L	M	N	P	Q	R	S	T	U	V	W	X
U_{RM}/V	25	50	100	200	300	400	500	600	700	800	900	1000	1200	1400	1600	1800	2000	2200	2400	2600	2800	3000

附录 C　2CW、2DW 型稳压二极管的主要参数

型号	稳定电压	动态电阻	温度系数	工作电流	最大电流	额定功耗	外　形
	U_Z/V	r_Z/Ω	$\alpha_T/$ (10^{-4}℃$^{-1}$)	I_Z/mA	I_{ZM}/mA	P_Z/W	
2CW50	1.0 ~ 2.8	50	≥ -9		83		
2CW51	2.5 ~ 3.5	60	≥ -9		71		
2CW52	3.2 ~ 4.5	70	≥ -8		55		
2CW53	4.0 ~ 5.8	50	-6 ~ 4	10	41		
2CW54	5.5 ~ 6.5	30	-3 ~ 5		38		
2CW55	6.2 ~ 7.5	15	≤6		33		
2CW56	7.0 ~ 8.8	15	≤7		27		
2CW57	8.5 ~ 9.5	20	≤8		26		
2CW58	9.2 ~ 10.5	25	< 8	5	23	0.25	ED-1EA DO-41
2CW59	10 ~ 11.8	30	≤9		20		
2CW60	11.5 ~ 12.5	40	≤9		19		
2CW61	12.4 ~ 14	50	≤9.5		16		
2CW62	13.5 ~ 17	60	≤9.5		14		
2CW63	16 ~ 19	70	≤9.5		13		
2CW64	18 ~ 21	75	≤10	3	11		
2CW65	20 ~ 24	80	≤10		10		
2CW66	23 ~ 26	85	≤10		9		
2CW67	25 ~ 28	90	≤10		9		

参 考 文 献

[1] 李溪冰. 电工电子技术基础 [M]. 北京：机械工业出版社，2008.

[2] 刘皓宇. 汽车电工电子技术 [M]. 2 版. 北京：高等教育出版社，2014.

[3] 程周. 电工与电子技术 [M]. 北京：高等教育出版社，2006.

[4] 黄鹏. 汽车电工电子应用技术 [M]. 北京：机械工业出版社，2012.

[5] 万捷. 汽车电工电子技术基础 [M]. 北京：机械工业出版社，2009.

[6] 冯渊. 汽车电工与电子技术基础 [M]. 3 版. 北京：机械工业出版社，2017.

[7] 杨世春. 汽车电工电子基础 [M]. 重庆：西南师范大学出版社，2009.

[8] 罗富坤. 汽车电工电子技术基础 [M]. 北京：机械工业出版社，2011.

[9] 姚道如. 汽车电工与电子技术 [M]. 武汉：武汉理工大学出版社，2009.

[10] 安相璧. 汽车检测工精通 [M]. 北京：电子工业出版社，2003.